U0330358

方言

陈晓锦 著

那些事儿

中山大学出版社
SUN YAT-SEN UNIVERSITY PRESS
·广州·

图书在版编目（CIP）数据

方言那些事儿/陈晓锦著 . —广州：中山大学出版社，2021.7
ISBN 978 – 7 – 306 – 07201 – 6

I. ①方… Ⅱ. ①陈… Ⅲ. ①汉语方言—方言研究—文集 Ⅳ. ①H17 – 53

中国版本图书馆 CIP 数据核字（2021）第 075438 号

出 版 人：王天琪
策划编辑：高　洵
责任编辑：高　洵
封面设计：林绵华
责任校对：陈晓阳
责任技编：何雅涛
出版发行：中山大学出版社
电　　话：编辑部 020 – 84111997，84110283，84113349
　　　　　发行部 020 – 84111998，84111981，84111160
地　　址：广州市新港西路 135 号
邮　　编：510275　　　　传　　真：020 – 84036565
网　　址：http：//www. zsup. com. cn　E-mail：zdcbs@ mail. sysu. edu. cn
印 刷 者：佛山市浩文彩色印刷有限公司
规　　格：787mm × 1092mm　1/16　21.5 印张　372 千字
版次印次：2021 年 7 月第 1 版　　2021 年 7 月第 1 次印刷
定　　价：86.00 元

内容提要

　　本书为作者继散文集《尼罗河的馈赠》后的第二部散文集，内容包括"田野调查随手记及工作随想"73篇、"著作后记及论文集前言"16篇，共两个部分。"田野调查随手记及工作随想"部分的文章按照写作的时间顺序编辑，"著作后记及论文集前言"部分的内容单列，但文章也是按照写作日期的先后排列。其中，"田野调查随手记及工作随想"收录了作者多年来在进行国内外汉语方言田野调查，尤其是海外不同国家华人社区汉语方言调查时的所见所闻、各国风土人情和工作情况；记录了作者近年来在高校教学科研的一些心得。"著作后记及论文集前言"部分，是作者为自己的著述或别人的著作所写。本书的知识面丰富，文笔优美，内容既离不开汉语方言，又不同于汉语方言研究的专业著述；既适合语言方言学工作者，尤其是有志于海外汉语方言调查研究者阅读，也适合海内外一般读者阅读。

七十抒怀

——《方言那些事儿》（代序）*

进入 2020 年，鼠年一到，我也就顺理成章地成为"70 后"，所谓"古来稀"人士了。

好像没有什么值得庆贺的，然而，也没有什么值得悲哀的，人生就是如此，一步一步地走来，一年一年地过去，再不论深浅，一脚一脚地向前。

我这 70 年，说简单也简单，先是与很多同龄人一样，读书，遭遇"文化大革命"，家庭遭遇巨变，下乡当知青，招工进城，再读书，工作，又一边教书，一边管家，一边再读书，然后就是教书，做科研。所幸师从詹伯慧先生学了汉语方言，汉语方言改变了我的人生；亦所幸选择了学界内少被触碰的海外汉语方言调查研究，海外汉语方言研究使得我的人生变得丰富多彩起来，我的方言之路就此别具一格。

我做过广东省的闽、粤、客方言调查研究，也做过广西壮族自治区的闽、粤、客方言调查研究。20 世纪 90 年代初，暨南大学首招了一批来自马来西亚的留学生，其时，中文系的课堂上忽然就多了好些来自马来西亚的华人学生，他们口中的汉语广东话（马来西亚华人对粤方言的指称）、潮州话、客家话等，让我眼前一亮：原来海外还有那么多鲜活存在的、地道的汉语方言！自此，我开始了对海外汉语方言的探索。研究从记录马来西亚学生的汉语方言做起，之后自费到马来西亚调查，完

---

* 在这篇权做本书前言的小文写好一年多之后，本书才得以交付出版社出版，而现在已经进入 2021 年，集子里的小文章又多了几篇。可以看到，有的是 2020 年元月之后写的，我也不再是 70 岁，而是七十有一了。——2021 年春日再补

成了专著《马来西亚的三个汉语方言》。

马来西亚著名华人学者郑良树先生为《马来西亚的三个汉语方言》题字，称其为"海外汉语方言研究先声"。作为第一部研究海外汉语方言的著作，此书获得的好评鼓舞了我，我申请了广东省的社科规划项目，到泰国做田野调查，完成了专著《泰国的三个汉语方言》。广东省社科规划项目结项后，接着申请了国家社科基金项目"东南亚华人社区汉语方言比较研究"，完成了东南亚 10 国共 29 个闽、粤、客方言点的研究。项目的最终成果——150 多万字三卷本的《东南亚华人社区汉语方言概要》以"优秀"等级获得国家社科规划办的通过，2020 年，专著还获得了教育部第八届高等学校科学研究优秀成果二等奖（人文社会科学）。

成果给了我进一步潜心研究汉语海洋方言的信心。

走出了国门，海外华人社区多姿多彩的汉语方言更是磁铁般地吸引着我，我渴望能进一步了解海外那些我们从未触摸过的华人社区及其使用的汉语方言。于是，再筹措一些经费，争取多做些汉语方言大板块中不可缺少的重要部分，抢救那些散落在海外过百年、至今都未为世人所知的海外华人社区汉语方言研究的想法油然而生。这样，接着就有了国家社科基金重点项目"美国华人社区汉语方言与文化研究"、国家社科基金重大项目"海外华人社区汉语方言与文化研究"。自然地，这些年我的工作也就主要变成了海外汉语方言调查研究。

打小，也许是环境使然，我的心中一直有个文学情结。这些年来，在做海外汉语方言调查研究的同时，有时心痒手痒，也会过把瘾，脱离纯方言，用与写学术论文不一样的文字、语气，不一样的思路，随手记下一点东西，一数，不知不觉竟然已经积累了 89 个短篇。恰逢今年荣升"70 后"，就想不避丑陋，将其结集出版，以为自娱自贺。

这部集子记录了我这些年的一些工作、心声，烦恼、欢乐，既有工作随想、著作的前言后记，更有我在海外各国调查时的一些见闻经历，书名就叫《方言那些事儿》。或许，这是一个多少能展示汉语方言调查研究，尤其是海外华人社区汉语方言调查研究的小窗口，让不少仍对汉语方言田野作业，尤其是海外汉语方言田野作业抱有好奇心的行内行外人士了解我和我的工作的一个小窗口，让有志于此的青年学人由此也来一尝个中滋味。

本书是我在多年前受教育部派遣，从埃及爱因夏姆斯大学执教两年回归，出版散文集《尼罗河的馈赠》之后出的第二部散文集。

　　谢谢承接此书出版的中山大学出版社，谢谢出版社的编辑以及我的已毕业了几年的学生——此书责任编辑高洵的认真负责。

　　还会不会有第三部呢？

2020 年元月

广州天河华景新城寓所

目 录

◎ 田野调查随手记及工作随想 ◎

❀ 著作后记及论文集前言 ❀

❀ 附　录 ❀

田野调查随手记及工作随想

缘[*]

"有缘千里来相会"。

这个世界像是一片缘分的天空，人生的一切都好像是被一条线早就连接好了的，据说，那条联结一切的线就是"缘"。

20世纪80年代初，我成为詹伯慧老师门下的第一批硕士研究生之后，一个偶然的机会，从报章的报道中，我才知道老师的父亲——詹安泰老先生原来是我父亲20世纪30年代初在韩山师专念书时的老师。当年，父亲他们闹学潮，他们的出版物《罡风世界》之名还是安泰老先生取的。这就是那时轰动潮汕平原的《罡风世界》事件。那次学潮的结果是，父亲他们被通缉，父亲从此离开生养他的家乡，投身革命。那一年是1932年。

巧的是，当我知道前辈的这段师生情谊时，老师的女儿曼云又正好在我所执教的班级就读。这样，仿佛就是那条看不见的线，把三代人联结在一起。这就是师生缘。这一年是1984年。

我与方言学的结缘，更好像是上天的安排。

人所皆知，我们这一代人，在该受教育的时候，一场"史无前例"的运动把我们读书的权利剥夺得干干净净。所以，直到进入师门前，我对汉语方言的认识就是我所会讲的广州话、潮州话、客家话，对方言学的认识就更是零。暨南大学（简称"暨大"）复办后，我来到暨大工作，不久即从中文系资料室调到中文系现代汉语教研室，边进修边硬着头皮教书。痛感知识的贫乏，那时我从儿时起就深埋心底的要读书的渴求分外强烈，于是，我鼓起勇气，以初中毕业加工农兵学员的资格报考

---

* 本文曾发表于张晓山主编《立说传薪风雨人——庆祝詹伯慧教授从教45周年》一书（暨南大学出版社1999年版），此次做了个别文字修改。

硕士研究生，从此开始了边理家边教书边读书的生活。

詹老师把我引进了语言学、方言学的殿堂，回想老师的教诲，至今有几件事仍然叫我念念不忘。

记得是入学后的第一份作业吧，老师让我们几个学生把自从有以科学的方法研究汉语方言以来的所有有关汉语方言的文章著作都一一找出来，分类整理归纳登记在册。这虽然不是一份非常难的作业，但也不是一份轻而易举就可以完成的作业。我们几个人在图书馆资料室到处翻、到处找，焦头烂额、满头大汗之际，免不了有些怨言。事后我们才明白老师的苦心，研究生要学习一门知识，不了解前人所做的，不知道当前的研究热点，怎么能有目的、有效地做研究？我们的先人王充就在《论衡·谢短》中说过："知古不知今，谓之陆沉。"又说："知今不知古，谓之盲瞽。"学术发展的一个必不可少的条件就是贯通古今，贯通历史与现实。而这对于人文学科来说，就更为重要。至今，每当看到我们那份被老师作为附录收在《汉语方言及方言调查》一书后的作业——《现代汉语方言研究参考资料选目》，我都很感慨，从某种意义来说，这份作业其实是我们进入汉语方言学之门的一块敲门砖啊。

我打小喜爱文学，尤其喜爱散文，自以为要写点东西还不是那么难，却万万没想到成为研究生后交的第一篇论文会被老师否定。那回，就在交上文章后，老师看了一会儿，摇摇头，说："看来，你只会写散文。"轻轻的一句话使我的心一下子就几乎掉到了谷底。不会写论文，不会做研究，还叫什么研究生！痛心疾首之余，我决心找出差距所在，于是潜心学习成功的论文，看人家如何立论、如何阐述、如何发挥、如何自圆其说，细心钻研，寻找研究的突破口，寻找论述的最佳问题。

转眼又到了交作业的时间，我惴惴不安地递上了一篇阐述东莞莞城话（属粤语）部分入声字塞音韵尾脱落后，自成一"变入"调的文章。文章指出，这种现象说明，就是在号称入声保留得最好的粤方言里，入声的状况也不是铁板一块的，入声的演变也正在粤语的内部进行着。老师接过文章，认真地看了一会儿，我的心一下子提到了嗓子眼。可出乎意料的是，代替摇头，这回老师脱口而出的却是一句："这样的短文，《中国语文》一定会要的！"

我甚至不敢相信自己的耳朵，我等待批评，得到的却是实实在在的赞扬。

就这样，在老师的推荐下，拙作《广东莞城话"变入"初析》登载于 1987 年第 1 期的《中国语文》杂志上。这是我第一次在这份国内语言学最权威的刊物上发表文章，这也是我迈进方言学的大门后发表的第一篇学术论文。没想到，缘分的红线竟把我的这"第一次"与《中国语文》连在了一起。拿着那一期的《中国语文》，我激动万分，须知这第一篇发表的论文、第一次与《中国语文》的结缘对我是多么重要。初试的成功给了我极大的鼓励，认可使我相信，只要不自暴自弃，只要付出了，就一定会有收获。更重要的是，它告诉我，虽然起步晚了，但是我能够搞方言，我能够做学术研究。

我建立了自信心。

这个信心支持我在 1987 年完成硕士学位课程的学习后，1995 年又在老师的指导下顺利地拿到了博士学位。这个信心支持我与我的师兄弟姐妹们和老师一起，搞珠江三角洲方言调查研究，做粤北粤方言调查研究，做西江片粤方言调查研究。实践出真知，老师坚信学方言的只有在实地摔打中才能成才。不是都说方言学工作者是田野工作者吗？于是，我们也就背着背包，颠着长途汽车，走乡访寨，采集整理原始资料，对比探讨研究问题，在实践中锻炼自己，在实践中出成果，直把广东的方言调查搞得有声有色、轰轰烈烈，叫国内外的同行张目注视我们这支生气勃勃的队伍。

20 世纪 80 年代过去了，90 年代也将过去，今年已经是 1998 年。这些年来，我一直在汉语方言学的田野上磨炼，一直在汉语方言学的田野上耕耘。我与同道们有了几部合作的专著，我有了个人的专著，我发表了多篇论文，我也在《中国语文》《方言》杂志上发表过其他文章，但是不管哪一次哪一回，都没有第一次第一回那样使我难忘，那样使我激动，那是我与我的学术事业缘分的真正开始。假如说，我们每个人都是生活在缘分的天空下的话，那么，我真的很愿意珍惜连接我和方言学的这一份缘，我感激把我引入这一片朗朗晴空下的导师，我会在这片晴空下努力搏击，但愿联结我与事业的红线绵远悠长……

情[*]

乍一接触饶芃子老师，相信人们都会眼前一亮。她那得体的打扮、她身上飘出的好闻的香水味儿，在学者林立的学界，都很独特，甚至有些惹眼，而她那叫人过耳不忘的潮州音普通话，则更加深了人们对她的第一印象。

饶老师是潮州人，凭着她那颇为浓重的潮州口音，大家基本上都能知道。我也是潮州人，这一点有的人知道，有的人不知道，这恐怕是因为我从小就在广州长大，也可能是因为我恰好没有过重的潮州口音。可是我的家乡的的确确是广东潮州。而且，从"老乡"这个角度去说，饶老师和我还有一层更深的牵连：我们的父辈都是在 20 世纪的二三十年代走出潮州，投身革命的热血青年。

我为我是潮州人而自豪，我也为我的"不够潮州"而遗憾。相比起来，饶老师是"非常潮州"的。在她这个学者身上，潮州乡情得到了充分的体现。

身围"水布"① 的潮州汉子能吃苦敢拼搏，在家会种田；"潮汕老农"的名气曾扬名大江南北，出外会做事；从潮汕出发的红头船曾威震南洋；手拿绣花针的潮汕"姿娘"② 漂亮贤惠，家里家外，相夫教子，最大限度地发挥着女性的潜能。

饶老师的潮州口音人人都听得出，但饶老师身上潮州女性的其他优点大家却未必都清楚。这方面，我有缘感受到。比如，在好几次聚会上，当大家起哄要老师也来个节目时，老师冲口而出的是用韵味十足的潮州话背诵的诗词。再比如，因为我不住在校内，中午在学校时我常去老师家蹭饭，因而对老师的烹饪水平有亲身体会，那是潮州家常菜。那段时间正好是老师在中文系主任任上、在暨南大学副校长

---

* 本文曾发表于贾益民主编《正月十五——贺饶芃子教授七十华诞文集》（暨南大学出版社 2005 年版），此次做了个别文字修改。

① 潮州男人做工时常备的一条类似大围巾的长布，可围在腰上，也可用于揩汗擦脸。

② 潮州话对女人的指称。

任上的时候，家里还没有帮忙的人，总是早过了下班的时间，才看到她匆匆回到家，换过行头后调换角色，又在厨房里操刀掌勺。我认为，光会做饭菜，那还不算地道的潮州"姿娘"。我自觉饭菜做得不赖，可饶老师还会做潮州小吃，什么潮州炒粿条、落汤糍、菜头粿、甜粿，这些可都是我爱吃却还未尝试做的。饶老师做的潮州小吃，她那同是潮州人的先生也是赞赏有加的。

饶老师是在高校工作的著名学者，又是曾经担任过系主任、副校长的女学者，在一些人的想象中，老师一定是高高在上难以接触的。然而，与老师相处我却从未产生过这种感觉，尽管不论从哪个方面来说，我都是远比老师差了一大截的小字辈。这是因为老师重情，她在乎姐妹般的友情。

高校的女教师在20世纪的七八十年代并没有今天这么多，就是在中文系这样的文科专业，一个系充其量也只有五六个。那时，系里的几个女教师隔三差五地常会相约而聚。我们在某人的家里聊天，既探讨学术问题、交流工作，也会毫无拘束地聊些女性都会关心的各人家里的乐事、好事、烦心事。这之后大家总会一起享受一顿自己采购、自己烧成的美味佳肴。这种场合，饶老师也一样会出现，一样会同大家一起绘声绘色地说、大声地笑。每逢这种时刻，我想，谁都会忘记她是主任、她是校长。如今，类似当年的这种聚会还有，只是不再那么频繁，而参加者除了饶老师和我，也大都退休了。

饶老师学生多，并且很多学生都已经在文艺学、海外华文文学和比较文学领域做出了不俗的成绩。我也是老师的学生，其实，师生关系才是饶老师和我之间的本质关系，我和饶老师之间有深深的师生情。或许听到我这么说，有人会以为我是在混淆视听：你是饶老师什么时候的学生？你的专业不是语言学吗？

饶老师是我的老师是珍珠般真确的事实。

且听我对上面的言语做进一步的解说。

我无意与老师众多的入室弟子相争，不过，早在1973年，我就有幸以学生的身份聆听老师的教诲了。那时，老师在华南师范大学任教，而我就是华师大的学生。老师后来众多的硕士、博士肯定都得到了老师的不少真传，可惜的是，他们未必都有缘一睹老师上大课时的风采。没有感受过老师在大课室的三尺讲坛上绘声绘色的讲演，绝对是老师的任何学生的遗憾。可我却有这幸运。虽然是在那个年代的讲台，老师依然是那么认真。时至今日，我仍然记得在那个认为知识无用，不少人都在糊弄中过日子的时代，每次饶老师上课，阶梯课室都"人满为患"的情形。那时，为了能占个好位子，我们总得提前早早到课室。当年老师在课堂上讲了些什么，我们这些学生现在未必都能回想起来，不过老师的神采、老师的举手投足，我们都记忆犹新。听老师演讲是一种享受。那时，有个想法就在我的脑子里出现：如果我能成为一名教师，我也要像老师那样在课堂上吸引学生。

对任何学生，老师都是老师。

尽管不是老师门下的弟子，尽管我后来学的和做的好像均与文艺学无关，但对所有学生，无论是否入室，无论以后从事什么工作，老师的关怀都从未间断过。在华南师范大学读书时，开门办学，下乡下厂是经常的事，老师们是必须随我们一起去的，和学生同吃同住同劳动。每次未能和饶老师在一起的同学，都会有点儿嫉妒和老师分在一起的同学，眼红他们能够得到多和老师接触的机会，而能够和老师在一起的同学又是那么庆幸自己运气好。30 多年过去了，时至今日，我们当年的同学依然有很多人经常与老师联系。

我后来两次在职攻读学位，不论是读硕士学位还是读博士学位，学的都是看似与老师的专业不相干的汉语方言学，可老师每回都给了我充分的鼓励。其实，还真不能说语言学是与文学毫不相干的学科。不是说，语言学是一门边缘科学，语言是文学的载体吗？20 世纪 90 年代初，我曾写过两篇有关泰国华文文学作品使用汉语方言词语的文章，其实就是从饶老师那里得到的启发。老师是国内最早进行华文文学研究的专家，我用于分析评议的泰国华文文学资料，就是老师提供的。这之后，老师又多次无私地为我收集语言资料，提供她所收藏的一些东南亚华文文学作品。2004 年开春，知道我准备独自到泰国调查当地华人社区的汉语方言，老师又慨然提笔给她的华人朋友写信。虽然我到泰国以后，因为工作进展还顺畅，而不必动用老师的介绍，但我一直对老师的为学生之举心怀感激。从教 40 多年，老师为这个学生那个学生所做的这件事那件事谁数得清？

与老师的许多学生不同的是，在做老师学生的同时，我还能忝列老师的同事之行列。几十年来，我都感到老师身上有我要学习的东西，做人、做事、做学问，老师都是我的榜样。每回走进文学院大楼，首先映入眼帘的总是大门口挂着的"中国世界华文文学学会"的大牌子，老师是学会的发起者之一，也是这个研究领域的领军者。世界华文文学研究之风已被掀起，那么，同样值得关注的、散布在五大洲四大洋的海外汉语方言调查研究呢？

"中国世界华文文学会"的大字招牌不断地督促着我。

我只能努力努力再努力，唯有做好本职工作，希望能以更多的海内外汉语方言研究成果向饶老师及我的所有老师汇报。对每一位老师来说，学生的成绩都是最好的回报，无论是在什么领域、什么岗位上做出的，我相信。

交情，交情，有交往才有情。正是浓浓的乡情、友情和师生之情，让我和饶老师之间有了一段段令人难以忘怀的情的故事。

愿老师永远风采依旧。

有惊无险三国行[*]

听说我申请了国家社会科学基金项目"东南亚华人社区汉语方言比较研究"，听说我得跑东南亚了，就不断有亲朋好友关心地提醒我：千万小心，外面乱啊！也有的给我传授经验：遇到海关或什么刁难时，不妨递上点小礼金或小礼品。

我感谢亲友们的好意，但心里也不免嘀咕：乱，能乱到哪儿去？报纸、电视上是天天有恐怖袭击的报道，但此前几次出国调查，除了一次在泰国曼谷国际机场，应允来接机的朋友的朋友忘记航班，我被"晾"在机场两个多小时，在泰国曼谷、在越南胡志明市有几次自己一个人迷了路，在人生地不熟的大街上不安地瞻前顾后，小心翼翼地问路以外，我好像还没在治安等方面碰到其他更大的麻烦。你看，我这不是好好的吗？再说，每次从机场海关进出，官员们也都还客气，我也还未遇到过特别有意为难的情况。

其实，以往域外田野作业，我主要担忧的并不是治安问题，不是没有可口的饭菜，也不是因为经费问题只能选择便宜的旅店，我每每最担心的都是外出后能否顺利地开展工作。这方面我倒是有不少铭心的记忆。比如，眼睁睁着时间一天天地过去，却找不到合适的发音人，找不到帮助你的人；比如，早已联系好的调查忽然有了意想不到的变化，而拒绝你的理由竟然是"这里的公安（警察）会盯着的"；比如，为了完成调查豁出去了，背着背囊有点尴尬地在街上"扫街"（寻找发音人）……所以，当暑假来临，我打算开始新一轮的工作时，心里顾虑的依旧是发音

* 2007年6月，在暨南大学召开的"《中国语言文字大词典·汉语方言卷》顾问及编委会联席会议"上，鲁国尧先生郑重其事地向我约稿，并声明不要论文，要散文。几个月来，一直忙于各种事务，也一直惦记着先生的稿约，但愿如今奉上的匆匆而就的小文，能符合编辑先生的要求，能满足读者们的需要。本文曾发表于2008年8月南京大学的《南大语言学》，此次做了个别文字修改。

人，依旧是任务能否如期完成。

做足了所能想象到的各种准备，我开始了越南、柬埔寨、老挝三国之行。

事情的开头似乎很正常，坐飞机到越南胡志明市会合了合作伙伴——该市国家大学所属的人文与社会科学大学东方学系的胡明光博士，搭乘胡志明市到柬埔寨金边的大巴，包括出入境，七八个小时的路程还算愉快。一路饱览湄公河三角洲的风光：掩避在林木中，用木板建造或砖砌的幽静的高脚楼，还有大片大片的绿地。很诧异为什么有那么多空置的绿地，被告知雨季就要来临，那些地方是会被一年一度泛滥的湄公河淹没的。

胡博士在柬埔寨的同学帮助我们开始工作后，就携新婚妻子到新加坡度蜜月了。几天后，胡博士也因为临时有事回了越南。于是，我独自一人在摩托车行人挤成一团的金边工作。不料，就在胡博士离开的当天，一件横想竖想都想不到的事情发生了：在我入住的客栈，发生了一起谋财害命案，凶手杀死了一同入住的伙伴，抢走了摩托车等财物。

早上出门调查时，周围一切如常。下午四五点我还在记音，一位刚认识的华人朋友惶惑地对我说，他刚经过我住的地方，不知为什么围满了警察和观望的人。我惊问是否应该回去看看，在座的华人都表示反对。他们认为，在这种时候最好别去掺和，待事情平息了再说。于是我继续进行记音工作。工作至晚上9点多，当我疲惫地回到客栈时，只见整座楼房漆黑一团，大门上贴着封条，我"无家可归"了！

怎么办？我的所有行李都被封在里面。

在这座陌生的城市，我没有其他办法，行前专门开通的手机国际漫游也一直没有信号，不能工作。无可奈何，只能再折回初识的发音人处，请求帮助。不幸中的万幸，护照在身上，一些钱也还在身上。发音人带我另找了一家客栈，一夜无眠到天亮。

第二天一早，凶杀案上了金边报纸的头条。

热心肠的发音人帮我联系了出事客栈的老板，请求拿回我的行李。老板先是答应了。我满怀希望地等了两个多小时，再联系老板时，他却再也不接电话了。万般无奈中，我想起了大使馆。在国内时，不是常说"有困难找警察"吗，在国外，大使馆就是家呀。于是，我直奔坐落于金边毛泽东大道的中国大使馆。使馆的负责人听了我的陈述，打了一通电话，然后出来对我说："金边市警察局的电话打通了，对方说得找具体办案的区警察局，可是区警察局的电话就是没人接。陈老师，你还是自己去找区警察局吧。外国人的东西，他们应该会归还的。"

迈着沉甸甸的步子和发音人走出使馆大门，发音人一拍脑袋，突然说："对了，先去问问我的当警察的邻居吧。"他的邻居就是那个区的警察。警察邻居也是打了一阵电话，给了我们他上司的手机号码，告诉我们，这事要大使馆亲自出面或亲自打电话才行。接过那个重要的手机号码，发音人又赶紧发动摩托车，载我返回大使馆。使馆负责人又是一通电话，这回出来时对我说："哎呀，麻烦了，陈老师，都说是人命案，上了封条，要打开就不易了。"我再三请求他想想办法，负责人回答说，下午3点再来一趟吧。

下午不到3点，我们已在使馆等待了，可过了3点，仍不见传唤。正在焦急时，发音人的手机突然响了，客栈的老板叫我们赶快去拿东西。摩托车几乎是飞驰般地开到了客栈，十几位警察端坐在客栈的大厅，我的东西已被搬了下来。在催促声中，我急急忙忙地检查了一下行李，匆匆忙忙地结账，谢过阿sir（警察）们后，赶紧离开。我一边走一边给使馆负责人打电话。电话一通，对方一听是我，就说："陈老师啊，还没有消息呢……"我连忙回答："我正是要告知你们，行李我拿到了，谢谢了！"

处理完这桩"天降"的麻烦，庆幸没有成为谋财害命者的目标之余，我赶紧继续工作，记完了柬埔寨80%以上的华人使用的潮州话，又在潮州会馆的帮助下想办法记录了另一些华人讲的广府话。等到胡博士从越南返回，我们就起程去了老挝的首都万象。因为金边到万象之间没有直达的汽车，故搭乘的是飞机。

老挝是个只有500万人口的小国家，与泰国隔着湄公河相望的首都万象更像一个悠闲的小镇，路上有慢慢地踱着步的行人、穿着绣花边筒裙的女性、呷着咖啡在湄公河边享受清风的旅游者。在这个天蓝树绿的地方，人待久了怕是想不慵懒也很难吧。按老挝中华理事会掌握的数据，全老挝大约只有两万华人，华人主要使用潮州话。于是，和着老挝人的慢节拍，上午两小时、下午两小时地做了潮州话的调查。

完成任务后，打听到万象每星期有几班飞昆明的飞机，但这样再从昆明回广州不但时间长，费用也不菲。如坐车直接回国呢，从万象到与中国交界的云南省边境，汽车得走3天山路，且金三角一带不很平静。顾忌到这点，我打消了坐车从中老边境回国的念头，转而决定与胡博士一起坐车到越南河内，毕竟，我前两次到越南都只是去了南方，也应该了解了解越南北方的情况了。

没想到，就是这个决定，令我又有了另一次前所未有的经历。

那天晚上从万象出发时是 7 点，山路崎岖，九曲十八弯，破旧的车子在黑黢黢的山路上忽上忽下，人似睡似醒，一直很奇怪为什么路两边残旧的茅草房都点着长明灯。汽车颠颠簸簸，直到凌晨 3 点多抵达老挝、越南的边境关卡。关卡就在一个两边都是山的小山口上，呼呼的山风把人的疲累一扫而光。好不容易等到 7 点钟，边防官员上班，顺利地出了老挝，以为很快就可以再上路，没想到竟被越南海关拦住了。

被拦的不止我一个人，还有一些西方的背包游客。我们被要求出示身份证，我没有带身份证，有的背包游客也没带，我一向以为出国只要有护照就行了，带身份证，丢了怎么办？海关柜台并无电脑，那个官员慢吞吞地拿着护照前翻后翻、左看右看，最后在西方背包游客的英语叫骂声中（不知他们为何对叫骂无动于衷）放行了除我以外的所有人。我惊问为什么，回答是护照有问题。

护照有问题？我手持这本中华人民共和国护照去了好些国家，就是越南这也是第三次来了。十二万分之担心，我已出了老挝，不可能再进入，我乘坐的汽车也早已载着我们的行李过了越南海关，如果过不了关，如果汽车不等人，那该怎么办？我质问有什么问题，但胡博士示意我别吭气。他不断用越南语和海关官员交涉，告诉他们他本人是越南一所大学的教师，我是中国一所大学的教授。此时，汽车的乘务员也等得不耐烦了，折回来问我是否没有签证。我说有，而且还是半年内可以多次进入的。乘务员常年跑这条线，听后做了一个数钱的手势。想起行前亲友的告诫，我终于相信有的地方海关官员甚至打开抽屉示意你放钱进去的说法。但是我该怎么给？那个小关卡是开放式的，一排柜台前挤满了要入境的人，柜台后并排坐着几个官员。真真是难煞人。这时，那位乘务员也自告奋勇地加入了交涉。

海关官员进进出出办公室几次，说是要请示上级，最后不知是顾及胡博士和我的身份，还是别的什么原因，终于在收了我一美元后同意放行。看看手表，已是上午 9 点多。就这一美元，整车人被耽搁了两三个小时，我惊出了一身汗。

汽车重新向河内开进。越南的中、北部不似南方，这里多山，而且已经不是湄公河流域，流经这一带的是水色浊红的红河。在越南南方、柬埔寨、老挝常见的高脚楼不再出现。如同灰与黄是撒哈拉大沙漠的主色调一样，青与绿是整个东南亚的主色调。虽然放眼所及，山峦依然一片郁郁葱葱，但除了河内的周边，其他地区从路旁的民居来看，民众的生活并不富裕。

傍晚六七点，汽车终于抵达河内，整整一天一夜的摇晃，我双脚坐肿了，下了车还有一种怪怪的飘浮感。河内不算太大，尽管街道上的摩托车也是多得很，可到底是首都，市容似乎比胡志明市整洁，绿化也更好。我在此了解了一些问题。两天后，我决定还是坐汽车回国，因为这样能够看到很多搭乘飞机无法见到的人和物。

从河内到广西凭祥的路虽然不是高速公路，但路况还不错，汽车一路穿行于遍植林檎（一种热带水果，也称"番鬼荔枝"）的群山中，经过谅山、同登，不过三四个小时光景，当双脚踏上友谊关时，我不禁长长地呼了一口气：我回来了。我终于完成此次三国行回来了，沉甸甸的装满调查资料的背囊，就是我此行的收获。

回国了，一切的辛劳惊恐好像一下子随风飘走了。有惊无险三国行，完成了此行还有下行。为了海外汉语方言研究，我该着手准备下一次的外出了。

2007 年 12 月
草于广州华景新城

眼　镜[*]

有句歇后语说，"孔夫子搬家——尽是书（输）"。

把书和读书人联系在一起好像是天经地义的事，就像把眼镜和读书人联系在一起一样，读书人用眼多，戴眼镜的人自然比较多。报纸新闻什么的不也经常报道中小学生视力下降，戴眼镜的越来越多吗？但如今，眼镜好像也不只是读书人的专利了，不然眼镜铺怎么能越开越多？这除了书，恐怕还得拜电视、电脑、手机、iPad等电子产品之功了。这几年我们汉语方言研究中心招收的研究生，就不但鲜有男生，也鲜有不戴眼镜的，这也可算是高校如今的平常现象。有几次带学生进行田野作业，我这个戴眼镜的教师和一队个个鼻梁上都架着眼镜的学生，围坐着记音，那一圈亮闪闪的眼镜，不知是否会令发音人觉得晃眼。

我这辈子迄今和书分不开，先是读书，再就是教书，眼镜是须臾不能离的。有的人戴眼镜是为了看起来有风度、有城府，那大概是因为不必天天时时都戴着这副劳什子吧，新鲜一时是挺有趣的。可是，当炎炎夏日汗流浃背还要眼镜夹鼻时，当工作一整天眼睛又酸鼻梁又累时，尤其是当"四十四，眼生刺"（客家谚语）老花袭来，近视却不减，近看远看近视老花，眼镜还不能一样时，你才会明白当中的烦恼。

不过，这还只是家常事。近视之人，要工作、要生活，就只能自己去克服种种不便。眼镜如眼睛，只求别在关键时刻出问题，戴眼镜的人恐怕对此都深有感触、深有体会。我就曾亲历过不少"眼镜事件"。例如，出门下了楼，蒙眬中才想起忘了戴眼镜，只好再爬上楼去取眼镜；近视的度数在不知不觉中加深了，没来得及更换眼镜，上课、看戏模模糊糊看不清，干着急，上街时看不清熟人，被认为高傲；

＊　本文曾登载于 2009 年 3 月 24 日《潮州日报》，此次做了个别文字修改。

外出时不小心打烂了一边，狼狈地戴着只有一边好镜片的眼镜，在行人奇怪的目光中深一脚浅一脚地回家。再挑几件细细述来。

读大学当工农兵学员时，有一次到某地的一个工厂学工。那时候年轻，眼镜的度数也还不算太深，烦于戴眼镜碍事——特别是干体力活的时候，一不小心打烂了，配镜不易不说，20世纪70年代的眼镜铺可不像如今，多过米铺，几十块钱一副的价钱也不是当学生的人轻易付得出的（如今变成几百块甚至上千块钱一副了），白天干活总是尽量不戴那副宝贝。想不到，有一天，麻烦却来了。上头临时决定和所在工厂举办一场包括射击（那个年代，各单位都有基干民兵，射击训练必不可少）在内的体育友谊赛，记得当时好像是几乎每个同学都摊到了一个参赛任务。体育运动我没有什么优胜项目，唯有射击还能参加。可是事情决定得突然，住地离工厂又不近，回去拿眼镜是来不及了。同学中虽然不乏近视者，但不巧度数都没有与我相符的。想推辞不参加是不行的，情急之下，记不得是哪位同窗出了个主意，把两位同学度数比较浅的眼镜一起给了我。两副眼镜度数相加，居然与我的度数不相上下。于是，我就鼻梁叠着两副本不属于我的眼镜，在众人不可思议的表情中，扛着步枪上了场。

不用说，这副尊容自然引来了一片笑声，尤其是当年眼镜远无今日普及，我的不自在可以想象。但那个年代，集体的荣誉至上，确实也顾不得那么多了，心里只想着重在参与，豁出去了！我凝神屏气，扣动扳机，连击数枪。真没想到最后的结果是，两副别人的眼镜竟助我拿了个第三名。我大喜，同学高兴，围观者无不言此是拜了6只"眼睛"所赐。

20世纪90年代中期，我到美国威斯康星大学欧克来尔分校当交流访问学者。出国前，有经验的友人告诫我千万记得多带一副眼镜，说在美国要配眼镜可没那么容易。我那时尽管对头号发达国家配眼镜的程序一无所知，但还是特地新配了一副，毕竟国外人生地不熟，而眼镜对我来说，是生活必需品，还是小心为好。再说，近视的度数与日俱增，我的旧眼镜度数也早嫌浅了。于是，我便带着新、旧两副眼镜上路。

没想到怕什么就来什么，一下疏忽，新眼镜就打烂了。戴惯了新的，再戴度数浅的旧镜，那种模模糊糊的感觉确实不好受。想再配一副新的，咨询之后，才知发达国家样样得依章行事，没有医生的处方是不会有眼镜铺为你服务的。在美国，看病必须预约，近视也是一种病。时近年终，一位热心的华人教授帮我联系的结果是，必须在将近一个月的圣诞节过后才能安排验光。我急了，华人教授再次与医生交涉，说是情况紧急，希望不要等那么久。结果医生破天荒地同意了，但是所谓紧急给予特殊照顾提前，也必须是在十几天以后。

我只好耐着性子等。好不容易等到依约去诊所做了必做的检查，拿到了医生处方，去配眼镜又再耐心地等待了好些天。待拿到眼镜，一看，心就凉了半截，镜片一圈一圈的，戴上头晕目眩。我申辩说这个度数不合适。眼镜铺的老板对我摊开双手耸耸肩，表示他是依医嘱行事，如果没有新的医嘱，他也无能为力，否则就是违法。我只好又去联系预约医生，又再等安排再次检查。一番折腾后，不管我怎么说度数应该浅一些，医生都坚持说不能改变。眼镜是我使用的，真奇怪为什么我自己的感觉和申诉都不管用。

医生不肯变，眼镜铺不能改，面对毫无用处的眼镜，我沮丧到了极点。突然想到，在美国买东西，只要保留单据，在一定的日期内，不合适的都可以退换。商场、超市的退货处，天天都是排着长队等退货的人。美国人的家具，日用品，穿在身上的衣服、鞋子，甚至内衣裤，所有物品试用过了均可以退。与其留着这没用的东西，还不如也学一回老美，退！

于是，挺起胸脯第三次到眼镜铺，这回老板二话不说马上就把钱如数还给了我，只是我也只好凑合着用旧眼镜坚持到回国。

本以为在发达国家遭遇的眼镜问题就此打住，可近日到澳大利亚，眼镜的问题又来了，好在这回的问题不算太大，不过是镜架上掉了一边的鼻梁托而已。这种情况在广州的任何一个眼镜铺，师傅都会热情地为你挑选与另一边配套的鼻托，麻利地为你换上，而且通常都不收费；如果找不到配套的，还会另选和眼镜相配的一对为你换上，同样也不收费。以为在澳大利亚，这个小小的问题对眼镜铺来说应该也不是个事儿，因此决定去修理。不用眼镜者不明白，镜架一边没了鼻托，高低不平，戴着真不是滋味。

好不容易找到了一家眼镜铺，服务生倒也爽快，说可以换，但是需要 5 个澳币，并且让我先去做其他事，20 分钟后来取。缴费后满心期待地离开，20 分钟后又满怀希望地返回。但眼镜到手，我有些傻眼：新换的一边鼻托比原先的足足大了一倍。忙问怎么不一样。对方答道，没有和原先的相同的。真不明白没有与旧的相配的，为什么不把两边都换了。

申辩是无用的，只好决定戴着它回国再说了。没想到更令人郁闷的是，过了几天，新换的那个鼻托又掉了。哎，眼镜！

2009 年新春

记于澳大利亚昆士兰州布里斯班 Sunnybank Hills

遭遇尴尬

"田野工作"，听到这几个字，一般人头脑中反应的想必是农民大叔在大田里劳作，而在语言学界，却喜欢把汉语方言学者下到方言点调查汉语方言称为"田野作业"，方言工作者常自诩自己是"田野工作者"。自 20 世纪 20 年代语言学大师赵元任先生以田野作业的方式调查吴方言起，中国的方言研究才算迈进了"现代"的门槛。

相信很多人都曾有过遭遇尴尬的经历。比方说，在大街上心猿意马，走路不看路，磕到碰着，西装革履的却当众摔了个鼻青脸肿；买东西时一轮舌战，砍价成功，左挑右选，好不容易挑到了心仪的，终于咬紧牙关决定买，兴冲冲地掏出钱包，却发现根本没有带够钱，在商家恼怒的目光下悻悻地离去……但我现在要说的不是遭遇诸如此类的尴尬，而是在方言调查田野作业中遭遇的尴尬。

这些年，我到过海内外的不少地方调查汉语方言，在方言的大田中摸爬滚打，有过喜也有过恼，有过开心也有过神伤，还有过令人手足无措的尴尬。你有过这样的经历吗？上面提到了买东西千辛万苦砍好了价却没带够钱的尴尬，那就先说说方言调查中遭遇的有关钱的尴尬吧。

市场经济时代，东西都应该是等价交换的。调查方言，发音人付出了辛劳，该得到应有的报酬。但由于科研经费紧张，囊中羞涩，有时只能尴尬地以送小礼品的方式答谢对方，或者尴尬地掏出不成敬意的一点点薄酬。当然，知道我们经费有限，理解我们研究的重要性，很多时候，发音人都是"友情赞助"，只是热心帮忙，甚或倒贴帮忙——除了工作，还反过来请我们吃饭。这让我们在感动之余，只有更加努力地工作。这种感动从国内的方言调查一直延续到海外汉语方言调查。我不止一次被异国他乡方方面面帮助我的发音人、被那些素昧平生的华人深深地感动，每每只能说，我麻烦了你们，希望你们也能有机会到中国"麻烦"我。

好像只有那么一两次例外。一次，我到××省调查一个在方言学界闻名遐迩的方言岛。因为已经历经了数次被调查的"训练"，发音人很是专业，对所有的程序都已经熟知。他一边发音，一边诉说自己是如何在百忙之中不顾喉咙不舒服，抽空来帮忙，多么不容易。我当然很感动，于是不但请他吃了工作餐，在工作结束时还毫不犹豫地奉上了自以为还过得去的酬劳。谁知接过票子，发音人发话了："怎么这么少？那次某某人来，人家给得很多。上次某某国家的来，人家给得更多。"一时语塞，我竟不知如何作答才好，于是又只好再手忙脚乱地翻出钱包……

没想到，更尴尬的事还在后头。之后参加一个学术研讨会，正好碰上××省的同行，对方埋怨道："都是你们广东的，去我们那儿调查给那么多钱，把行情都抬高了！"

说钱伤感情，咱们还是说点别的吧。

行内的人都明白，调查方言词汇，基本词汇一定不能放过。基本词汇中一定得包含人体用词、詈语，这是常识。刚出道时还年轻，记得老师的教诲，问词汇总会先用普通话读出词条，并做一些必要的解释，可是一问到这些"敏感"的条目，就不知道如何是好了，因为大多数时候，发音人都是男性（这也是老师的教诲，男性的语音通常比女性稳定）。尝试过双眼盯着词条，低着头用手指着"这个""这个""这个"，匆匆记下；也试过在发音人奇怪的眼光中急急地翻过那几页，留待晚上回到招待所时，请女服务员帮忙，在大姐小妹们吃吃的笑声中尴尬地记完。

有一回得到一位老同学的帮助，带学生去实习。老同学是某地某单位的领导，为我们安排好了发音人。仗着有好几个人，也为了给后学者做示范，"敏感"的条目也大胆地问，没想到发音人大笑不已。当时尴尬不说，第二天，见到老同学，老同学竟然皱着眉头问："你们怎么光问那些东西啊？"我目瞪口呆地站在那儿，天知道他的下属是怎样向他汇报的！

类似的尴尬在国内调查时遭遇过 N 次，奇怪的是，在海外调查汉语方言时却至今基本没有遇到过。调查华人的方言，无论问者还是被问者，双方都坦坦荡荡，你问我答。这是因为教育的不同或是什么造成的吗？

不过，海外方言调查遭遇到的尴尬，有时却是在国内绝不会发生的。新加坡的芽笼区美食荟萃，那里既是风月场所红灯区，也是华人聚居、华人社团云立之地。记得那年到新加坡调查，自己一个人去寻找发音人。下了地铁，不辨东南西北，在大街上扫视了一番，选择了一位寻常的华人中年妇女问去芽笼怎么走。妇人听言，对我从头到脚打量了几遍，眼睛里充满了疑问。我见状赶紧声明，要去找那里的潮安会馆，妇人的面色才稍有和缓，伸手为我指了指方向。自此，再不敢轻易在芽笼问路。一天，和我的一位专程从马来西亚过来帮忙的女学生去芽笼的某华人社团记录广府话，找到地点时已过午膳时间，想外出买一个盒饭垫补后再工作。发音人马上说："要吃什么我去帮你们买吧，要不我陪你们出去也行。"我说不必劳烦。发音人则坚持帮我们买饭，理由是，"免得你们出去碰到麻烦"。

再举一个例子。

同行都知道田野作业之苦之累。有时候找来的发音人在不知情的情况下，满口应允，说帮忙说话是小菜一碟，可是当看见你拿出的调查字表和词表时，却立马"花容失色"：原来要读这么多啊。于是，无论你再怎么开导、怎么恳求，都推说没有时间。如此遭遇想必同道都不会陌生，可是下面要说的尴尬，则不是人人都碰得上的。

20世纪90年代末，我带学生到某地做项目。方言点定在一个小乡村，我们准备做些随机随意的社会语言学问卷式的调查。那个地方不通车，到了镇里还得再走约莫个把小时的路才能到。镇里的领导好心关怀，说："你们不识路，想办法弄个车送你们去吧。"于是满怀感激地坐上了一辆破旧得不能再破旧的面包车。

时值中午，车子一路吭哧吭哧地吃力地开去，远远地看见村口的大榕树下男女老少围坐了不少人，似正在聊天歇息。我们很兴奋，有那么多人，一路担心随机调查可能找不到发音人，看来应该没问题了。奇怪的是，听到汽车声，原本坐着的人站起来张望了一下，立马就一哄而散了，那些抱着孩子的妇女更是急急忙忙地往家里跑。待我们下了车，询问没有走的几位老者，不是不搭理，就是一问三不知，真真是叫人好生纳闷：这是怎么啦？

过了一会儿，见我们这几个斯文人并无什么进一步的动作，有人就大着胆子过来问："你们到底是来干什么的？"赶紧好生解释了一番，才听对方恍然大悟地说："原来是这样啊。还以为你们是来做计划生育工作的呢。"

原来我们赶巧了。那段时间当地大抓计划生育，风声一浪紧似一浪，而我们乘坐的那辆破车，正是镇计划生育办公室的专车！

2009 年 6 月

完稿于广州华景新城

发音人（一）

　　说起方言调查，行内的人都知道，那叫"田野工作"，搞语言和方言调查的人常自诩是"田野工作者"，把接受我们调查的人称为"发音人"。发音人配合语言学工作者做语言和方言调查，帮助调查者了解、掌握一种语言或方言的方方面面。从这点来说，好的发音人可以说是调查者的老师。通常，调查者和发音人接触的时间不会太长，但很多时候，发音人给予调查者的却不仅仅是语言或方言方面的帮助，留给调查者的也不仅仅是他所讲的那种话，他们有可能令你一辈子难忘。

　　做了几十年田野调查，国内的、海外的，接触过形形色色的发音人。这篇小文章就先讲讲在国内调查方言时碰到过的一些发音人吧。

　　有的发音人其实就是你某一方面的老师。

　　那年，我到广西北流市调查方言。去北流是冲着那里的粤方言去的，因为在广东的粤语被调查得比较好后，总想好好地了解了解广西粤语。起先并不知当地约100万人口，除了粤方言，还有大约5万人使用客家方言，还有3个四五千人使用闽方言的方言岛。到一个地方田野作业不容易，故我的原则是，不做白不做，碰上的一定要想办法顺便做。所以，多年来无论去哪里调查，我总不忘多带三两本调查字表词表。那回，面对当地的客家方言和不可多得的闽方言岛，当然也顺便调查了。

　　北流新墟镇平安山村就是个流行闽南方言的方言小岛。据该村欧姓居民的族谱记载，他们的先人从福建、连滩，再到北流，至今已有11代。说他们来自福建，这恐怕不会有误，但连滩属何地却不甚了了。20世纪50年代初，该村的居民曾经因为觉得自己所讲的话特殊，与周边包围他们的粤、客方言俱不相同，广西又正好是少数民族地区，就猜测自己是否也属于某个少数民族，所以凭这点向政府申请少数民族资格。当年，有关部门还真就此进行了调查，却因为在福建查无连滩一地，只好不了了之。

显然，这个误会的发生，与我们一些公务员语言知识的贫乏有关。

协助我调查的几个发音人认真的态度令我颇为感动，其中一个小学校长，每天风雨无阻地在工作之余赶来帮忙。他告诉我，一个很大的原因就是想知道他们说的到底是什么话。这是一个困扰了他和乡亲们多年的疑问。他对我说过的一席话，常被我用作绝妙的事例与学生分享。这个事例生动地告诉我们语言学、方言学知识的重要性。我告诉他，福建是一个流行汉语闽方言的地方，尽管他们的族谱所记的连滩究竟在何地暂难断定，但我们知道在广东粤西的郁南就有一个连滩镇，该镇就有讲闽南方言的人；在广东粤北的曲江也有当地人自称为"连滩声"的闽南方言。且不论郁南连滩镇的闽南方言和曲江"连滩声"与平安山村的闽南方言有何关系，平安山村人是否从福建到广东郁南连滩或广东粤北，再迁到北流，该村的方言确实应属汉语的闽南方言系统。

学界皆谓方言调查为苦差，毕竟是田野工作嘛。不过，投身于这项工作的，都能乐在其中。有时，想起某个发音人，就能偷着乐一阵子。深圳沙头角的老李就是这样一个让人一辈子都忘不了的发音人。

沙头角本是紧挨香港新界的一个小镇，1898年3月18日，随着当时的清政府与英国殖民主义者的勘界行动，其中一条仅长250米的中英街被一劈为二，街的左侧深圳与街的右侧香港就成了两个不同的天地。1951年，中英街被划为禁区，除了当地的原居民和商户以外，其他人难以进入。1983年，中英双方签订了开放中英街的协议。此后直到20世纪90年代初，需要公安部签发特许通行证才能进出的特区中的"特区"——中英街（其时，进入深圳特区也要通行证），曾经是所有到深圳的人都想一睹的地方，为那条窄窄的小街的神秘，为可以一踏那神奇的土地，也为那里当时在内地难得一见的各式各样的廉价商品。那时的中英街，终日里人头涌动。到那里一游的人迈出沙头角时，手上无不提着鼓鼓囊囊的蛇皮袋。商家个个赚得盆满钵满，而每月限量签发的特许通行证对很多人来说则成了渴望而难求的香饽饽。

也就在20世纪80年代，我们几个当时在读硕士学位的学生跟随詹伯慧老师做珠江三角洲方言调查，沙头角客家话是分配给我做的6个点中的一个。我拿着当时在国内工作需要，也还管用的单位介绍信，找到了沙头角镇政府。镇政府有关领导让土生土长的客籍干部老李协助我，并言，他是老沙头角，"有事找老李就行"。朴实干练的老李第一面就给我一种很靠谱的感觉，而在以后的几次的相处中，我才真正了解了那句"有事找老李就行"的话之分量。

首先，老李是合格尽职的沙头角客话发音人。虽然工作繁忙，可他不仅自己挤出时间配合调查，还将他的亲朋好友找来当发音人，之前我一直担心在寸土寸金、分分秒秒都是钱的沙头角难以完成的调查变得畅通无阻。不但工作得以顺利进行，一般内地人当时难以承担的沙头角食宿问题，老李也轻松地为我做了安排，让我在他家那栋漂亮的小楼里住，就在他家吃饭。面对我的感激，他只是淡淡地说，家里有的是空房，吃饭不过是多加一双筷子而已。而且，老李的开朗诙谐还常常令紧张的调查充满了乐趣。

老李当然带我逛了中英街，还提出带我的老师和同学们去逛逛，说那只是非常简单的事情。接下来的那次有我的老师和几个同学，还有香港理工大学张日昇先生参加的沙头角游，让我们进一步领略了老李的能量。

限量签发的特许通行证当然谁也无法随意拿到，可老李进出沙头角凭的是他的人格和几十年的信誉。结果那天，他就真的从容地带着我们七八个人参观了中英街。

老李对很多事情都有自己的看法，虽然他尽力配合了方言调查，可他总想不明白做这些有什么用——这也是在几十年的方言研究生涯中，我时常感到最无法与发音人解释清楚的问题。他认为，我辛辛苦苦地做这个事，还不如辞职不干，去沙头角帮他的孩子，还有他的亲戚朋友的孩子补习功课，那样又轻松，又能够挣到更多的钱。他很清楚，沙头角人有钱了，可还缺少文化。

其实，值得书写的发音人何止这几位。我的方言调查经历从珠江三角洲开始，记忆最深的当然是在我的第二故乡——东莞（我在那里当过知青，当过工人，做过教师）的调查，那里是我的方言生涯的始发站。在那里，我不但重点调查过莞城话（属粤语）和清溪客家话，还跑遍了其时东莞的全部32个乡镇，对东莞的调查断断续续做了好几年，合作完成了广东省社科基金重点项目成果《珠江三角洲方言调查报告》3卷本的任务，完成了我的第一本专著《东莞方言说略》，完成了国家社科基金重大项目"现代汉语方言大词典"的子项目——编纂《东莞方言词典》的任务（与詹老师合作），完成了我的硕士、博士学位论文，也完成了《东莞市志·方言志》的语言部分。

在东莞调查的那几年，帮助过我的发音人何止一个两个，叫我感动的事又何止一件两件！在早已过而立之年后才开始学习方言学，除了面对繁难的课业，在职学习的我还要完成日常工作，还得处理各种家庭杂事。记得那时，每到寒暑假，我总是对五六岁的儿子说："收拾好你的书包，背上你的小提琴，跟我去东莞吧。"到了东莞莞城，把儿子托付给老同学、老朋友，自己就一头扎下去调查。每隔三五天，买几块小点心，急匆匆地跑回莞城镇，看看儿子，然后又在友人"放心吧"的宽慰声中再跑去调查。

对我而言，东莞的，还有其他很多地方的发音人岂止是方言调查的协力者，他们是永远的好朋友。大恩不言报，对他们的感激不是三言两语能够表达的，他们永远在我的心里。

谢谢了，我的每一位发音人，我的每一位朋友！

2009 年 9 月 6 日
草于广州华景新城信华花园

发音人（二）[*]

  自 20 世纪 90 年代初期始吧，我对汉语方言中一块还不大被关注的领域——海外汉语方言产生了浓厚的兴趣。于是，我先是做了马来西亚 3 个汉语方言的研究，接着是广东省社科基金项目"泰国三个汉语方言的研究"，再就是国家社科基金项目"东南亚华人社区汉语方言比较研究"，之后又是省社科基金项目"泰国华人社区汉语方言研究"，这几年则是国家社科基金重点项目、重大项目"美国华人社区汉语方言与文化研究""海外华人社区汉语方言与文化研究"。跑的国家多了，接触的海外发音人也不少。上一篇小文讲了国内的发音人，这篇就讲讲国外的发音人吧。

  有句老话说，"在家千日好，出门一日难"。在国内要做调查，就算事先没有预定的发音人，起码也会有一个你所要去的地方的联系人。无论如何，亲朋好友、亲朋好友的亲朋好友，总能够提供一些帮助。在海外调查就不同了，很多时候，当我拿到签证登上飞机出发时，还不知道在目的地等待我的将会是什么。也有的时候，原先费了九牛二虎之力联系好的人，在你到达后却突然改变了主意，那就更加叫你措手不及。

  真的有过那样的经历。

  那是到东南亚的越南，出发前，一位朋友的学生（越南人）说已经联系好当地的某某侨领了，让我放心来就是。我满怀希望地到达越南，高高兴兴地跟着去拜会那位侨领。可是见面后，他只是客气地倒了一杯茶，然后说："陈教授，这件事情是不能做的，公安会盯住的，除非你能让中国大使馆发文叫我们做。"

  手中端着那杯热茶，心里却凉透了。

  我只不过想调查华人的方言而已，公安为什么要盯我？作为一名教师，我当然

---

  * 本文是这本小书中最长的一篇，可还是远远写不完我几十年方言研究生涯中遇到过的国外发音人的故事。

没有能力请中国大使馆发什么文，但是我的任务却不能不完成，我已经到了那个国家，我必须再做些努力。在硬着头皮给大使馆打了一个明知无用实际也是无用的电话后，我把心一横，决定背着背包去"扫街"——自己在华人聚居区里寻找发音人。

该地华人社区主要的汉语方言是粤语广府话，我的第一目标就是寻找广府话的发音人。一开始，朋友的学生提供的人选都不成功。可就在这些不成功的人选里，有一位华人告诉我，听说马路对面的那间商铺的老板就是广府人。尽管不敢抱太大的希望，我还是决定试试，于是抖擞精神走过去，表明意图，径直询问他能否提供帮助。

没想到，天上有时真会掉下大馅饼，我竟然成功了！那位之前与我毫无关系的热心的华人老板此时正好没有什么生意，听了我的一番陈述，对这工作来了兴趣，竟然当场爽快地答应做做看，并在第二天继续抽时间帮助我，还叫来了他的太太和两个年幼的子女演示他们的广府话。就这样，在几乎绝望时，我得到了无私的帮助。那是一位我永远不会忘记的发音人！

好运是偶然得到的，但是办法都是逼出来的。

由此得到启发，之后我的海外方言调查，有许多次都是在漫无目的地"扫街"后，在几乎失望时，凭着"再咬牙坚持一下"的信念，最后成功做成的。天底下还是好心人多。

2008 年新春刚过，那次在缅甸仰光，在有"唐人街"之称的广东大街几乎无望地走了半天，看见一处挂着潮州会馆牌子的地方，也是径直走进去，自我介绍，进而得到了"广东公司"① 的热情帮助。

在新加坡，寻找发音人的经历更是有意思。那次，我想做华人的广府话和潮州话的调查，因为新加坡大多数华人说的福建闽南话已经被研究得比较好，客家话也有了研究成果，广府话和潮州话却仍未被涉及。我的一位马来西亚学生黄玉婉专程从紧邻新加坡的马来西亚过来帮我，但在新加坡她也没有这方面的熟人。

师徒俩顶着烈日在狮城牛车水唐人街一带转了大半天，没有找到一个可以帮忙的人，按照地图好不容易寻找到的几个华人团体，也都是大门紧闭。两人都又热又渴又

---

① 广东籍华人的社团组织。缅甸曾为英国的殖民地，"广东公司"之名是当时殖民主义者"东印度公司"名称的沿袭。

累，玉婉劝说道："老师，要不算了吧？"我不甘心，说："再坚持一下，再找找。"

擦了把汗，又继续走。就在感觉最沮丧无助时，抬头一眼看到了"应和会馆"的牌子，会馆大门洞开，我大叫："这是新加坡最老的华人客家会馆（成立于1823年），进去看看！"进了会馆，迎面碰到一个工作人员，问我们有什么事。他的询问声惊动了一位负责人。负责人听说我们的意图后，沉吟了一下，转身打了个电话，说可以去找他的一位广府籍的朋友，随即给了我们他朋友的地址和电话。喜出望外地接过那宝贵的地址，我们千谢万谢，正要离开去找人，那位负责人又突然叫住了我们，说："人生地不熟，还是我开车带你们去吧。"

天上又一次掉下了大馅饼！

有的时候，遇到的发音人会令你惊讶得合不拢嘴，在美国得克萨斯州的圣安东尼奥我就碰到过这样的事。

到圣安东尼奥调查华人社区的汉语方言，帮助我的是我初中的老同学刘纪元，他和太太当时正好在儿子圣安东尼奥家帮忙照顾孙女。刘纪元不太熟悉当地的华人，所以工作开头也不太顺利。那天，他说别人介绍了一户可能是讲台山话的人家，我们就去拜访了。在一间并不显眼、不大也很普通的房子里，我们见到一位时年已过90岁（但看上去不怎么像）、抹着大红口红的老妇人。她缓缓地一开口，就着实让我们吃了一惊："讲出来可能会吓亲你哋。我係陈济棠嘅女儿（说出来可能会吓坏你们。我是陈济棠的女儿）。"

陈济棠的女儿！陈济棠是20世纪30年代主政广东的军阀。珠江穿过广州城，连通广州河南河北的第一座大桥——海珠桥就是在他的主持下修建的，广州越秀区的梅花村也是他修建的。1932年至1934年江西苏区的钨矿，一直与陈济棠做着生意。在红军长征前，经过谈判，陈济棠还曾让开一路让中央红军突围。陈济棠有两房妻室，共有十几个孩子，这位发音人应该是最小的。发音人说，她16岁就随祖籍台山、原是美国飞虎队轰炸机飞行员的丈夫到了美国。结果那天，老人的年已60岁、刚从教师岗位退下来的女儿充当了我们的发音人。

当然，有的时候事情也并非那么顺利，除了遭人白眼、被人赶，还有一些奇怪的经历。在美国俄勒冈州波特兰调查时，当地的侨领介绍了一位十六七岁的第二代华人来当发音人。小青年很不情愿地在他母亲的陪同下到来，在收下我带去的一个小巧的U盘露出一点笑容后，还是百般不情愿地念了几个字就告辞了。在南美洲的巴拿马城，当地侨领向我介绍了一位据说是华人社区有文化、最了解华人历史，但又轻易不理人的华人发音人。那位发音人见到我后的第一件事，竟然是用英语接连问了我几个问题，等我用英语一一作答后，才向我"透露"了一点资料。

有的时候，还会有另一种惊讶。

也是在美国俄勒冈州波特兰市，一天，我如约赶赴一间麦当劳，准备记录两位年轻人的广府话。见到的两位姑娘，其中一位深棕肤色，显然不是华人。我猜想她只是陪另一位华人姑娘来的，结果却令我大跌眼镜。她开口说出的广府话比那位第二代的华人姑娘还要纯正流利！原来，姑娘的父亲是美籍印度人，母亲是从香港去的，而她的广府话是从外婆那里学来的。

类似的惊讶也在法国巴黎发生过。一位剪着男孩子头，皮肤白皙，母亲是广东籍第一代华人，父亲有法国和挪威血统的混血姑娘，在其母亲的陪同下也充当了我的广府话发音人。那位姑娘的广府话也算颇有特色。

就是在许许多多素昧平生、满怀中华情结的华人的帮助下，我完成了一个个海外方言的调查。在国内，是无论如何也想象不出在一切皆陌生的他乡会遇到的种种事情的，何况遇到的有时还可能是大事。故很多时候，海外发音人给我的帮助就不仅仅是发音。在柬埔寨的首都金边，我碰到过一起凶杀案。若非初识的发音人一直帮助我，真不知道后果会如何，小文《有惊无险三国行》记载了那次历险。事后，我所能做的就是发自肺腑地对我的发音人说，我麻烦了你们，希望你们也能到中国来"麻烦"我。

当然，海外发音人在协助你工作的同时，也会带你走进异国的方方面面，让你了解很多与方言有关无关的事情。东南亚我一共跑了十国，包括小国文莱，以及与文莱相连的马来西亚东马沙巴、与沙巴相邻的马来西亚一个特区——一个在世界地图上绝对找不到的小岛纳闽。这两个国人少到的地方①，都风景秀丽、民风淳朴，当地华人更是有金子般的助人之心。

就听听我讲文莱和马来西亚纳闽的华人吧。

文莱的国土面积是新加坡的6倍，新加坡有300多万人口，文莱的人口却只有30多万，华人大约占总人口的百分之十几。石油和天然气使文莱成为全亚洲最富

---

① 去文莱的人至今不多，与文莱政府的政策有关；去西马的人不少，但到东马的却不多。

有的国家之一，那里的人民生活安定富足。因为国家小，华人不多，故华人很多都相识。帮助我的是我的马来西亚学生吴翠美的同学小许。小许和她的先生沈老师（我在文莱期间有幸见证了他们在国家最高法院的结婚登记仪式）都是马来西亚籍，但都在文莱教书。在文莱，我做了产油区马来奕的揭西河婆客家话、首都斯里巴加湾的福建小金门话的调查，仰仗着沈老师和许多华人的帮助，工作进展得非常顺利。

特别想感谢沈老师。沈老师本人长期在文莱从事华文教育，一直热心于中华文化的传播，我在文莱的活动基本上都是他安排的。在文莱那些天，文莱的3份中文报纸几乎天天报道我的工作、我的行踪。在那个人口不多，华人更少的国度，一时间，我仿佛成了华人社区中人人都知道的人物，我的海外汉语方言调查也从来没有那么家喻户晓过。很多初次见到我的华人，都会像熟人似的握着我的手热情地说："陈教授，早就听说你来了。"沈老师不仅为我联系到客家话、福建话的发音人，除了让我在他们的宿舍打地铺，为了安排好我的生活，还向我介绍了他的大家族。

沈老师祖籍广东潮州，有8个兄弟姐妹，父母都健在。在文莱，华人大多是讲福建闽南话的，再就是讲客家话的，讲潮州话等其他方言的很少。据说，全文莱也就只有那么五六十户潮州人家。因为人数少，沈老师80多岁的老母亲竟能够一一细数全文莱的潮州人家。听说我也是潮州人，老人特别高兴，特地做了拿手的咖喱菜请我去她家"诐（讲）潮州话"。那天，一边品尝老人的手艺，一边听她用浓浓的乡音在耳边述说，恍惚中竟忆起童年时一边吃饭，一边听阿嫲（祖母）絮语。

我在沈老师所在的马来奕区调查完客家话，转移到文莱首都阿里斯巴湾调查福建话。沈老师把我介绍给他的大姐和弟媳妇，于是在文莱的后几天，我们3人成了无话不谈的好朋友。沈大姐请我吃饭，沈弟妹带我参观斯里巴加湾；沈大姐的商铺成了我约请发音人工作的好地方，沈弟妹的家则专门为我留出了客房。最让我感激的是，沈弟妹带我去见她的母亲和母亲的朋友，让我记录了不容易记录到的多彩的福建话语料。

大马纳闽小岛上的吴家是另一种风格的华人家庭。

吴先生是我的学生吴翠美的父亲。翠美当时在东马沙巴亚庇的华校教书，因为在做《马来西亚的三个汉语方言》调查时，我没有调查马来西亚华人使用人口最多的福建闽语，故纳闽行的目的就是要补做大马的福建话。

纳闽是个只有 9.2 平方千米，7 万多人口的名副其实的小岛，目前是马来西亚的一个特区，开车环岛一圈只需个把小时。但"麻雀虽小，五脏俱全"，岛上的一应生活设施都有，连码头、飞机场都不少。要上岛，可以乘坐能容纳 300 人的船，也可以坐只能容纳十几人的快艇，还可以乘飞机。约占岛上人口 30% 的华人主要来自福建的安溪、永春等地。小岛依着马来语 LABUAN 的音被华人译作"纳闽"，就包含了"容纳闽人"之意。当地华人也有少量来自广东、海南。最令人惊讶的是，在这么个小岛上居然就有 7 个华人社团：福建永春会馆、福建安溪会馆、福州会馆、广惠肇会馆、潮州会馆、客属会馆、海南会馆、中华商会。

美若仙境的纳闽，是一个仍未被完全开发的小岛，有海有热带雨林。吴先生所在的小甘榜①距"坡上"②非常近，住的全是华人，早年以种菜种水果、养猪养鸡为生，以至于村子被叫作"菜园"，真正的大名"双溪吉令村"（KGSUNGEI KELING）反倒没有多少人记得。

吴家有约一英亩③地、一座两层的木结构房子、两只看家的大狗，房子周围零散地种了十几种热带水果。吴先生夫妇都退休了。太太每天早上与朋友喝喝茶，然后在家里做一顿可供全家一天吃的饭，中午饭后去与朋友聊天打麻将至傍晚。吴先生不打麻将，除了喝茶聊天，就是照料一下果树。据说，果树一年的收成就足够二老的生活开销了。

在那个家家有不止一辆汽车，鸡犬声、鸟声不绝于耳，满目青翠的小村庄，吴先生和他的几位从小一块儿长大的玩伴自动充当了福建闽南话的发音人。就在那个如诗如画的地方，我完成了福建话的调查。那是一个我永远都会记得的地方。

2009 年 9 月 10 日

草于华景新城信华花园

---

① 马来语 kampung，意为乡村。
② 华人的自创词，意为城镇。
③ 1 英亩约为 4047 平方米。

能上能下

说到"能上能下",人们可能马上会联想到这是指官员们,能上能下,既能当官,也能做老百姓。其实,对我们这些平头百姓来说,这句话同样适用,日常生活和工作中,同样也应该能上能下。能上能下,能吃苦中苦,汉语方言研究者特别需要有这种勇气和精神。

听者恐怕会不解:搞汉语方言,也要能上能下?

老话说:"开门七件事,柴米油盐酱醋茶。"衣食住行是每个人都躲不开的问题。改革开放后的中国,人民的生活越来越好,衣锦食肉、住洋房、坐小车已经不是什么稀奇的事儿。问题是,平时衣锦食肉、住洋房、坐小车要不懒,一朝布衣素食、睡草房、行大路需不怕。田野工作者就时时要有这样的心态与准备。

就讲讲我做田野工作经历过的一些与日常不一般的衣食住行趣事吧。

尽管爱美之心人皆有之,但相信谁都会认同,特别是劳作和悠闲的时候,还是牛仔裤运动鞋舒服,那是另一种美。下乡搞汉语方言调查,更是不会刻意打扮,总是背包一背就走,这已经成了习惯。我很自然地把这一习惯延续到了海外汉语方言调查中。几年来,在东南亚各国调查时,我都是 T 恤、牛仔裤、凉鞋加背包,一身"短打"装扮。可就这身打扮,在印度尼西亚却似乎有点吃不开。协助我在印尼调查的是我的一位当时在印度尼西亚工作的马来西亚籍学生黄玉婉。她看到我的穿着,惊呼道:"老师,你没有带几身像样点的衣服来啊?"我诧异于为何去工作要带漂亮衣服,学生的回答是:"你不知道,这里的风俗是'先敬罗衣后敬人'!"

在接下来的日子里,在四周衣着光鲜的人群中工作,在人们对我这个教授投过来的惊奇的眼光中,我有时多少会有些不自在,只好埋怨学生为什么不早点把这个非同一般的重要信息传递给我。

素食,在解决了温饱的社会里好像已经成了一种时尚。不是有句调侃的话说,山里人总是赶不上潮流,刚吃上肉,城里人却又改吃素了。但我这里要说的不是一般概念中的素食，而是非同寻常的饭食。

非同寻常的餐饮，在下乡做调查时经常会发生，或者只能在街旁不洁的摊档，像民工一样，蹲在地上捧一饭盒；或者为了赶工，与发音人一起匆匆果腹。但无论如何，那都是在自家的土地上，直到在境外做调查时，我才发现，有时候，吃饭真的并非易事。

东南亚一带常年炎热，人们喜食生冷，加在自制饮料中的冰块①常是从制冰厂里买来，用小三轮板车什么的露天载运来的大冰块上再敲下来，有人买，经营者就伸手抓一把扔在杯子里。路边的小摊档卫生状况总是很糟糕，更不要说那些饮食挑子②了，你是绝不敢奢望碗筷勺子的清洁的。经费限制，大饭店绝对吃不起，光顾时就只能对其卫生状况睁只眼闭只眼。东南亚各国都有些特别的饮食：马来西亚一种以肉骨头加上包括中药当归在内的配料做成的"巴骨茶"很出名；越南等国喜食以莲根做成的菜；泰国的菜肴少不了酸甜辣，连吃水果也要放上这样的调料，用海鲜加香茅等做成的"冬阴汤"名闻遐迩；菲律宾人好吃一种混合了猪肉和猪血做成的食物；最令人接受不了的是柬埔寨的"臭鱼"，那是用鲜鱼发酵后做成的食品，其味特殊，可柬埔寨人却觉得越臭越好，不可一日无它；等等。

为了方言调查，有时就得勉为其难。

睡草房在今日颇不易得，要住洋房睡席梦思反倒容易。但是，下乡调查，尤其是在国外，囿于科研经费，住宿条件自然就远无在家舒适，"在家千日好，出门一日难"嘛。在东南亚，十几美元一天的小客栈一般是我的首选。这样的选择固然无法讲究舒适卫生，甚至安全有时也没有保障，在柬埔寨金边时，我住宿的客栈发生凶杀案就是一例。可就是这样的客栈也不是到处都有的，在新加坡就无法找到。新加坡消费高。有一回去调查，预先托了朋友也找不到价格合适的住处。最终，在学生的帮助下，先在学生的远房亲戚家借住了一段时间，后又到学生的朋友家住了一段时间。在学生朋友家借住的经历至今难忘，倒不是因为我住的是主人家菲佣那间在厨房、卫生间旁边，仅放得下一张小床的小房间（菲佣被临时请到客厅打地铺），而是因为主人的洁癖等习惯。那些天，我处处小心翼翼，唯恐一不留神犯了规。

不过，借宿的记忆也有美好的。

---

① 有些国家的华人用一个自创词"雪底"指称。
② 由一根扁担加两个箩筐组成。

文莱同样是个高消费的国家。记得到文莱的产油区马来奕的第一天，学生的同学将我安排到一家旅馆，宿费是一晚68文元。文莱的钱大，是人民币的5倍。我计算一下，到完成调查时费用不菲，于是第二天赶忙打听还有没有更适宜的旅馆。得到的答复是，这已经是最便宜的了，且小镇就只有这么一家旅馆。好在学生的同学夫妇俩都是华文学校的教师，热心于中华文化的传播，对我的工作非常支持，于是在认识我一天后，就主动让我到他们的宿舍（由学校提供）的客厅里打地铺。

　　他们的宿舍是长条状的，进门就是客厅，中间是厨房和洗漱间，最后是主人的睡房。主人安排我在客厅打地铺。面对我这个教授，他们很是抱歉，一直说条件不好，可我却住得很满足。记得20世纪六七十年代，我在客家小山村当知青，生产队有不少要走一个多小时山路的山坑田，夏收夏种时队里为了赶工，有时候会让年轻人夜宿山里。那时候，几十个年轻人男男女女在地上铺一把稻草，倒头就睡。现在虽说也是睡在地上，可是垫着垫子，还有空调（文莱是亚洲福利很好的国家，基本上不用交电费），关键是主人还为我的工作做了很好的安排，在我到文莱首都斯里巴加湾调查时，男主人还将我安排在他弟弟家住宿。

　　在东马（马来西亚被南中国海分成了西马和东马两部分）的调查也是靠借住完成的。在东马亚庇是在学生吴翠美教书学校的宿舍里打地铺；在东马的纳闽小岛则是住到了发音人的家里，那是翠美父母的家。海外华人对汉语方言研究的支持和帮助，我将永铭于心。

　　行大路是方言调查少不了的，在国内调查，坐长途汽车是常事，有时要到一些小山村，没有汽车，坐摩托车、坐小三轮、走路也是常事。说来你也许不相信，在境外调查，我也坐过摩托车、载客小三轮，走路更是免不了，而且，人生地不熟，迷路也不奇怪。我曾经有多次迷路的体验，好在"鼻子下面便是路"，关键是手中要捏着预先问清楚并记录好的地址，而且要敢于用英语逢人就问。这样，每次最终都能摸回去。而相比坐价格不菲的出租车、不报站的公共汽车（其实就算报站，你也听不懂），我通常的选择就是走路。因此，走坏鞋子也是在调查中常会发生的事情。

　　看了这些，你大概明白什么是在生活中、在方言研究中能上能下了吧？

2009年10月13日
草于广州华景新城

大湖洞里萨

做海外汉语方言调查研究，自然免不了要出国。这几年的寒暑假，我常往外跑，周围的同事、朋友也常有向我投来羡慕的目光的："陈老师又要出国了。""哇，你玩了那么多地方！"

听到这样的话语，我往往只好笑笑不语。怎么解释才好？说这不比人家出国旅游，说我是去工作去做事，说自己其实很累很辛苦，说……

不语就是因为无论说什么都很难说清楚。

没有吃过梨子，怎知梨子的滋味？没有亲历，又怎能明白事情的甘苦？前些年，受教育部的派遣，我在埃及爱因夏姆斯大学做了两年客座教授。不是说，埃及是每个人一辈子应该去一次的地方吗？那些金字塔、那7000年的文明史确实吸引人，受到羡慕也就不难理解，可是短期旅游与长期工作、长期生活根本不是一回事。终于，有领导和同事去埃及出差一周，在埃及当即大呼，真该好好表扬表扬陈老师，她能在这里待两年！

这些年跑遍了除东帝汶以外的东南亚国家，每次临近出发都忧心忡忡：没去前担心签证；拿到签证了又担心去了找不到发音合作人，担心能否完成预计的任务；到达目的地后，每天都祈祷第二天能顺顺利利。总之，不到工作完成，心里头就都是沉甸甸的。这之后，也有学生去做海外汉语方言调查了。他们去之前总是希望我能给他们支些招，我也总是尽己所能地提供帮助。可是他们不知道，其实我自己每次出发前也都和他们一样，而且，假如我不能陪同他们去，提着的心就更是要到他们平安回来才能放下。

因为经费拮据，因为事情多、时间紧迫，我基本上每次出去都是匆匆忙忙、紧紧张张的，基本上每次都是抓紧工作，完成计划后留下半天一天的，在所到之地周围转一下就回国。泰国是世界闻名的旅游天堂，国内到泰国旅游的人很多。可那年第一次到泰国调查，在差不多一个月的时间里，我的活动中心就在曼谷华人聚居的唐人街耀华力路一带，住在那里一个华人开的小客栈，每天走路去找发音人记音，活动半径没超出过唐人街。直到把华人社区流行的潮州话、客家话、广府话调查做完，最后一天才去逛了逛曼谷有名的玉佛寺。

凡到过泰国旅游的，闻知我的那次泰国行，都要大笑：你这哪叫到过泰国呀！

不过，也有由于行程安排等问题，调查之外，亦参观了风景名胜的机会。柬埔寨之行就多有收获。那一趟，除了遭遇凶杀案，在完成金边潮州话和广府话的工作后，因为要等待一位越南的学者一起去老挝，也因为对吴哥的仰慕，我用一天的时间参观了东方四大奇迹之一，与中国的长城、埃及的金字塔、印度尼西亚的婆罗浮屠齐名的吴哥窟。

那次旅游是自己一个人去的，带我去的旅游公司收了钱，把我塞进一辆已经坐了5个人的小轿车里，载到暹粒放下就基本不管了。好在一位好心的华人导游帮了我。那位年龄与我相仿、有些文化、被称为"乌老师"的导游在当地小有名气，他的经历也有些特别。据他说，当年他是为了躲避"文革"，抛家别口跑到柬埔寨的。如今中国护照也没了，却在当地另娶妻生子，获得了柬埔寨政府的庇护。他还告诉我，早在中国长大成家的孩子曾带孙辈来看过他。导游还带我去看了他现在的家，一座建在小树林子里的小屋、年轻的不懂汉语的柬埔寨妻子、3个年幼的孩子，还有后来投奔他的已是风烛残年的老母亲。言谈中，导游对已经回不去的故土表现出深深的眷恋。大概就是源于此吧，他对所有来自中国的游客都非常热情。外出田野作业，尤其是到海外，常常会遇到些奇人奇事，此是一例。

位于柬埔寨北部暹粒省的吴哥窟，距离金边240千米，公元9世纪至公元15世纪是柬埔寨王都。其建设始于公元802年，完成于公元1201年，前后长达400年，鼎盛时人口曾有数十万。历史上，吴哥曾两次遭受洗劫和破坏，一次是公元1177年占婆人入侵，另一次是1431年暹罗军队攻陷吴哥，柬王朝被迫迁都金边。此后，被遗弃的吴哥就逐渐淹没在热带丛林的莽野之中，直到19世纪60年代，法国的博物学家亨利·穆奥重新发现了它。

吴哥现存遗迹600多处，大部分建筑物已倒塌成废墟，除大吴哥、小吴哥和3个王都中心外，女王宫和空中宫殿也是吴哥古迹著名的景点。许是到处布满高大茂密的树木，在终年炎热的柬埔寨，吴哥是一块难得的清凉之地。进入它的领地，你肯定能一扫心头的烦躁。那里，遍地精美的佛塔、石刻浮雕，全是用巨大的石块垒成的，最大的石块重8吨以上。最令柬埔寨人民骄傲的是吴哥寺中5座金莲蓓蕾似的佛塔，那甚至成了柬埔寨国旗上的标志。可是，领略过埃及卢克索第比斯古城遗迹，相比吴哥的佛塔石雕，我反倒惊异于那些高高大大的树木。那些一一攀附在建筑物之上，将沉重的石头建筑物毫不留情地一块一块撬起推倒的巨大的板状根系，那是一种什么样的力量啊！吴哥之成废墟，它们应该是主要帮凶。

作为东方奇迹，吴哥不知被多少人参观过、描述过、赞颂过，但我在这篇小文章里，最想讲述的却是知名度大大小于吴哥的洞里萨湖。

洞里萨湖又名"金边湖"，在高棉语（Bceng Tonle Sab）里意为"巨大的淡水湖"或"大湖"。它距离吴哥不远，是东南亚最大的淡水湖，也是高棉人民的"生命之湖"，由西到北横穿柬埔寨。在金边市与贯穿柬埔寨的湄公河交汇的洞里萨湖，还是一个会"生长"的大湖，每年12月到次年4月的旱季，平均深度1米，面积2700平方千米；雨季因湄公河回流，水深可达9米，面积也扩展到16000平方千米。它不愧为湄公河的天然蓄水池：枯水季节湖水流入，补充湄公河水量的不足；雨季暴涨的湄公河河水则倒灌入湖中，减轻了下游的泛滥。初见大湖，谁都不禁会为它的浩大、它的望不到边发出惊叹。

柬埔寨人喜食发酵和盐渍的鱼。湄公河河水富含冲积物养分，大湖丰富的鱼虾不知养育了多少人。据说，湖周围有超过300万人民就直接或间接地以它为生。而旱季时露出湖底的淤泥，则成为农人播种早稻的肥沃良田。

大湖之与众不同，还在于它拥有许许多多多世世代代逐湖而居的人。在湖之边缘，可以看见许多终年浮在波涛涌涌的水面上、延绵几里的高脚木屋，看见水上木屋住家，水上木屋学校，水上木屋商店、邮局，甚至教堂；还可以看见驾着小船穿梭在木屋间售卖各种生活用品、各种食物的商贩，围着沙笼与商贩讨价还价的妇人，和那些只坐在一个小木盆或塑料盆中，就能在浩荡的湖面上怡然自得地嬉戏的孩童。尽管那是些随时可以用卡车搬走、用船拖走的房子，可是无论水位高低、湖面大小，生活在那里的人们始终都对大湖不离不弃，湖就是他们的生命，湖就是他们的生活。

相比湖上的居民，在大湖的四周随便用几块烂木板、几块破布片搭建的一个个既不遮风又不挡雨、小得不能再小、一眼就能看穿的窝棚，皮包骨头的男女老少人人衣不遮体，人数多得数也数不清的难民、贫民更是震撼人的心灵。尽管在去参观的路上，导游已对他们有所介绍，可是当亲眼看见，直面数量如此众多的贫民，直面数量如此众多的对着游客不断挥动瘦骨嶙峋的小手的孩子时，心里仍是一阵阵的震栗。

他们是逐湖而居的另一类。看见他们，我突然想起了一个再恰当不过的粤方言形容词——水流柴①。

洞里萨湖。

2010 年 10 月
草于广州华景新城

---

① 指随水漂荡，木柴中最贱者。比喻漂泊无定、无依无靠的人。以前生活在中国南方江河上的疍家，曾被如此称呼过。

从韩山师院到暨南大学①

2010 年 12 月 20 日，在韩山师范学院（以下简称"韩山师院"）国际学术交流大厅，纪念詹安泰先生的国际学术交流大会正在召开。

在位于广东省潮州市的韩山师院召开这个纪念词学泰斗詹老先生的研讨会，大概任何对词学稍有所识的人都不会惊讶：詹老先生是潮州人，20 世纪 30 年代，他曾在韩山师院（当时的广东省立第二师范学校）执教了相当长的时间。至于我这个从事语言工作、研究汉语方言的人也出现在这样的场合，恐怕就有些人会觉得费解了：你懂词学吗？别不是回老家"蹭会"去了吧！

不错，是"蹭会"，不过这个会却"蹭"得合情也合理。

尽管没有在潮州生活过，但我是潮州人，我的家乡是潮州是不争的事实。我的父亲就出生在离韩山师院颇近的一个乡村——今日的潮州市湘桥区黄金塘村的一户穷苦人家里。皆因从小聪颖，本无上学可能的父亲被同样穷困而又不甘被人欺负的族人选中，大家凑钱供其读书，祈望其学有所成，日后能做官，为族人服务。父亲在韩山师院读书时，詹安泰老先生就在韩山师院执教。詹老先生不但是父亲的老师，而且是父亲非同一般的老师。如果知道父亲他们当年闹学潮时创办的刊物《罡风世界》之名就是请詹安泰老先生起的，就不会对此有丝毫的疑义。1932 年，父亲因为《罡风世界》事件受到国民党当局的通缉。时任韩山师院校长的李芳伯先生知道消息后，冒着危险，苦口婆心地劝说几位表示不怕死的年轻人赶快离开，告诫他们真要革命就不要轻易去死，并给每人 3 块银圆做川资。父亲从此离开潮州，投身革命。

----

① 本文曾发表于甘于恩主编《田野春秋：庆祝詹伯慧教授八十华诞暨从教五十八周年纪念文集》（暨南大学出版社 2011 年版），有改动。

　　此刻，坐在会议厅中，聆听着也曾经是詹老先生学生的唐作藩老师、饶芃子老师等前辈深情地讲述早年詹老先生对他们的教诲，不禁叫人更加想知道当年父亲与詹老先生之间的师生情谊，想知道当年发生的所有一切，如果这不可能（事实就是不可能），那么，哪怕只是多知道一点点也行……

　　父亲早已于"文革"中去世，詹老先生当年是如何施教于父亲他们的，已难以知晓。但是，作为伯慧老师的开门弟子、老师的首届硕士研究生、第二届博士研究生，老师对我的教导，我却铭记在心。老师对我影响最大的，莫过于其对汉语方言事业的执着。记得刚入师门不久，我曾经小心翼翼地问过老师："詹老先生是词学泰斗，您为何没有顺其自然地继承家学？"清楚地记得，老师沉吟了一下，说："知道吗？文学是可以自己学的，可是语言学却是必须去学才懂的。"

　　语言学是"必须去学"的。

　　老师一直在身体力行地诠释这句话。20世纪80年代，老师和我们这些学生"上山下乡"，到珠江三角洲，到粤西粤北，风尘仆仆地做田野调查。如今老师已是八十高龄，可还是照样风尘仆仆地在这块领域耕耘着。我们还是可以看到他银发满头，可仍一如壮年，骑着自行车在暨大的校园里急匆匆地穿过；看到他往返广州和香港，在香港大学讲课；看到他在各地举办的各种方言学术会议上发表演讲；看到他组织大家，为推广、普及语言和汉语方言研究，写作《大家小书》等著作。尽管所有的人都在劝说他注意休息，可是老师好像忘记了自己的年龄，他是在身体力行地为后辈、为我们这些学生，也为学生的学生做榜样。

　　老师虽然没有继续詹老先生的词学研究，却发扬了詹老先生的治学精神。

　　忝入师门近30年，书越读越觉得少，我对语言学是"必须去学"的理解从朦胧到逐渐清晰，语言学确实是一门需要用全部身心、用一辈子去钻研的学问。我一直都在用这句话激励自己，也在用这句话教育我的学生。

　　近些年，我一直在做迄今仍未被广为关注，而又大有可为、十分重要的海外汉语方言调查研究，既尽自己的全力，也一直在呼吁同道们参与。对这个汉语方言研究的新领域，老师同样倾注了他的关注；对学生的工作，老师亦给予了热情的支持。目前已经召开的两届海外汉语方言国际研讨会，老师都参加了，且两次都在会议上宣读了论文。老师的参与，在精神上给了我极大的鼓舞。我明白，海外汉语方言研究才刚刚起步，还有很多很多问题等待我们去探索，但纵然是万里长征，我们也会一步一步地走下去。我也明白，我们在方言研究中的付出，就是对老师多年教育的回报。相信我们在方言领域做出的任何一点成绩，都会令老师感到宽慰的。

很多人、很多文章都在讲述、讨论师生情谊，而我以为，最浓重的师生情谊应该延续在学术研究上，学术研究的发扬光大才是师生情谊的精髓。

其实，从韩山师范学院到暨南大学，延续的不仅仅是普通的师生情谊，延续的还是做学问、将学术研究进行到底的韧劲和毅力。

2011 年 1 月 26 日

草于澳大利亚昆士兰布里斯班的阳光下

1 月的澳大利亚

1 月，位于北半球的中国春寒料峭，位于南半球的澳大利亚烈焰如火。

2011 年的 1 月，无疑是中国近年来最冷的一个 1 月。其实，从去年开始到今年的冬天，天气都出乎意料地寒冷，南方持续大面积的冻雨凝霜雨淞、北方不断的寒风暴雪。还有报载，内蒙古呼伦贝尔的气温甚至下降到 − 44.5℃，温度计拿到室外一会儿就会被冷炸。几乎整个中国都在喊冷，而且许多地方都是 50 年未遇的大冷。离春节黄金周还有好些日子哩，我的一些朋友就已经在扳着手指头盘算着如何利用假期往温暖的地方跑，祈望能暂时脱离寒冷了。

说起来幸运，因为早在去年 12 月底，我就已经离开中国，来到了澳大利亚。此行既为探亲看儿子，也为了实现我调查澳大利亚华人汉语方言的愿望。两年前，我也曾到过澳大利亚，可惜的是，那次没能做成调查。吸取教训，这回除了在布里斯班做些调查，我还打算抽些时间去澳大利亚的第一大城市悉尼，因为那里是澳大利亚华人最多的地方。据华文《昆士兰日报》的统计，悉尼所在的新南威尔士州至今都是华人移民的首选。① 在那里调查成功的因素或许会多些。

带着从寒冬进入盛夏的向往和准备，我来到昆士兰的首府布里斯班。可是没想到，素以"阳光之州"（Sunshine State）著称的昆士兰，迎接我的却是倾盆大雨。这才知道，自去年 12 月 25 日起，热带低压"塔莎"就为澳大利亚带来了持续、大量的降雨。本来，每年的 12 月和 1 月都是澳大利亚最热的时候，但是现在，这里的人们都说今年的夏天不像夏天。最终，老天爷豪倾了好些天的瓢泼大雨，引发了澳大利亚自 1974 年以来最大的洪水。②

---

① 参见《昆士兰日报》2011 年 1 月 22、23 日。
② 据悉，1974 年的洪水通过布里斯班时比今年的还高 1 米。

　　开始还只是一些小城镇在叫急，到 1 月 13 日，就连澳大利亚第三大城市——布里斯班都遭遇了洪峰过境，其时水位高达 4.46 米。而在昆士兰州的一些小镇，最高的洪峰甚至达到 8 米！肆虐澳大利亚数周的洪水导致数十人死亡，数十人失踪。大片大片的农田和成千上万的房屋浸泡在浊黄色的水中。整个昆士兰州被淹了75%，被淹的面积相当于法国和德国的总和。且洪水还没有就此打住，而是继续涌向维多利亚州、新南威尔士州。直到在写这篇小文章时，电视上还陆陆续续有某某地方又遭遇了洪水的报道。

　　我还是幸运的，因为所在的地区竟在昆士兰州未被淹的 25% 之中。

　　在最为紧急的那几天，在我们住地周边大约 20 分钟车程的地方，就已经没有电（顺便说一句，在澳大利亚，没有电，生活就完全停顿了），交通不畅了。可是，如果不是有来自电视、报纸等各方面的报道，不是州政府的各个部门都放了几天假，不是亲朋好友不断地来电来信询问，我们所能感觉到的洪水带来的不便就只有蔬菜水果价格的上扬，还有，一连两三个星期，在预定应该来收集垃圾的时候，垃圾车没有来，于是，马路两旁的房子前总能看到摆放着的垃圾桶。

　　记得 1998 年中国遭遇大洪水，当时广州未受灾，但是在“严防死守”的氛围下，全中国人民心里那根弦都绷得紧紧的，电视中百万军民齐奋战的画面至今仍定格在人们的记忆中。可是，澳大利亚遭遇特大洪水，却看不到千军万马齐奋战的场面。许是这里的人口少，无法动员“人民战争”，无法修建坚固的堤坝，要不洪水要进入布里斯班也没有那么容易吧。

　　因为在网上碰到了价格适中的机票，所以早在洪水最厉害的前好些天，我就预订了 19 日至 25 日往返悉尼的机票。洪水最猖獗时，我还直担心不能成行呢。好在情况慢慢好转，机场也一直没有封闭，我的悉尼之行如期进行。

　　华人移民澳大利亚的历史应该是始于百年前。昆士兰的布里斯班不是澳大利亚华人最多的地方，但我也曾在一处墓地看到生于 1882 年、卒于 20 世纪 30 年代的华人坟茔。这里有来自中国各个方言区的移民。据称，中国移民的人数在澳大利亚排在新西兰之后、印度之前，位居第二。而最早进入澳大利亚，数量也最多的华人移民则主要来自中国的粤方言区，华人之间的交际主要使用广州音的粤方言，因此，我的目标自然也就是澳大利亚粤方言。这里的粤语语音与广州话无甚差异，词汇方面的差异却比较大，华人使用粤方言时大量加插英语，在语流中频繁地进行语码转换的现象，比起香港粤语有过之而无不及。

我在悉尼的表妹一家都在尽力帮助我。因为他们本身是第一代移民，不适宜做海外方言的发音人，故帮忙联系了一男一女两位 50 多岁，在 20 世纪 70 年代从越南辗转移民澳大利亚的越南第三代华人发音人（从东南亚等地辗转而来的华人不少），和一男一女两位在悉尼出生长大的 20 来岁年轻发音人（其中一位的父亲来自中国广州，一位的父亲来自越南），表妹一直陪伴我调查。

两次的澳大利亚之行，还有之前在美国等处的经历，使我意识到，在亚洲，特别是在东南亚之外调查海外汉语方言，不能像在国内那样循序进行。因为在澳大利亚、在欧美等地，没有东南亚那样明晰的华人社区，数量不多、人气不旺的华人社团组织也不如东南亚的那么有凝聚力，华人都融入整个社会中了。而且，更重要的是，东南亚之外一直鲜有系统的华文教育（充其量只有一些补习班）。假如调查一定要先完成《方言调查字表》，那很多时候几乎是不可能的。从词汇做起，恐怕是最好的选择。当然，这就要求调查者本身对要调查的方言有一定的了解，且词表的条目要尽可能多，越多越好。另外，调查速度也要尽可能快，不然，很难有发音人能够坚持到最后。

澳大利亚粤语与国内粤语的差异主要体现在词汇方面。最终，我比较顺利地记录了澳大利亚华人社区的主要汉语方言——粤语的 2000 多条词条和一些语句。调查的目的总算基本达到了。

完成了东南亚之外的其他地方海外方言的首次调查，心情分外愉快。

1 月的澳大利亚，大洪水过后，天空依然那么湛蓝，太阳依然那么明媚。今年的大年三十是 2 月 2 日，吃过年夜饭，大年初一我就将飞回广州。

2011 年 1 月 27 日

草于澳大利亚昆士兰布里斯班的阳光下

再赴泰国

迄今为止，我所做的海外汉语方言调查，都是在海外一些国家的华人社区中选取一些方言点为代表，通常选取的主要是华人社区中最为流行的粤方言广府话、闽方言闽南话、客家话，已经完成的《马来西亚的三个汉语方言》《泰国的三个汉语方言》是这样，目前正在结项的国家社科基金项目的成果《东南亚华人社区汉语方言概要》也是这样，而且，这些项目都是我独自完成的。

一直对这种状况不满意。2010年，随着我当年新招的博士研究生肖自辉入学，很久以来祈望能对此有所改变的愿望终于得以实现，自辉准备以海外汉语方言作为研究方向。针对她的方言背景等具体情况，我建议她瞄准东南亚华人社区中的西南官话。

海外有西南官话，恐怕很多人听了都会感到惊奇。其实，就亚洲而言，在东南亚的中老边境、中越边境、中缅边境、泰国北部，都居住着母语为汉语方言西南官话的华人。近二三十年来，这些华人的数量不断增加，活动范围也逐渐扩大。在缅甸，西南官话甚至在其第二大城市——曼德勒都很流行。那里不仅华人，连一些缅甸人也会说。我在仰光调查时，也碰到过使用西南官话的华人。一位在街头摆摊卖米粉、操着流利官话的华人还告诉我，她一家移居缅甸已经有十几代了。但是，东南亚的西南官话却一直"养在深闺无人知"。自辉完全可以在这块未被开垦的处女地上施展拳脚。

今年初春，自辉和她的师弟——我的一位硕士研究生李建青奔赴泰国（建青是我建议陪同去的），直闯到在世人眼中稍带神秘色彩的、泰北清迈山顶华人的"义民村"①。自辉就在那里完成了泰国西南官话的调查。

因为这一突破，我产生了一个新的想法：以泰国为试点，较全面地调查研究泰国华人社区的汉语方言。选取泰国作为突破口，是因为泰国不算太大，且汉语方言的研究已经有了基础，如此前我在《泰国的三个汉语方言》里已经阐述了其华人的主要聚居地——泰国首都曼谷的潮州话、半山客话和广府话。我们知道，闽方言潮州话是泰国华人社区的主流方言，此外就是客家话、粤语。假如在原有的调查基础上，加上远离首都中心泰北、泰南的潮州话，一个还未涉及的"深客"（来自广东梅州、惠阳等地，华人将其与来自中国广东揭西、丰顺等地的半山客相对），一个我已了解到、早已向往，但还未做的来自中国广西容县，流行在泰南也拉府勿洞的广西白话，再加上自辉目前已做的清迈西南官话、她计划要完成的清莱西南官话（西南官话在泰国只在此两处华人社区中流通），那么，就能比较好地反映泰国华人的方言现状了。

于是，就有了 7 月初的再赴泰国。

不算中文系组织的一次泰国游，这是我第二次赴泰国调查汉语方言。而在我们出发之前，自辉为了更好地完成调查任务，已于 5 月应聘了泰国佛统皇家大学（泰国的大学分国立、皇家办和私立 3 类）中文系的工作，准备在教汉语、传播汉文化之余，利用假期完善泰国西南官话的调查。毕竟，教书会有收入，不仅调查的经费有了着落，更重要的是，人在泰国，调查的时间也比较好安排。此次与我同行的，还有建青和我的另一位 6 月刚毕业的硕士研究生郑蕾。但郑蕾只打算在泰国待一个星期，她还要释放 3 年来读书的紧张，去马来西亚游玩。

本以为有自辉打头阵，这次的调查应该落地就可以进行。可是到了泰国，原来联系好的人却没了下文。几个学生一时间都把茫然的目光投向了我。我告诉他们，我的每一次海外汉语方言调查几乎都是从碰壁开始的，放弃肯定没有结果，坚持才可能有收获，我们自己到唐人街寻找机会。

在唐人街"扫了一通街"（以"扫街"的方式寻找发音合作人是我在海外调查时被逼出来的办法），打听着找到了泰国客属总会。可惜当天是周末，会馆无人上

---

① 此名字是后改的，之前一直被叫作"难民村"。村民中的老一代很多是没有身份的当年的国民党兵，他们的后代则已经获取了泰国国籍。

班，碰到的华人告诉我们，只能在工作日来。于是第二天我们又去。这回总会广东梅县籍的副主理事接待了我们。做了一阵发音人，读了几页《方言调查字表》，烦了后，他向我们推荐了来自泰南勿洞的客籍华人萧先生。

巧的是，萧先生祖籍正好是广东惠阳，属于"深客"的第二代华人，且他的小女儿正准备下学年到暨南大学留学。萧先生闻知我们来自暨大，非常热情，不仅充当发音人，还帮我们联系了泰国广西总会，让我们得以在曼谷完成梦寐以求的也拉府勿洞广西容县白话的调查。知道吗？关于海外粤方言，以往广为人知的是广东广府话和台山话，广西白话则未见报道。靠近马来西亚的勿洞离曼谷有十几个小时的车程，路途遥远不说，近年来还常发生恐怖袭击事件。在国内和泰国，都不断有友人告诫我们：泰南去不得。实在庆幸能在曼谷记完勿洞白话，庆幸它的那些不同于其他粤方言的精彩特点，诸如古全浊声母字清化后大都不送气，古精母字和清母字不少读 t－、tʰ－，古从母字和心母字相当部分读 f－等，终于能够向世人披露了。

不过，关于"深客"的调查却有点波折，萧先生很忙，客话的调查最先开始，结果却是最后做完的。这期间，为了确保完成调查，我们做了种种努力，包括一次"歪打正着"——再次去客属总会时，被推托，转而告诉我们有梅县会馆，我们联系梅县会馆，才惊奇地知道梅县会馆现任理事长古柏生先生还组织了几个人，搞了一个"客家学研究会"。研究会设在他位于有"曼谷金融区"之称的素坤逸路的公司里，气派的办公室里还摆放了一些搜罗来的有关客家语言文化的书籍。本是生意人的古先生和另一位萧先生——副会长萧仕祥对客家学研究的热情和执着令人感动。古先生用流利的华语（华人称普通话为"华语"）与我交谈，但他的华语和客家话却是近几年才"捡回来"的。我当即对他们发出了欢迎参加海外汉语方言国际研讨会的邀请。

7月在曼谷的日子，可以说，我们是在不断地来回奔波。说"奔波"一点不为过。曼谷人口为该国总人口的1/10，面积1500多平方千米，说大不算大，说小不算小。不幸的是，此次在泰国的前一段时间，友人为我们订的廉价公寓（一周只要1500铢，水电费另算）在远离曼谷市区的北部郊外，在曼谷市区地图上根本找不着，我们要去工作的唐人街则远在市区的东北部，广西总会又在市区的另一端西部。时值泰国的雨季，几乎每天都下雨。为了联系发音人，为了记音，我们得从城市的这头奔到城市的那头，当然有时是冒着瓢泼大雨赶路。在我们去了清迈回来以后的一段时间，一时找不到价钱合适的住处，只好借住在离曼谷还有个把小时车程的泰国佛统皇家大学自辉的宿舍里，要到曼谷找发音人就更远了。

而除了走路（我和郑蕾都有走坏鞋子的经历），我们亦因此得以体验泰国各种完全不同的交通工具，随街可见的三轮载客摩托（音 tuk^{2}tuk^2）、一种有两排相对座位用于载客的小型货车（音 suŋ^{33}tʰiau^{35}）、出租车、无空调也不关门的大客车、有空调的大巴、地铁、轻轨（曼谷仅有一条地铁和一条轻轨）、短途不对号入座的蒸汽火车，五花八门。曼谷堵车之厉害世界闻名，每天搭完这种车换乘那种车，我们花费在路途中的时间难以计算，而三餐无定时亦是常事。每每被堵在空气混浊、喧闹无比的马路上一动也不能动时，我总要感叹泰国人的耐心。

这期间，"人在途中"最深刻的印记莫过于坐长途大巴从曼谷到清迈。整整一夜，途中9个多小时，客车一直颠簸在黑黢黢的公路上，没有停歇一分钟，每个人的肾功能都经受了严格的考验。其时适逢泰国的守夏节（从守夏节起，泰国的僧侣就不出门或少出门化缘，一直到出夏节），全国放假，自辉借这三四天假与我们同行，希望能利用上次调查认识的人脉，助我们寻找到合适的发音人。谁知时过境迁，到清迈后，接连打了几个电话，对方都没有回音。直到自辉先自返回佛统，才被告知很忙，对不起了。

再次面临怎么办的问题。

人已经在清迈了，我对学生说，咱们再去碰碰运气，实在不行，就算是到清迈一游了。还别说，四面环绕着护城河，比曼谷少了些许喧哗的古城清迈还自有它的魅力。这里到处可见背着背囊的西方游客，到处都是各种不同装饰的小旅店，光是那个在我所去过的夜市中最大的夜市，那些琳琅满目的手工艺品就够让人流连的了，我们当然都好好地 shopping（购物）了一番。只是这也就是我们清迈行的唯一一游了，因为幸运之神再次降临，我们找到了清迈潮州话的发音人。

那天，建青兴冲冲地从我们落脚的小旅馆柜台跑进房间，大叫："老师，旅店的老板是潮州人！"我一听，有戏了！于是赶快联络老板，这才知道原来清迈的华人也是以潮州籍的为主（看来，不仅仅曼谷，整个泰国华人社区都是如此），而老板本人就是泰国澄海同乡会清迈分会的理事长，真真是"踏破铁鞋无觅处，得来全不费功夫"。老板帮助我们联系了其他华人，于是我们就在清迈进行了一场"村头田间"的调查。说是"村头田间"调查，因为调查对象都是一些闲下来的潮州籍老年人（第二、三代以上的华人）。他们每天都会聚集在租来的老人屋，或者是清迈华人的修善堂喝工夫茶聊天。每天来的人不很固定，时间也各有早晚，我们就一早在那些地方守着，有人来了就问，这个离开了就问那个，好在发音人群中，还有几个比较固定到来的中坚分子。如此坚守了几天，总算完成了远离曼谷的泰北清迈潮州话调查，成就了此行的另一个收获。

此次在泰国空余的时间，我们还在自辉所在的泰国佛统皇家大学待了几天，参观了她工作的地方，自己采购，在泰方为她提供的一个房间的小宿舍里用电饭锅做做饭。还是用电饭锅，有一次，我还做了一顿有肉有菜，足够 8 个人吃的饭，请在这里教汉语的中国年轻人一起聚餐，惹得年轻人一阵欢呼。远离祖国和亲人，有时这就是慰藉。

中文名字为潘婷的泰国佛统皇家大学外事部门主管和她的丈夫、大学的副校长夫妇非常热情，得知我们来，专门请我们吃饭。席间大家用英语交谈甚欢。副校长夫妇告诉我们，他们都有些华人血统，可惜年代久远，只是大致知道祖辈有来自广东潮汕平原一带的，也早就不会说汉语和汉语方言了。看来，说泰国人百分之七八十有中国血统并非空穴来风。夫妇俩还再三说希望我们能多动员有硕士以上学位的学生来此从教。听说，学校管理人性化，经常会组织外教活动，如吃饭旅游等，这又是在我曾执教过的美国、埃及等大学闻所未闻的了。自辉选择在这里边教书边调查，确实不错。

2011 年 7 月下旬

草于泰国佛统皇家大学肖自辉的小宿舍

遭 遇 钱

写过一篇《遭遇尴尬》的小文，这回写《遭遇钱》。

有句话说，"钱不是万能的，没有钱是万万不能的"。世上很多事都与钱有关，离不开钱。这篇小文章就谈谈与汉语方言调查研究有关的钱的一些事吧。

汉语方言调查研究自然是离不开钱的，田野作业出门搭车、坐船、乘飞机、吃饭、住宿要钱，有时请发音人发音也要付钱，这还不算买参考资料、办公用品等的钱。可以说，很多时候，没有钱是做不成调查研究的。但是，科研经费有限，就算是申请到了国家社科基金，一直以来，一般项目也不过那么八九万元人民币（这两年涨了一点，有10多万了），我的国家社科基金项目"东南亚华人社区汉语方言比较研究"涉及的国家10个，闽、粤、客方言点29个，也就只有9万块钱，算起来，一个国家摊不上1万元。事情要做钱不够，那就只好自掏，在精打细算上做文章了。

说钱伤感情，但是请放心，这篇小文章不是想谈做汉语方言调查研究如何一分钱掰成两半用——那有点烦，而是想跟大家分享我这些年在海外调查时碰到过的与钱有关的那些令人想起来就喷饭的趣事。

每个国家都有自己的货币，到别的国家做调查，一般的常识是肯定得换那个国家的货币，了解人民币与那个国家货币的兑换率，好为自己的出行做个大致的经济预算。换钱好像谁都会，很多教书搞科研的人却不太懂得趁汇率的上下浮动多换点钱。其实因为不是大面额地换，那一点浮动也不是什么大事，径直到银行或者钱庄就行了。但是，因为闹不清楚每个国家有关货币的具体情况，我在国外调查汉语方言时就没少因为钱的事而困惑。不妨跟大家讲讲我遭遇到的事，也好让再出去的人得到点经验。

首先，无论去什么国家，美元都很重要，应该随身带些零散的美元，还要学会辨认美元，因为美元无论大钱小钱，一律是同样大小的绿色纸币。

进出有些东南亚国家的海关，常常会莫名其妙地被罚点美元，假如不幸被罚了，千万别较真，认罚给钱就是了（这种事我也碰到过），因为很多时候不只是"秀才遇到兵，有理说不清"，而是根本没地儿说理。也有些海关官员会想法子私下里问你"讨"几个美金。遇到了怎么办？有一个经常四处出差的东南亚学生教了我几招。排队过海关，一是最好确认自己后面还有多人跟着。有人跟着，海关官员就不好为钱的问题跟你耽误太久，因为后边排队的人会有意见。二是尽量选择由较年轻的海关官员办理的队伍。年轻的官员不像那些老油子，脸皮比较薄，不好意思因为钱与你太过纠缠。三是假如不幸被暗示给钱，不妨大声用英语说，"你想喝咖啡？欢迎你去我家喝"等。这样一来，引起别人的注意，事情也许就会不了了之了。

换钱不能一下子换太多。人民币与东南亚不少国家的钱币之比常常不是以个位数、十位数来计算的，而是以百位数、千位数来计算的，比方现时泰国大概 500 铢等于 100 人民币，越南 2000 盾左右一碗的米粉的价值大概也就是国内的 10 来块钱。兑换多了的钱，到要离开时就只能想法子花掉，买点儿可有可无的小礼品什么的，要想再换回美元或人民币是绝对不现实的。

还要知道，在有的国家，"本地姜不辣"，本国的货币反倒是不受欢迎的，受欢迎的是牛气冲冲的美元。比方远在南美洲的小国巴拿马，通用的就是美金。从 1907 年起，巴拿马就以美元作为流通货币，是世界上第一个在美国以外，将美元作为法定货币的国家。巴拿马不是没有自己的钱，其本国的货币叫"巴波亚"。但有意思的是，巴波亚发行的只有 1 分、10 分、25 分、50 分等与美元等值的硬币，并与美元同时在境内使用。与美元等值的硬币，通常只用于买东西时找个零钱，给流浪者什么的。

古巴更有意思，市面上流行外汇券，本国的钱不吃香，给乞丐，乞丐都嫌，拿100 美元从政府处只能换 80 元外汇券。

再比方要去柬埔寨，就千万别换什么柬埔寨币。柬埔寨市面上都通用美元，金边的街上到处都是换美元的小摊档，档主就手握着美元在路边招呼你，连银行都不用去。而柬埔寨的货币即使在本国也不受欢迎，顶多也就是用来在小摊档上买点零碎的诸如瓶装水（柬埔寨华人称其为"卫生水"）、小零食之类的东西，给苦力一点小费什么的。若是被要求给海关官员小费，那也一定得用美元。

缅甸虽然市面上缅甸钱、美元都收，但实际上也是美元比缅甸钱吃香得多。美元在仰光不但比缅甸钱吃香得多，而且缅甸人对美元还有不少近乎苛刻的要求。那回去仰光调查，事先没有了解清楚人民币与缅甸钱的汇率，自己不知道如何换钱，也怕一点一点地换麻烦，于是为了省事，委托下榻的小旅店店主帮忙换（他们说提供这种服务）。没想到一下子换回来大半背包破破烂烂的缅甸钱，又被告知治安不太好，结果是数也不想数，在那里工作的那些日子，只好每天都背着那袋子砖头似的钱去调查。

尤其叫人不得其解的是，缅甸钱都是烂乎乎的凑合着用，可缅甸人对美元的要求却达到了"精益求精"的地步：若是不幸美元上有一条细细的小折痕，或者是有非瞪大眼睛细心寻找才能看到一个小小的污点，那绝对是要被拒绝的。若是被认为美元上的号码不对，那也不行——我至今搞不明白什么号码是对的，什么号码是不对的，钱都是从银行里拿出来的呀！我就曾因此被旅店和商店拒绝过，无奈之下，只好把钱包里的美元一张一张拿出来让对方挑选。

回国后，当我把剩余的几张美元重新拿去中国银行存时，我告诉工作人员，这些钱缅甸人不收，他们说号码不对。接过钱的中国银行工作人员愕然地望着我。

2012 年 6 月
草于广州华景新城

小国文莱

　　文莱是亚洲的一个小岛国，却有"亚洲首富之国"的称号，甚至是位列世界前几位的富国之一。文莱也是我的国家社科基金项目"东南亚华人社区汉语方言比较研究"要调查的国家之一，但是要去却有点麻烦，因为文莱在广州没有领事馆，申请签证只能通过旅行社到北京的大使馆拿。不过，这还不是我要去调查所面对的主要困难。我的主要困难是，在那里举目无亲，一个人也不认识。

　　在伤脑筋如何去之时，突然想起，文莱与马来西亚的东马（马来西亚被南中国海分成东马和西马两部分，首都吉隆坡在西马）相连，我有一个学生在东马，东马有不少人在文莱有亲戚，或者在文莱工作，不知她有无办法。于是联系上有一段时间没有联系的学生吴翠美。翠美很快就联系上了她的一个在文莱教书的中学同学——许恕宁和她的先生沈老师。恕宁和沈老师都是对中华文化有执着感情的华人，他们非常爽快地表示愿意帮助我，于是我就经东马飞到了文莱。

　　文莱国家不大，人口只有30多万，面积却是人口300多万的新加坡的6倍。文莱风景优美，石油、天然气丰富，虽然是亚洲的伊斯兰国家，但一幢幢掩映在绿树红花中的精美的小别墅、干净幽雅的环境，却使人宛如到了欧美的哪个小镇。文莱也生活着3万多华人，华人大部分聚居在首都斯里巴加湾，少部分聚居在距离斯里巴加湾个把小时高速公路车程的产油区马来奕。斯里巴加湾的华人主要使用闽南方言福建小金门话，马来奕的华人主要使用客家方言广东揭西客话。

　　我的调查点就定在斯里巴加湾和马来奕这两个地方。

　　抵达文莱首都机场的当晚，恕宁和沈老师就把我接到了马来奕，在一家旅店住了下来。旅途劳顿，一夜过去，天亮时才知每天宿费需要六七十文莱币。文莱币币值与新加坡币相仿，我一算不得了，于是连忙询问是否还有便宜些的客栈。谁知那竟是小镇唯一的一家旅店，一时不知如何是好。没想到沈老师却说了句："陈教授，假如你不嫌弃，还有一个办法。"我急问是什么办法。沈老师说，到学校给他们夫妇俩住的宿舍打地铺。为了节省项目仅有的 9 万元经费，在东南亚调查汉语方言，打地铺于我来说已不是第一次。能省钱是求之不得的事，刚认识一天的朋友就这么爽快，我为什么不干？于是收拾行李，随他们去宿舍。宿舍是长条形的，比较简陋，恕宁夫妇俩的卧室在最里面，中间是厨房和洗漱的地方，我晚上在进门的客厅处打开白天卷起的铺盖。虽说多少有些不便（特别是对恕宁他们夫妇俩来说），但是文莱是个福利很好的国家，水电费都不要钱，外面热浪逼人，空调大开的屋子里却凉快得很，也挺舒适的。

恕宁是来自马来西亚的华人，她和沈先生是新婚，许是有缘，我在文莱期间还有幸见证了他们在政府有关部门举办的结婚宣誓仪式。在文莱，这种仪式必须预约，等政府的通知。恕宁说，他们已经等了相当久了。祖籍广东潮州的沈老师一家都在文莱，他自己 4 岁时就随推着板车的父母，一路从马来西亚的东马走到了文莱（这是华人迁徙的一种方式）。沈老师八九十岁的父母亲也在马来奕。文莱的潮州籍华人很少，沈老师的老母亲能一一细数出全文莱的 50 多户潮州人，听说我是潮州人，一定要请我去"波（讲）潮州话"，吃她亲手做的潮州菜。于是周末赴约，沈母健康爽朗，大家谈得很愉快，以至到下一个周末，在我已去了文莱首都斯里巴加湾市调查时，她还在追问沈老师："怎么没有带陈教授来？"

接下来的十几天，让我感动和感激的事接连发生，令人从心里感叹文莱环境的优美与文莱华人的善良是那么和谐相配。

在恕宁夫妇的帮助下，我很快就在马来奕记完了来自广东的揭西客话。沈老师又帮我联系了在斯里巴加湾的中华工商总会，并将我介绍给他在斯里巴加湾做生意的弟弟和姐姐。沈老师的弟弟和姐姐生意都做得很好，我就借住在他弟弟家舒适的客房里。我在斯里巴加湾的那几天，他的弟媳妇和姐姐一直轮流陪伴我，为我找发音人，带我去见识文莱的风土人情。方言调查，语料的记录很重要，但也不容易完成，可这回在舒心的交谈中，我就趁机记录了不少。

更有意思的是，也许是因为沈老师通报过的缘故，也许是因为小国华人社区无甚大事，我在文莱调查的过程中，全文莱仅有的 3 份华文报纸几乎都对我进行了全程跟踪报道。每天打开报纸，都有配发照片的文章。一时间，我的调查成了不少人关注的"大事"，我也俨然成了文莱华人社区的"大明星"。

　　一介书生，从来没有被这么"热捧"过，真令我有些受宠若惊之感。也正因为这3份华文报纸，文莱的华人就都好像知道有我这么个不远万里从国内跑来调查汉语方言，"听他们说话"的人。见面时，他们大都会很熟络地伸出手对我说："陈教授你好，早就知道你来了！"以至于有那么三两天，我在斯里巴加湾随着沈老师的弟媳妇、姐姐和新交的女性朋友一起私下里活动，找不到我的华文报纸记者只好不断地向远在马来奕的沈老师打听：陈教授到哪儿去了？

2012 年 6 月 16 日

草于广州华景新城

大埔实习

　　这些年来，研究生的语言调查实践课一直由我上。这门课程主要是要培养、训练学生的田野调查研究汉语方言的实际能力和技能。因此，教学的地点就与其他课不同，不光是在教室，而主要是在方言调查的实地；课程也与其他课的分时讲授有别，通常是集中一段时间在调查目的地进行。

　　对于学汉语方言的学生来说，这门课的训练是必不可少的。其实，不止汉语方言学专业的学生，语言学其他专业的学生也非常有必要接受这样的训练，所以，这门课总是比较热门，也时有非方言专业的学生要求参加。师者父母心，面对想学习的年轻人，我总会尽可能成人之美。听说，这门课在北大中文系，因为想修的学生多，每年要去的学生都必须先打报告，获批了才能成行，甚至有的学生在校读书的几年都申请不成功，无缘选修呢。

　　带队下去，可以说是一件既有意思又很累人的事。暂时离开日日面对的电脑，跟年轻人在一起，身心都会骤然变得年轻。但是，出门在外，作为带队教师，我必须负起责任，要预防各种突发事件。且一样米养百样人，军营里的兵难带，学生也有不同性情，假如有人搞点小动作，做点不和谐的事，那也是非常伤脑筋的。这样的事不是没有发生过，最严重的一次，一个学生甚至闹得其他同学都想放弃实习，立马回校。因此，每年准备这门课，我多少都会有些紧张，要选好点，要联系好发音人，要张罗好大家的食宿，还要做方方面面的安全准备。市场经济时代，人们的思想大都比较实际，单就发音人一项，要寻找到合适的就已经够让人头疼的了。

　　转眼又到了今年的实习时间，这次我们准备去调查大埔的客家方言。

　　大埔是粤东的纯客县，也是广东省与福建省、江西省相接，最边远的山区县。粤东梅州一带是客家方言的主要流行地，梅县我已去过三几次，大埔却没去过，搞客家方言研究的人，对大埔都会很向往的。

　　我名下的一位研究生张淑敏是大埔客家妹。淑敏挺能干，她不但自告奋勇，还发动已经退休离开老家去佛山为哥哥带孩子的父母张老师和赖老师，先期从佛山回去打前阵，为大家做好了所有安排。调查的事没有任何问题，发音人是淑敏父母和他们动员来的亲戚朋友，为了替同学们节省费用，食宿就安排在他们家。故今年这门课的前期准备，我前所未有地轻松地当了一回"甩手掌柜"。

　　坐了6个多小时的长途客车，在柳绿莺飞的四月天抵达大埔的县城湖寮。有话说，"逢客必山"。湖寮镇不大，像很多客家山区一样，举目望去，小小的山城被四周的虎山团团围住，就似位于一口大铁锅的底部——"镬笃"① 处。

　　我们一行7个人，六女一男。近年来，高校，特别是文科的本科生、研究生都严重阴盛阳衰。这一届的方言专业硕士生都是女生，同来的男生则是华文学院主动要求来的。所以除了那位男生，我们都能挤住在淑敏家，男生则在附近找了家小客栈。也真是巧，小客栈就是一位今年考上我们专业的研究生的学生家里开的。听说我们是暨南大学来调查方言的，学生家长说什么也不肯收那位男生的住宿费。当我们背着背包，提着行李爬上淑敏位于6楼的家时，张老师、赖老师已经站在家门口相迎，客厅的茶几上则摆放着黄澄澄的枇杷、削好皮的甘蔗等大埔的应时水果。

　　接下来的几天，先是听取大埔县政协、非物质文化遗产保护中心、县文艺工作者联合会的赖起方先生介绍大埔县的方言等情况，然后就是指点学生熟悉《方言调查字表》，听音记音。

　　方言调查讲究耳听（认真听发音人发音）、心辨（仔细辨别听到的音）、口学（大声学发音人的发音以期得到发音人的认可——学对了才能记对）、手记（迅速准确地记录听到的音），其实是一个既劳心又劳力的活儿。每次记录完一个点，伴随着心头喜悦的，还有那浑身的酸痛。而这还未算调查结束后的音系整理、语音描写、特点研究等。初次尝试田野调查的学生，特别是母语非南方方言区的学生，更是会有些手忙脚乱，顾得了这顾不了那。好在出发之前我已让大家预先做足了功课，搜集并熟悉了前人做过的相关材料，这对顺利调查有很大的帮助。相对于闽方言、粤方言等南方其他汉语方言，客家方言的调查属于比较好记的（音系通常比较简单），加上发音人的热心支持，因此，包括辨声调，听声母、韵母，完成整本

_____

　　① 　客家话，意为锅底。

《方言调查字表》3000多个字音的记录，前后只用了几天的时间，可以说是出乎意料地顺利。当然，记音之后，我们也进行了简单的总结，而后续的整理音系等工作，就只有留待大家回学校再做了。

此次调查，对学生来说，实地了解客家方言是一个方面，感知方言文化则是另一个方面，而感知方言文化同样是汉语方言调查不可或缺的内容。客家方言是分布地域最广的一种汉语方言。历史上，客家先民历经5次大迁徙，最终形成了今日分布于广东、广西、福建、江西、湖南、海南、四川、台湾等省和地区的局面。广东的梅县、大埔一带是客家方言的大本营，要考察客家文化，这里自然是绝佳之地。

在湖寮，大家首先感受到的是客家人的热情好客和客家妇女的泼辣能干。张老师、赖老师及他们动员来的发音人不仅不厌其烦，有问必答，淑敏家的亲戚朋友还都把我们当成了自己的客人，每天都有来座谈的、提送水果的，家里就像过节一样热闹。

骤然间来了一屋子人，且又大多是见到什么都好奇、叽喳声不停的妹子，大家每天排着队洗漱，排着队上厕所，淑敏的妈妈赖老师却能把一切打理得井井有条。她总是谢绝我们的帮忙，买菜做饭，变着花样做菜。"靠山吃山"，四五月间正是大埔的食笋季节，饭桌上总有应时的春笋（大埔的竹笋有大如小腿状的，有细如手指的；有清甜的甜笋，也有甘苦的苦笋）、地道的走地鸡、客家名菜酿豆腐，还有各式叫人欲罢不能的客家小吃、各式米制糕点。赖老师让大家实实在在地见识了"客家姑娘本地郎"[①]的真意，也让一众学生在返校后好些天都苦着脸面对学校饭堂里三餐的饭菜。

地处粤东北，与闽赣交接的大埔不但蕴藏着丰富的方言财富，也蕴藏着深厚的人文历史。淑敏的爸爸张老师帮我们安排调查，安排各种活动，联系发音人，甚至唱客家山歌给大家听。他带从未尝试过赶集，却常常会在方言词汇调查时碰到"赶集"这个条目的大多数长在城里的"80后"年轻人逛客家集市；带大家去了他的祖家所在的小山村——一个要经过弯弯曲曲的山间小路才能到达，令我想起当年插队时的小山村的地方。更为叫人难忘的是，组织大家参观了相当不错的大埔县博物馆；参观了位于大埔境内，第一次大革命时期，朱德元帅在南昌起义失败后带队

———————

① 广东闽、粤、客方言区流行的俗语，意为这两类人最能干。

上井冈山途中经历的三河坝大战的遗址；参观了同样位于大埔境内的国内最早的中山纪念堂；参观了与大埔仅两小时车程、闻名于世的世界非物质文化遗产福建永定的客家土楼。

　　大埔实习，大家记录的都不仅仅是一本《方言调查字表》。大埔实习，说精神物质两丰收一点儿也不夸张。

2012 年 6 月 16 日

大埔归来草于广州华景新城

海外汉语方言国际学术研讨会

2012 年 9 月 17 号，第三届海外汉语方言国际学术研讨会在暨南大学汉语方言研究中心和时任北方民族大学副校长的赵杰教授、林涛教授等的努力下，在素有"塞上江南"之誉的宁夏回族自治区首府银川召开。

在研究中亚东干话的重镇——北方民族大学里坐满了来自海内外专家学者的会场上，在朋友们欢庆会议胜利召开的掌声中，在詹伯慧老师和张振兴老师对海外汉语方言调查研究、对北方民族大学林涛老师的中亚东干语研究、对我的东南亚华人社区汉语方言研究的肯定声中，我不禁思绪万千，这是海外汉语方言研究的盛会，虽然只是第三届，虽然远远无法与其他北方方言、吴方言、湘方言、闽方言、粤方言、客家方言等研讨会相比，但这是海外汉语方言调查研究迈出的又一步，且这一步还将南方和北方对海外汉语方言的研究串联起来了。无疑，这是海外汉语方言研究的一个新起点。

海外汉语方言是汉语方言的一个绝不能被忽略的大板块。遗憾的是，学界对它的关注却一直不够。在相当长的一段时间里，关于海外汉语方言都只有一些零星的报道。这种现象直到 20 世纪 90 年代才有所改变，李如龙先生 1999 年主编的《东南亚华人语言研究》（北京语言文化大学出版社）就是一次"破茧"。比照英语在世界范围内被充分研究的事实，痛感伴随着华人的足迹遍布五大洲的海外汉语方言研究之落后，痛感作为海外华人社区汉语方言文化的承载者，诸多海外汉语方言的宝贵资源被掩埋，悄无声息地慢慢流逝，也就是在 20 世纪 90 年代中后期，我开始了对马来西亚粤、客、潮方言调查研究的尝试，并在 2003 年出版了《马来西亚的三个汉语方言》一书（中国社会科学出版社），之后申请了广东省社科规划项目"泰国潮、粤、客方言比较研究"，项目结项后，于 2010 年出版了《泰国的三个汉语方言》一书（暨南大学出版社）。

2007 年，在国家社科基金项目"东南亚华人社区汉语方言比较研究"的申请获得批准后，我萌发了进一步将这个既急需挽救，也大有可为的事业扩大做深的念头。而要做到这点，召开相关的学术研讨会无疑就是一个最好的选择，因为学术会议的影响力和号召力是不可低估的。于是，我有点不自量力地开始了首届海外汉语方言国际研讨会的筹备工作。

我首先联系了香港中文大学的张双庆教授。几乎是一拍即合，出生于菲律宾的张先生决定和我一起来推动这一工作。于是，首届会议就以暨南大学汉语方言研究中心主办、香港中文大学协办的方式，以我和张先生联名发出邀请信而开始了历程艰难的准备工作。

说不自量力，说历程艰难，一点也不夸张。我无官无职，不过一介普通教师，我不知道发出去的邀请能否得到回应；召开一个国际学术研讨会有关行政方面的运作，我一无所知；还有，会议的资金也是一个很大的问题。但是，最终，所有这些问题都在学习中、在实践中一步一步地、一点一点地得到解决。学界对海外汉语方言研究的热情让我心存感激。我的前辈老师、同辈学者朋友、后辈学生都以他们敏锐的学术眼光和对海外汉语方言研究的热忱纷纷响应。老师和同辈们提交文章参加会议，在学术上、精神上和道义上支持我。学生们除了学做研究，还以各种方式，自愿自觉免劳务费地帮助我做会议的筹备，做会务工作。已毕业的学生给会议送来了一些招待学者的红酒和岭南佳果荔枝。甚至连外子也被我"拉下水"，他们公司赞助了会议后代表们的佛山一日游。回想起来，在整个筹备过程中，最大的难题则莫过于支持会议召开的资金的筹措了。

筹备会议期间得到的最大一笔资助两万元，来自张双庆先生在香港中文大学的申请。我在暨大汉语方言研究中心申请到 5000 元（后来，到第一届会议的论文集出版时，中心又资助了 1.5 万元），暨大社科处也拨来了 5000 元。会议所需要的另外几万元，除了会议参加者缴纳的一点会务费，基本上都是我向暨大主管文科工作的校领导，向文学院、中文系的领导 3000 元、2000 元一点一点地"讨"来的。说不清为了那些在大款们眼里不值一顿饭钱的经费打了多少报告，费了多少口舌。记得其时一位校领导应允的几千元突然有变故，那天，当他的秘书通知我时，已是下午下班时分，我正在学校招待所预订会议用的房间。于是，我满头大汗地从校园北端跑到校园南端的行政楼，赶在领导离开前再次申诉海外汉语方言研究的迫切性，研究与国家树立文化大国形象、与暨大侨校身份的契合，研究对保持和加强暨大汉语方言中心位于学科研究前沿的重要性……好不容易才改变了领导的想法。

那些日子，每天都要接发好几封海内外学者有关会议问题的邮件，接打好几个有关的电话，每天都可能有关于会议的事宜要处理，每天都在忧心忡忡地祈祷会议顺利召开。那年 5 月学校体检过后，校医室突然给我打电话，要我马上去一趟。海外方言研讨会 7 月就要召开，那段时间正是我最紧张的时候。打电话的医生先是吞吞吐吐地不愿说是什么问题，在我直白地告诉他"生死有命，富贵在天"后，才对我说是肝癌指标甲胎蛋白阳性，并让我赶快到大医院复查。听到消息后，我的第一反应是搞错了吧，现在是"得闲死唔得闲病"①，现在是什么时候啊，马上就要开会了！我只对外子和一个最要好的同事说了此事。最终，拗不过他们，我还是抽出时间到大医院做了检查。还好，在家人的监督下，在不同的医院一轮折腾过后，被宣布暂时平安，只是要常去做检查。

这样的事此后又有 3 次落到我头上，最后也还都是暂告平安。行内有的朋友，如台湾的董忠司教授听闻，说，要是换作其他人，恐怕吓也吓死了。我现在似乎已经对这个"甲胎蛋白阳性"失去了反应，见怪不怪，也不敢再说校医室搞错了，这种事不可能一而再，再而三地都错在你身上吧。

过了七七四十九道关，在学校老师、同道、学生、朋友、亲人们的鼎力帮助下，终于到了会议召开的时刻。也许是心情激动，也许是忙昏了头，大会还未开，在宣布首届大会开幕时，一直高度紧张的我竟然在嘉宾满座的会场上开口宣布首届大会闭幕！这当然引来了一阵善意的笑声。然而，无独有偶，这次会议闭幕后一个多月，在兰州召开的庆祝《方言》杂志创刊 30 周年的学术研讨会上，宣布大会开幕的杂志主编麦耘竟然也和我犯了一模一样的错误，满堂善意的笑声再次响起。还有，不幸于今年病逝于出差途中的全国汉语方言学会会长周磊，在好些年前于贵州省召开的中国方言学年会上也犯过同样的错误。看来，忙中有乱，确实是常会发生的事。

第二届的海外汉语方言国际研讨会是 2010 年元宵节期间在位于福建名城泉州的华侨大学召开的。说起第二届会议，就不能不感谢时任华侨大学文学院院长的王

---

① 广州话，意为有空死没空病。

建设教授。王建设是我的同门，也是詹伯慧老师的博士。早在第一届会议还在筹备中，"前途"仍然未明时，我就对他说，希望同是侨校的华侨大学能够承办第二届会议，结果他不但爽快地应允了，而且还把第二届会议办得有声有色。第二届会议的论文集也赶在此次会议期间交到了代表们的手中。

现在，第三届会议也已经成功举办了，且第四届会议也有了承办单位——深圳大学文学院，海外汉语方言国际研讨会正在继续坚定地传承下去。更重要的是，海外汉语方言调查研究已经引起了关注，我在第一届会议上提出的口号——"汉语方言是全世界华人共同拥有的非物质文化财产"已经得到了认可，汉语方言对维系中华文化圈、树立中国文化大国的作用开始得到了重视，学界内涉足海外汉语方言研究的学者越来越多，研究也越来越深入。今年 5 月，我在自己的生日前夕完成了国家社科基金项目"东南亚华人社区汉语方言比较研究"的最终成果——初稿 150 多万字的《东南亚华人社区汉语方言概要》，给自己送上一份生日礼物。海外汉语方言研究，是时候探讨接下来的工作了。

2012 年 9 月

记于广州华景新城寓所

又到泰国

也许命里真的是与泰国有缘，我的外祖父、父亲都曾客居泰国，我又才去了一次泰国，这是我第三次到泰国做田野调查了。

这回，还是为了泰国整个华人社区汉语方言的项目，因为去年 11 月，我的国家社科基金项目"东南亚华人社区汉语方言比较研究"以难得的"优秀"等级结项。按规定，广东省会给我奖励一个省项目。这样，原来计划的泰国全国华人社区汉语方言全方位的研究就有了项目的依托。回顾原先的工作，泰北的西南官话由我的博士生肖自辉完成，在泰国华人社区只有很少人讲的粤方言和客家方言，我已经完成的点有广府话和广西白话、深客话和半山客话，而占泰国华人总数百分之八九十的潮州人说的话已完成的则有首都曼谷的潮州话和泰国北部清迈的潮州话，算来还欠缺泰国南部的潮州话。因为追求完美，我又动了到泰南走一趟的念头。

泰国号称"微笑的王国"，不过，毗连马来西亚的泰南却是泰国较动荡的地区，常有一些小恐怖活动发生。去过泰国的友人都劝我别去了，但为了完善项目，我还是决定去。寒假开始的第一天，我就和刚招收的博士生黄高飞到了曼谷，紧接着就在老朋友、老发音人萧先生的帮助下，乘坐了十几个小时的长途客车到了泰南最大的城市合艾。萧先生让他在暨南大学华文学院读书的女儿萧雅娟与我们同行，并联系了他的表亲，安排我们借住在他表亲家里。

合艾号称泰南最大的城市，其实规模顶多接近广东粤北或粤西的一个小镇，城市规划性不强，但华人不少。据说，100 多年前，首先在那里开埠的是客家人，客家人原先最有经济实力，不过，随着潮州人数量的超越，如今最有经济实力的则是潮州人，潮州话也就成了合艾华人社区中老年人的主要交际用语之一（年轻人则少说或不说了）。

老朋友萧先生是客家人，他的表亲也是客家人，表亲一家两兄弟合住在一栋 4

层半的房子里。萧先生的表哥一年前因车祸做过大手术，至今还是只能坐在轮椅上，生活不能自理，表嫂专门服侍他。表弟负责管理一个支撑全家生活的钟表档，表弟媳妇则包揽了全家的家务。两兄弟的孩子们外出工作或读书，只有表哥还在读中学的小女儿每天早出晚归。

我们在合艾的几天里，得到了他们一家的尽心招待。我被安置在四楼的一个房间，高飞则在四楼的客厅打地铺。每天的早饭我们在附近小市场的粉面档解决，午饭常为了赶时间干活或奔向另一个地点找人而忽略。其实，那时心里火烧火燎的，想的都是赶在当地人下班之前多调查一点，并不觉得很饿。而下午四五点，也就是合艾人家的晚饭时间了。不知当地人的晚餐时间为什么那么早。

记忆最深刻的是离开合艾那天下午的晚饭，表弟媳妇以当地客家人待客的传统，做了酿茄子和酿苦瓜。时值中国的隆冬，苦瓜在中国要在夏天才有，在东南亚却是一年到头都长。也许是调查总算完成，心情轻松了，总之，那酿苦瓜汤的味道真是好极了。

应该说，这一趟的泰国行是我几次到泰国调查时生活最为安稳的一次，因为有萧先生，有萧先生的表亲。但若要论工作，则还是磕磕碰碰地完成的。原以为在合艾只是调查一个点，一切都会万事大吉，谁知并非如此。之前，萧先生帮我们联系过合艾潮州会馆毕业于暨南大学新闻系的总干事。但那位校友总干事并未帮成什么忙，好像也不大乐意帮什么忙。可人已在合艾，我无论如何也要完成调查。于是硬着头皮与人磨，最终合艾普宁同乡会的理事长张先生和萧先生的一个朋友陈先生帮助了我们，给我们介绍了一些年长的第二、第三代华人。泰南的生活节奏似乎比已经够慢的曼谷更慢，人们上午九十点上班，下午三四点就结束一天的工作下班。我们只好合着慢节奏，耐着性子每天苦苦地寻找发音人，每次两三个小时地记录。

其间还发生了一些小插曲。

准备离开合艾的那天早上，我们正在为当天能否再找到发音人发愁。没想在吃早餐时，高飞在小街上看见了张先生，我急忙追上去询问还有没有办法。被半路拦截的张先生一通电话，联系了一位发音人，告诉我们发音人在等待，让我们去找。我们在合艾两眼一抹黑，又不懂泰文。于是，两位表嫂自告奋勇，给我们叫来了一辆载客摩托。她们两人也骑一辆摩托，带着我们去找那位发音人。谁知七转八拐的，就是找不到那个地点。正在着急，萧先生的电话却打来了，告诉我们，他的朋友陈先生也已经联系好人在等我们，而我们那时正好就在他朋友所在的地方附近。考虑到与其再浪费时间寻找，不如赶快去完成调查，因为我们当天下午 6 点就得离开合艾，权衡之下，只好打电话再三对张先生说对不起。至今想来，心里还对张先生有些负疚感。

我对困难早有心理准备，海外调查，哪一个点不是这样，一点一点咬着牙关慢慢做出来的？有意思的是高飞。他去年入学前曾代表湛江师范学院带领对外汉语教学专业的学生到泰南的几个学校实习。当时，人家都把他这个领队当作贵宾，去哪儿都是汽车来回接送，好吃好景点地招待，所以感觉好极了。这回他自然是带着这种感觉再奔泰国的，没想到却被当头浇了一盆凉水，加上不知是被什么小虫子咬了还是对什么东西过敏，身上还老起疹子，故一路叹息着海外汉语方言调查之不易。

我倒是欣慰高飞能有这个感慨，有了这一轮实践，有了艰难意识，下次再碰到"打击"，就不容易倒下了。海外汉语方言调查研究，没有毅力是做不成的。其实，在哪里做调查研究，做哪一件事不是如此？

2013 年 1 月
记于广州华景新城寓所

海外，那些与华人有关的地名

　　地名是一种非常有意思的人文现象，地名学则是一门深邃的人文科学。关于地名研究的著述不少，不少除了探讨地名得名的历史缘由、文化缘由，也阐释了地名包含的语言学内涵，张清常的《北京街巷名称史话》、李如龙的《汉语地名学论稿》等都是这方面的翘楚。

　　各地的风土人情不同，各处的语言、方言不一样，每个地方的地名也就打上了不同的民俗，不同的语言、方言烙印。这些，相信大家都感同身受。不过，窃以为中国在这方面演绎得最突出的恐怕要数面积仅 23.5 平方千米的小小的澳门。根据《澳门特别行政区实用指南》的统计，1999 年回归时澳门半岛共有街道 902 条，路环岛有 116 条，氹仔岛有 144 条。① 可就在这区区 1000 多条街道名称里，就有用汉语共同语命名的，用澳门当地居民使用的粤方言命名的，用外语葡萄牙语、英语等命名后翻译过来的，用外来语加上汉语或汉语方言造成的不同语言、不同方言、不同方式命名的地名！

　　多年前，我的一位澳门籍的研究生林洁贞曾以澳门街道名称作为她的硕士论文研究对象。看她的文章，我们可以从不同的角度粗略归纳出澳门街道名称里的几个"之最"。

　　最共同语的地名：炮兵街、教师里、东北大马路、劳动节大马路、友谊大马路。

　　最方言的地名：日头（太阳）围、蚝（牡蛎）里、蛤（青蛙）巷、劏（杀）狗环、担杆（扁担）里、贼仔（小偷）巷。

---

　　① 参见钟景鸿、梁官汉主编《澳门特别行政区实用指南》，澳门成人教育学会 1999 年版。

最拗口的地名（来自外语）：沙嘉都喇贾罢丽街、意那韶白的士打巷、爹美习施拿地。

最长的地名，字数可以多达 10 个：路义士若翰巴地士打街、高利亚海军上将大马路、史伯泰海军将军大马路。

最短的地名则仅有两个字，一个地名专名加一个地名通名：愕街、中街、石街、蚝（牡蛎）里、蛤（青蛙）巷、短巷、炉巷、卜围。

这也算是中国大陆板块之外的趣味地名吧。

这些年来，因为关注、从事海外汉语方言调查研究，凡与海外有关的事，尤其是与华人有关的事，我都格外留心，海外自然也跑得比较多。在一些国家，我发现了一些与华人有关的地名。这些地名有的显示了华人的翻译才华，有的蕴含了海外华人的美好愿望，有的与华人的奋斗史有关，有的与海外华人英雄有关，折射出海外华人的光荣史。虽然使用不同语言的国家都会有一些对华人来说念起来很是拗口的地名，但是不同国家、地区的华人都对地名的翻译有自己的一套方法。

我们不妨来看看其中的几个：

比如，远在加勒比海北部，在拉丁美洲，流行西班牙语的古巴，其首都西班牙语为 Havana，汉语普通话译作"哈瓦那"，而古巴粤籍华人翻译成"夏湾拿"。古巴的一些地名若以汉语直接音译，要记住颇为不易，像"谢戈德阿维拉省"（西班牙语为 Ciego de Àvila），西恩富戈斯省（西班牙语为 Cienfuegos），就是想念顺都得花点功夫，但是使用粤方言的华人（古巴的华人主要来自广东四邑及广州周边一带）却分别以方言简称两者为"舍咕""善飞咕"。前者只是省译了"Ciego"，后者则是"Cienfuegos"3 个音节的音译。在同样流行西班牙语，据说是离中国最远的南美洲国家阿根廷，其首都 Buenos Aires，翻译成普通话是多达 7 个音节的"布宜诺斯艾利斯"。当地的华人却智慧地将其变成省译加义类，仅两个音节，干脆利落的"布市"。在南非的华人也有类似的智慧。南非最大的城市约翰内斯堡（Johannesburg），华人也只是简称其为"约堡"，只是省译了英语的第一个和最后一个音节。

美国很多城市都有一个唐人街，华人也有叫"华埠"的。而纽约有不止一个唐人街：曼哈顿区（Manhattan）一个，皇后区（Queens）一个，布鲁克林区（Brooklyn）一个。有意思的是，在纽约，"唐人街"之名只是专指曼哈顿区的那个，使用粤方言台山话的老华人将其叫作"民铁吾"。皇后区的那个依英语 Flushing 的译音叫"法拉盛"，布鲁克林区的那个也只是以唐人街所在的"八大道"指称，粤籍华人将它叫作"布碌仑"。还有一些美国地名的汉语粤方言译音也与普通话不一样，比如，华人称俄勒冈州的波特兰（Portland）为"砵仑"。Los Angeles 普通话是 3 个音节的"洛杉矶"，讲粤方言的华人将其变为两个音节，省译加义类的"罗省"。全美第四大城市 Houston 普通话译作"休斯敦"，但是最早抵达该地的台山籍华人却将其译作"侯斯顿"。

还有，居住在英国曼彻斯特（Manchester）的华人以 Manchester 的第一个音节简译"曼"加上汉语表示义类的"城"，即"曼城"来称呼他们居住的城市。多米尼加（Dominican）的首都圣多明各（Santo Domingo），广东四邑籍的华人直接把它叫作"山多罗"……

泰国是国人东南亚游的首选国家之一，泰国首都曼谷熙熙攘攘的唐人街更是中国旅游者的必到之处。只是不知到过并在那里 shopping 过的中国旅游者是否都曾关注到唐人街的名字"耀华力路"，体味过这个名字里透露出的泰国众多已融入当地社会、获取了人生价值的华人的自豪与骄傲？

同样是一国首都的唐人街，菲律宾马尼拉唐人街却是以一位华人英雄的名字命名的。菲律宾曾经长期是西班牙、美国的殖民地。19 世纪末，菲律宾的民族解放运动兴起，许多在菲的华人参加了 1896 年菲律宾的民族独立战争，其中著名的有福建籍的王彬和刘亨赙将军。菲律宾人民和华人为了纪念这些把鲜血洒在异国的英雄，就把马尼拉的唐人街叫作"王彬"（音 oŋ^{55} pin^{55}）。

在菲律宾，还有一个以华人名字命名，旅游者常会去的著名旅游景点——林凤运河。广东饶平人林凤是明清实行闭关锁国政策、"无许片帆入海"时被冠以"海盗"之名，有家不能返的海商。为了生存，林凤不惜对抗海禁，于公元 1574 年，带领 62 艘装备精良的战舰、2000 名经验丰富的水手、2000 名全副武装的士兵、1500 名妇女儿童，运送大批稻种谷物和数百头耕牛，先到台湾，再从台湾抵达菲律宾。在与当时的西班牙殖民统治者数番激战之后，最终杀出了一块落脚之地。菲律宾现在仍存留的林凤运河便是当年林凤与西班牙人战斗时所挖的。

新加坡虽是个以华人为主的国家，但也有个公认的唐人街"牛车水"。据说，此地因为早年这个华人聚居区饮用水等需要靠牛车拉去而得名。而缅甸第一大城市仰光唐人街之名"广东大街"则彰显了其时广东籍华人的实力，祖籍广东省的华人社团"广东公司"①就在这条大街上。大街上还有一个在海外少见的，由郭沫若题名的"华侨图书馆"。印度尼西亚首都雅加达的唐人街叫作"草埔"。草埔如今很热闹，可是这个名字难免令人对其当年开埠之时的状况产生想象。华人漂洋过海，每到一处逢山开路，遇水搭桥，筚路蓝缕，妙手生花，在五大洲创造了一个又一个奇迹。马来西亚的首都吉隆坡（Kuala Lumpur，马来语意为泥泞的渡口）当初不就是被广东惠阳籍的华人叶亚来带领的一群开锡矿的华人开发出来的吗？

语言学上有一个常被引用讲解，音译和意译结合得几乎天衣无缝的外来词例子：英语的 Coca – Cola 被译成汉语的"可口可乐"。不过，这并非音译和意译成功结合的唯一一个例子，也并非只有在汉语共同语中才有这样的例子，当然亦并非只有英译中才会有这样的例子。不信你看：

有这样一个小岛，小岛小得即使拿着放大镜瞪大眼睛在世界地图上也无法找到。它就是小岛纳闽。小岛属于马来西亚，在马来西亚东马紧邻文莱的南海上，是马来西亚的一个特区。别看这个特区只有区区 9.2 平方千米，开着车绕岛一圈用不了两个小时，岛民总共才 7 万多，可是其中就有约 30% 岛民的祖上主要来自中国福建安溪、永春一带，也有少量来自广东、海南。小岛天蓝海蓝，花红草绿，小岛上的华人生活得悠然自得，时间在那个恍若仙境的小岛上像是停滞了。但令人觉得最有意思的还是小岛的名字。小岛的马来语名字叫 Labuan，聪明的华人就依着马来语的发音，音译、意译相配，用闽南话音给它起了个意味深长的中文名字——"纳闽"，意为容纳闽人。

我去过纳闽小岛做福建闽南话的田野调查，深深地被华人在语言学地名学上的聪明才智所折服。另一个同样与华人有关，同样令人拍案叫绝的海外地名，却是读书得知的：

也是在浩瀚无边的大海上，有一个位于印度洋岛国马达加斯加和毛里求斯之间

---

① 这个社团的名称有点儿特别。不过，若了解当年殖民主义者在缅甸等东南亚国家权势遮天的东印度公司，就可以理解其仿造之理。

的夹缝中的小岛，也同样难以在世界地图上寻找到，由火山造就，面积虽说比纳闽大得多，可也不过只有 2512 平方千米。岛虽然不大，岛上却有火山、冰斗和峭壁等独特的地质景观，且全岛 42% 的面积为世界自然遗产公园。这个美丽的地方叫作"留尼旺"。留尼旺之名源于法语 Réunion。岛上也有华人。知道吗，因为最早到达小岛的华人以既含有满满的祝福，又切合法语谐音的"留你旺"去称呼它，才最终演变出这个法属小岛今天的中文名字——留尼旺。

也许，有一天，我会到留尼旺小岛看看，做做田野作业。①

2013 年 5 月

记于广州华景新城寓所

---

① 2018 年开年，1 月下旬，我真的到了留尼旺做田野调查，却发现，现在人们多以"留尼汪"而不是"留尼旺"来称呼这个小岛了。呜呼！一字之差，诗意般美好的愿望似乎就消失了……

遭遇符号

在这本小集子里，有一篇短文叫作《遭遇尴尬》，一篇叫作《遭遇钱》，这篇叫作《遭遇符号》。

符号有各种各样。比方，文字就是记录语言的符号；标点符号是一种给语句分段，表达不同情感的符号；各行各业都可能会有属于自己的只在行内使用的各种符号；而做汉语方言调查研究的，则离不开国际音标符号。与只能用于标注汉语普通话的汉语拼音不同，100多年前，最先在欧洲被发明出来的国际音标是可以用来记录各种语言和方言的。在国际音标的100多个符号中，每种语言和方言一般都可以找到适合记录自己音系所需要的符号。所以，学汉语方言的人，基本功之一就是学习国际音标，学习以国际音标去标记不同的方言，也学习从国际音标的标注中去了解、认识一个方言的语音系统。

符号是一种死的、极枯燥的东西。初见国际音标，可能会觉得很难掌握，不少人认为方言学难学，原因之一就是被国际音标吓着了。不过，假如结合各种语言和方言，感觉就会不一样。与活的语言或方言附着结合，对其进行标注，国际音标才有了生命。这是学国际音标最易上手的方法。但是本文并不想聊什么学习体会，只是想与大家分享一下，这种能够方便、准确、快捷记录语言和方言的工具早年带给我们方言人的一些苦恼。

恐怕同行都曾有过这样的经历，在田野作业时，被好奇的发音人或者围观者询问："你写的是什么？英语吗？不像啊。"行外的人觉得那些七扭八拐的符号非常不可思议，转来转去的就说把一个话记下来了，而我们这些方言人对它则是又爱又恨：爱的是掌握好了，它可以快捷准确地记录方言；恨的是国际音标符号繁多精细，稍不留意，就有可能犯错误，记错音或读错音。而且，关于音标，还有一些今日电脑时代的"新新人类"未曾体验过，恐怕也很难理解的烦恼呢。

我接触国际音标始于 1984 年跟随詹伯慧老师读研。那个年代的读书人没有电脑，写文章、找资料都得靠手写手抄，就连出方言的书也不例外。詹老师带我们搞出来的三大本《珠江三角洲方言调查报告》（包括语音、词汇、综述三卷本）就是我们几个项目参加者一人一部分，限时保质抄写出来的。要知道，假如一时走神，抄写时不幸弄脏了一点、抄错了一点，那么，辛辛苦苦完成的那页纸就得扔掉重抄。今日面对电脑长时间工作，眼花、脖子酸、手痛自然难免，可是当年我们还有的一项"专利"，今日的电脑族就未必有了：因长时间握笔抄写，在大拇指、中指和食指等处磨出来的厚茧。其实，因为没有电脑，当年我们的硕士毕业论文也都是自己一笔一画抄出来的呢。手抄专著并非我们暨南大学方言人的专利。那个年代，李如龙、张双庆老师的《客赣方言调查报告》，李新魁、林伦伦老师的《潮汕方言词考释》等，不都是抄出来的吗？

可能有人听了会说，没有电脑，铅印啊，铅印不是更美观清晰吗？为什么要手抄？

这个道理谁都懂，当时的我们比谁都羡慕人家那些能够铅印的美观大方的"正规"的书，但问题的根源就是国际音标。

那时候，被国际音标"惹出的事端"还真是令人伤透了脑筋。面对那些平时少见、变化多端，相似度又相当高的符号，不要说受到文化水平限制的排字工，就是行内的人有时也难免会看走眼，假如眼睛不够明亮，出错更是毫不意外的事。老一辈的方言人，很多都有校对书籍的故事。笔者出第一本个人专著时，也有过不堪回首的经历。那是一本今日看来略显青涩的书，千难万难完成了调查，写出了书，找到了出版社，凑足了出版经费，却迟迟找不到愿意承印的印刷厂——只要一看到书稿，看到那些奇怪的符号，看到近似"天书"的稿件，印刷厂没有不打退堂鼓的。最后，好不容易联系到一家急于接活的小厂子，似乎光明就在眼前了，可是，新的问题又来了。

尽管预先给工厂打过预防针，说国际音标挺不容易排，有一些没有的字模还得新造，但实际操作起来，第一次碰到这种书籍的厂家才知道这些麻烦不是那么好对付的。记得书稿每校对一次，几乎都要重新抄一次，重新排版一次。这样，经过一而再，再而三的反复修改之后，就连原先自认为很能造字的人（好的排字工都有造疑难杂字的本领）也表示爱莫能助了。虽然工厂已经付出了很多努力，可是他们的领导还是对我说："陈老师，没办法了。我们宁愿不收你的钱，另找高明吧。"

听到这话，我急得几乎想给那位领导跪下来，只好拼命地说好话，拼命地恳求。那位领导还真是个好人，恳求之下最终还是没有退回书稿。而之后的校对，我也再不敢太过较真了。所以，那本书，除了文字青涩，印刷水平也是"惨不忍睹"的。

那是我的第一本专著《东莞方言说略》。

20 年后，一次在湛江师范学院（现在已改名叫岭南师范学院）召开的一个学术会议上，湛江师范学院的一位老师对我说，他有一位学生为做东莞方言的研究急于找那本书做参考，遍找不得，最后在网上以那本书原价 10 倍的价格从一位网友手中购得。这也算是关于那本书的一个有趣的插曲吧。

有了电脑，国际音标等符号就不成问题了吧？

是的，如今方言人的文章、书稿都是自己写作、自己打印、自己编辑的。要出版，或者通过电邮，或者用 U 盘发送给杂志社、出版社就是了。学会了电脑操作，国际音标的印刷是变得容易多了，但音标符号造成的问题仍未能杜绝。我就遭遇过一篇要发表的文章被编辑认为错误很多，屡次退回要求修改的事。"一头雾水"①、不得其解的我费了好大劲儿才弄清楚是文章中出现的那些表示有音无字的大方框"□"，行内约定俗成表示有音无字的符号惹的祸——编辑认为那是错的。

还有，谁都知道，自己打印好送到出版社的稿件，要出版，还得经过编辑的把关。如今的编辑与当年的排字工不可同日而语，都是有文化之人。但是人非万能，编辑也不可能行行都精通，而有些编辑对本职工作又特别专注，于是，想不到的问题又来了。

一次，一本五六十万字、国际音标符号众多的专著要出版，责任编辑是一位异常负责，稿件看得特认真、特仔细的敬业者。他灵敏地发现有部分出现场合不同的相同的汉字，国际音标注音不一样，有的是声母、韵母不一样，更多的是声调的标注不一致，于是三下五除二，一律改为一样，一律改为他认为对的……

用"哭笑不得"来形容我看到被修改过的稿件时的感觉一点也不为过。没有受过语言学、方言学专业训练的编辑并不清楚，语流中，不同的语言和方言常会发生

---

① 粤方言俗语，意为糊里糊涂、不清不楚。

同化、异化等不同的音变，不但组成声母、韵母的音素会变化，声调更是会产生不一样的变化——变调。

没有办法，只好一页一页、一个一个音符地再重新校对、重新修改。

哎，国际音标符号！

2013 年 7 月
草于广州华景新城公寓

又是一年毕业季

校园里的日历开始于每年的秋季，结束于每年的夏季。

6、7 月，又是一年毕业季。

到处是三五成群拿着相机，捧着鲜花，穿着学士袍、硕士袍、博士袍，戴着四方帽拍照，即将告别人生的某个阶段的年轻人。有话说，"铁打的营盘流水的兵"，送旧迎新，校园又何尝不是年年如此？看到那些快乐的年轻人的笑靥，不能不慨叹时间的流逝：又过了一年。听到那些爽朗的笑声，也不能不遐想连连：想起了那些年。

1976 年我在华南师范大学（当时叫"广东师范学院"）毕业时，中国并无学位一说。如今的年轻人大多不了解这段历史，前些日子填写一份表格，我还被学校有关部门的一位年轻人质疑为啥没填当时的学位。

1987 年我在暨南大学硕士毕业时，中国已经有学位授予制度了，但也还是没有学位袍。记得当时还是来自澳门地区的同门林柏松在澳门大学好不容易借来了一套学位袍，按要求第二日就必须归还。其时相机还不普及，照相馆也不多，我们几位同学只得连夜从位于石牌的学校赶去市中心的中山五路，拍开一个已经打烊的照相馆的门，请求值夜的职员为我们拍照。从未见过学位袍的职员对我们带去的"服装"非常感兴趣，也禁不住我们的再三恳求，破例开机为我们每人留下了难得的黑白纪念照。

1995 年，我在暨大获博士学位。那年是中国自己设计的学位袍第一次在世界上亮相，尽管 6 月的广州热浪滚滚，我们还是穿着崭新厚重的大袍子，戴着方方正正的帽子，系着领带，大汗淋漓地在毕业典礼上、在校园里，拍下了一张张相片。那一年，全校只有 5 位博士学位获得者，5 人中只有我一个女生，而且是严重超龄的女生——45 岁。

现如今硕士、博士是越来越多了。今年我有一位硕士研究生（李建青）毕业。假如不算我的马来西亚学生——我的第一位硕士研究生肖丽燕，建青是我的国内学生中第一个以海外汉语方言作为研究方向的。他的学位论文《泰国勿洞广西白话语音研究》获得好评，顺利通过答辩。建青自然很高兴，在离开校园前请我和他的师兄弟姐妹吃了一顿饭。建青是应该请客了，因为他不但顺利获得学位，前段时间还获得了难能可贵的第一届国家奖学金。而且，更重要的是，与他本科、硕士都是同校同学（本科华南师范大学中文系，硕士暨南大学中文系，但不同专业），去年完婚的妻子叶楚银也一起获得了硕士学位，可以说是多喜临门。为此，我还曾打趣地与楚银的导师——我的中文系同事傅莹老师说，我们是亲家。

说起来，今年我可以算还有一位学生毕业，3年前在暨南大学顺利拿到硕士学位后考上浙江大学攻读博士学位的施俊。5月下旬，在浙江大学通过博士论文答辩的当日，答辩会后兴奋异常的施俊马上就给我发来了短信。我当即回电话祝贺他。获得这个最高学位，施俊的付出我是知道的。施俊的求学之路并非一马平川，专升本，工作后再入读暨南大学。记得他初入学时，没少为交来的作业不过关被训责，但他总是不气馁，一遍遍地改，一点点地进步，直到写出好文章。当施俊询问把稿件投到什么刊物好时，我对他说，试试《中国语文》吧。果然，那篇题为《关于义乌方言"n"化元音时长的讨论》的文章不仅在那年香港召开的国际粤方言学术研讨会上获了奖，并且在2009年第6期《中国语文》上刊登。

就像我平生的第一篇学术论文发表在《中国语文》一样，那是施俊发表的第一篇学术论文。我很清楚这对他的人生意味着什么，我当即兑现对学生们的许诺：发表了好文章，请你们吃饭。这之后，施俊考上浙江大学读博，又陆续在《中国语文》和《方言》等刊物上发表文章，去年他也获得了国家奖学金。

"第一次"是一个很神圣的概念。

当年我战战兢兢地以初中毕业加工农兵学员的文化程度，在工作和理家之余跟随詹伯慧老师攻读硕士学位（我的硕士、博士学业都是在职完成的）。记得第一次交作业，老师看后只对我说了一句话："看来你只会写散文。"听闻此话，人一下就蒙了。不会写论文，还叫什么研究生？只好打起精神铆足劲做田野调查，潜心钻图书馆，查资料看书学习。又一次要交作业了，我把小文《广东莞城话"变入"初析》递给老师，忐忑地站在一旁等待老师批评。那次老师看完后，只是淡淡地说了一句话："这篇文章可以投《中国语文》。"

谁也没有我自己清楚这篇最终被登在 1987 年第 1 期《中国语文》上的小文章对我来说有多么重要：它是我公开发表的第一篇学术论文，它是我之后陆续获得的其他学术成果的力量之源。在早过了而立之年后才接触繁难的语言学，咬着牙拼命地追赶，它给了我极大的鼓励，它告诉我，只要不怕苦，只要努力，我也能做学术研究，我也能做方言研究。

没想到，我和施俊师生之间竟然会有如此相同的学术经历：第一篇学术论文都是在硕士学习期间发表在国内本学科的最高学术刊物《中国语文》上。我想，施俊也一定受到了他的那个神圣的"第一次"的引导。

这些年来，暨南大学对硕士生、博士生在读期间发表论文一直有规定，比如博士生，3 年里必须发表两篇核心期刊文章、两篇统计源文章才能毕业。对学生来说，这种硬性的规定有好也有坏。好的一面是督促他们用功读书，努力达标；坏的一面学界也人人尽知，学术刊物有限，核心期刊更少，不但学生们毕业要发表文章，教师和科研工作者评职称等也要发表文章，于是暗箱操作，受贿行贿，版面费、出版费等应运而生。尽管高校的不少教师厌恶这些、反对这些，但是，我们却无法改变这些。

我常用自己的体会、用施俊的例子去激励他的学弟学妹们，知识通过努力获得，本领是自己的。虽然我们不可能改变很多，但是起码我们自己心里明白，我们可以坚守什么，我们能够做到什么。假如人人都坚守，都奋发，相信世界是一定会变化的。

2013 年 7 月
草于广州华景新城寓所

都是本分

　　世界上的每个人都有各自不同的分内事，比如农民耕田，工人做工，军人习武，医生治病，和尚念经，教师育人，学生读书。世界上的每个人也都有相似的、并非独有的分内事，比如社会职责，照顾家庭，赡养父母，养育孩子。尽管各自的事业、各自的单位、各自的家庭、各自的父母、各自的孩子都各不相同，但做好各自不同的分内事，与做好大家都有的分内事一样，是每个人的责任，也是每个人的本分。

　　过去，大学生被视为天之骄子，大学里教书的教师被视为骄子中的骄子，大学教授就更是受到人们的仰视。如今大学越办越多，大学生越扩招越多，上大学早已不是什么稀罕事儿，就连罩在硕士、博士头上的光环也没以前那么耀眼了。可是在局外人看来，"教授"的头衔好像依然还带着些许神秘。恐是"身在此山中"吧，就是高校教师本身，自视很高的也还是有。直至今日，高校中的女教师人数一直少于男教师，20世纪七八十年代之前就更少。当时，我所在的中文系，算上在办公室和资料室做行政工作的，女性不过七八个；要是理工科，那就更是少得可怜了，常常是一个系三两个。物以稀为贵，因此，高校女教师的自视度通常会比男教师还高。

　　本来就是一份职业，不过，也许就是这个自视度害人，就我所知，20世纪七八十年代以前的大学女教授不少不谙家务事，今日的大学女教授，能做出一顿像样饭菜来的也还是不多，那好像都不是教授该做的。可是人食五谷，教授也得吃饭啊。

　　经历过20世纪五六十年代的清苦，经历过"文革"的动荡，我们这一代人大都是先做工后读书，大都当过农民、工人。这让我们与以前和现在那些从学校到学校的教师多少有些不同。因为过日子的一般本领早在进高校之前就不得不学会，故虽然身为潮州人，虽然小时候也曾被祖母、母亲强迫过学绣花，可除了普通的缝缝补补，老一辈潮汕女子引以为傲的女红始终未能上手，但我还能做出招待客人的饭菜，而这也是常被我的学生们津津乐道的。我把做一日三餐的时间当作工作之余的歇息，只要不外出，每天的时间都做了安排，时间一到，电脑关好，就去做我的"工间操"。其实，什么都是熟能生巧，有一个好时间表，工作家务理顺了，一顿家常饭菜连做带吃也不过是个把小时的事吧。

本分之事，人人都应该做。我曾经对我的女学生们说过，一个女性，首先应该把本分的事做好。不会合理安排时间，本分之事都做不好的，很难想象书能读好，科研能做好。分内的事做好了，没了后顾之忧，得到家人的理解体谅，工作就能更轻松。

知识女性要在自己的学科领域内有所斩获，所要付出的肯定比男性多，光说怀孕、生孩子、带孩子吧，那就多半是女性的"专利"。有人因此不结婚、不生孩子；也有人婚是结了，孩子是生了，可是心里对这一切充满怨气，因为占去了太多的时间和精力。老子说，"道法自然"。我想，就像植物春抽枝，夏开花，秋结果，人来到世界上，也有一个开枝散叶的责任，什么时候该生根发芽，什么时候该开花结果，都得道法自然。

在其他专业的研究通常可以在图书馆、在书桌前完成的中文系，做汉语方言研究的应该是最"另类"的了。我们必须经过艰苦的田野调查，才有可能通过进一步的工作，完成对一个方言的研究。正是因为语言学、方言学研究的是实实在在的活的语言、方言，故此专业才被称作"文科中的理科"。不难想象，做方言研究的女性当然也就要比做方言研究的男性面对更多的不便和困难：一个人外出不方便，孩子没人管、家务没人做。当孩子还小时，带着孩子去调查是我当年做过的，今日的做方言研究的女性也还有人这么做。至今犹记每到寒暑假，我背着行李，带着孩子，孩子背着他自己的小书包、小提琴，挤长途公共汽车下乡。那天，一位在职读博的女生也告诉我，她开着汽车载着行李带着孩子下乡。毕竟时代不同了，下乡田野作业的方式也有所进步了。

方言调查研究那么难，为什么还要坚持？

也有的人书读完了，学位拿到了就转行了。不能学以致用，这当然不是方言专业特有的，社会上这种现象多得很，有时亦并非个人所愿，而是迫不得已。早年，也有因为方言专业比较冷门、报考的人不多，想来混个学位好出去再找工作的。但如今方言专业不再冷门，暨大汉语方言研究中心是行内汉语方言研究的重镇，每年报考这个专业的人数相当可观，要想混也不那么容易了。硕士研究生毕业不干本行、干不了本行还可以理解，毕竟学其他专业的也有不少人干不了本行，博士研究生若如此就有点儿可惜了。学方言是因为热爱，学方言干方言，那也是本分。

世界分工不同，每个人都应该做好自己本分的工作。

2013 年最热的 8 月
草于广州华景新城寓所

粤西方言高端研讨会

入行这么些年来，学术研讨会每年都会参加，但参加后还能让人不断回味、念念不忘的却没有很多，本月18—21日由湛江师范学院和暨南大学汉语方言研究中心共同举办、在湛江召开的粤西方言高端研讨会算是成功的一个。

这次会议可以用"短小精悍"来形容。会期不长，参加者正好坐满两大张吃饭的圆桌，但也正因为人少，能够让大家较自如地畅所欲言。与会者纷纷就粤西汉语方言调查研究的深入开展献计献策，发表议论。大家都认为会议的召开很有必要，粤西流行的闽、粤、客3种汉语方言正好与广东省流行的三大汉语方言一致。诚如张振兴老师所言，粤西汉语方言研究做得好，广东的汉语方言研究也就不难办了。其实，这些年来，粤西的汉语方言调查研究在大家，尤其是湛江师院同行老师们的努力下，取得的成绩大家有目共睹。别的不说，光是该院陈云龙老师的几本书，他去年获得"优秀"鉴定的国家社科项目，就很叫人振奋。相信此次会议之后，粤西汉语方言研究定能更上一层楼。

我在会议上提请同道们"关注华侨农场的语言方言调查研究"，因为全国共有84个华侨农场，分布于云南、广东、广西、福建、江西、浙江、吉林7个省区，还有类似广西北海侨港镇，非称作华侨农场，居民却全是归国华侨及侨眷的地方。此类语言方言研究也应该是海外汉语方言研究的一个部分。华侨农场归侨使用的汉语方言，有非同一般的走出国门再回归的经历。这种经历可以说是世界语言史上的一个特殊案例。遗憾的是，这之前从未被关注过。毋庸置疑，语言接触造成的华侨农场居民的语言方言演变是非常值得留意的。广东省是华侨农场最多的省份，仅在粤西的湛江和阳江两地就有两个，我的博士研究生黄高飞正在准备以这个议题作为博士论文的研究方向。

高飞在这次会议上也做了一个引起了大家极大兴趣的发言——"粤西离岛方言

研究刍议"。"离岛"一说来自港式粤语，指远离大陆的海岛。

海岛方言研究是个与当前国家建设海洋大国相契合，但一直未得到重视的议题。张振兴老师听后，立马就建议高飞以此申请研究项目，做毕业论文。我急了，当场就表示应暂缓，与会者都大笑起来。而我之所以如此缺少"涵养"，实在是因为一直顾虑海外汉语方言研究的后续进行，好不容易开了头，又是亟待开展、大有可为的事，必须有人做下去。假如我名下的学生都不做，那么，我还能劝说谁来参与呢？且受年龄限制，从明年起，我已无再招生的可能，所以我建议高飞还是先做海外汉语方言，海岛方言的研究也不放弃。我已表态，退休后与他一起上海岛调查。

其实，记得早在 2002 年，我就带硕士研究生刘新华去调查过离广西北海市 21 海里①，位于北部湾海域的中国最大的火山岛——涠洲岛的客家话。新华来自江西兴国，第一次接触大海让他兴奋不已，调查完成后还舍不得离开，坚持要独自留下好好体验体验，结果撞上台风，被困在岛上好几天，至今仍被我们师生聚会时作为笑谈，"欺山莫欺水"啊。

粤西会议还有一个亮点：经过有大桥与大陆连接的中国第五大、广东第一大岛东海岛（排在东海岛前面的 4 个大岛是台湾岛、海南岛、崇明岛、舟山岛），坐驳船到两海里外的海岛硇洲岛，听当地的渔民唱咸水歌。

硇洲岛是一个 20 ～ 50 万年前由海底火山爆发形成的海岛，位于雷州湾东部海面，面积 56 平方千米，岛上有旅游度假胜地那晏海石滩，有与伦敦、好望角灯塔齐名的世界著名三大灯塔之一的硇洲灯塔，还有宋皇城遗址、祥龙书院、八角井、宋皇碑、宋皇亭、宋皇村、赤马村，以及鸦片战争时期抗击英国侵略者的英雄窦振彪墓和"宫保坊"等。更值得一提的是，1950 年解放军四野 43 军 128 师 383 团就是在硇洲岛乘木船出发解放海南岛的。

小岛海产丰富自不用说，还遍植香蕉，我们在岛上见证了"海鲜卖得比青菜还便宜"的事实：一位老师用 5 元钱买了一斤鲜海参。这还是我第一次看见新鲜的、活的海参，肥肥的肠子似的一截一截，两头稍小，中间大，切开了腹腔内一肚子海水。曾在一篇科普文章中看到过，说新鲜的海参从大海中捞出来后，体貌会迅速发

---

① 1 海里约为 1.85 千米。

生变化，假如不马上加工，6 个小时后就会变成一摊水，这叫作"化皮"。这大概是其便宜的一个原因吧。结果那几只海参在晚餐时被交给餐厅加工，用红腰豆焖了，两桌人一桌一碟，大家都拈了一块尝了尝鲜。

而我们最享受的，是听当地的粤籍渔民唱咸水歌。可惜当天只有两位歌者，来自红卫队的一位老渔民和他的儿媳妇。老渔民是原唱，他的儿媳妇的母语本是闽方言，粤语咸水歌是学唱的。老渔民唱到兴处，身子轻摇，双手不禁模仿起摇橹的动作，十分陶醉。听者无不受到感染。

此情此景令我想起了 2007 年带一队学生到汕尾调查渔民的渔业用语，听瓯船渔民①唱渔歌。该地的渔歌远近闻名，常在各种比赛中获奖。渔民们无论遇到高兴的事还是伤心的事都会唱歌，都有歌可唱。汕尾会唱渔歌的老人、后生可不算少，因为当地的老人认识到这是一种应该传承的非物质文化遗产，已经在有意识地教年青一代唱了。听他们放歌，在那种氛围中，谁都会情不自禁地加入的（渔歌、咸水歌、山歌等的曲调都比较固定），我也忍不住跟随他们大声引吭。见我也如此投入，渔民们惊异之余，唱得就更加起劲。那种畅快，至今怀念。什么时候能再到汕尾，和渔民一起大声唱渔歌？

我也很享受在会议间隙时，与各位平时难得一见的同道老师之间的交流。感谢各位老师给我的一些好建议。很多时候，能和大家展开讨论，不知远胜独自冥思苦想多少倍，一些原先模糊的想法，一下子就清晰起来了。

享受粤西方言高端研讨会。

2013 年金秋十月
记于广州华景新城

---

① 瓯船渔民为近海渔民，使用闽南方言。该地另有红卫远海渔民，使用粤方言。

说说《海洋方言论》的出炉

《海洋方言论》，这是我在前些日子由我们暨南大学汉语方言研究中心主办，有300多人参加的第17届全国汉语方言学年会闭幕式大会上的发言。众所周知，汉语有七大方言说、十大方言说，但无论在七大方言还是十大方言里，都无"海洋方言"一说。所以，看到这个题目，不少人都很疑惑，甚至有人问我："是否写错字了？你不是在做海外方言吗，怎么变成海洋方言了？"

我的回答是："没错。"

海洋方言是一个新理念，是我从汉语延伸、传播、扩散的视角重新审视汉语方言，划分汉语方言，而提出的一个全新的理念。它既非指一个新出现的汉语方言，亦非专指某个单一的方言，它是一个大概念，指一个由众多方言组成的集合体。在这个理念里包含了3个层次。第一层次，是中国国内沿海地区的北方、吴、闽、粤、客方言。在第一层次的海洋方言的背后，是黄河流域、长江流域，中国语言文化的大本营。第二层次，是成链状分布的、与第一层次海洋方言相呼应的中国沿海海岛的北方、吴、闽、粤、客方言。第三层次，是呈放射状、散布于世界各地海外华人社区的北方、吴、闽、粤、客方言。

不难看出，海洋方言3个层次的内涵是一致的。

这篇小文当然不是要阐释这个新理念，关于海洋方言的学术内涵，我们已经在一些文章中详细交代过了，我只是想在这里说说这个理念是如何"破壳而出"的。

2013年10月，湛江师范学院和暨南大学汉语方言研究中心在湛江举办了一个"粤西方言高端研讨会"。有关这个会，我已经在本书前面文章里描述过了，那是一个很成功的小型会议。在会上，我提出了华侨农场的方言研究问题，我的博士生黄高飞则提出了粤西沿海和北部湾海岛的方言研究问题。

这两个新议题都得到了大家的关注。全国84个华侨农场归侨及其后代使用的汉语方言说明海外汉语方言的回流，这使得相关的海外汉语方言研究的地域境内境外都有。海外汉语方言和海岛方言的调查研究，都是在海洋强国的大形势下我们必须做、应该做的。会后的硇洲岛考察，海岛方言调查研究的问题又一次撞击了我。硇洲岛流行闽南方言和粤方言，但从无报道，推而广之，全国的海岛汉语方言在不少海岛甚至连岛屿基本信息都没有的现状下，又有多少得到了关注和研究？

从湛江回到广州，我和外子网购了一本《中国国家地理》杂志，2010年10月版的"海洋中国十月珍藏"。那是一本图文并茂，让人一捧起来就不愿放下的书（顺便提一下，因为这本书，我让学生到邮局订下了第二年全年的《中国国家地理》杂志）。我和外子抢着看，抢着发表读后感，并就书中讨论的，也是近年来舆论热议的海洋强国问题又看了一些相关的书，联系从北至南，覆盖了全国沿海8个省区的汉语方言、沿海400多个海岛的汉语方言，以及全世界众多的海外华人社区的汉语方言。于是，"海洋方言"的理念慢慢浮现，顺理成章地生成！

埋头书桌，面对电脑，我不断地敲打、修改文章，同时也就这个问题和我的博士生黄高飞展开了进一步的讨论，最终写成了一万多字的《海洋方言论》。文章写成后，我和高飞信心满满地决定把它投到《中国语文》，于是让高飞去做这件事。谁知那天上午才接到高飞的电话说网上投稿成功，下午就又接到他说稿件被退回的电话。高飞很沮丧，我也一时无语：这是我从事汉语方言研究以来遭遇速度最快的一次退稿，不知其他人是否也有过这么奇妙的经历，速度实在是太快了。

不甘心。

静下来细细一想，再认真地把文章从头到尾推敲过，觉得文章的提法是成立的。于是一边给高飞打气，一边给方言研究中心主任甘于恩打了电话，率直地提出希望给我一个在全国方言学年会大会上发言机会的请求（之前从未做过这等要求"露脸"的事），因为心里认定，这是一个值得大力鼓吹、宣传的理念，为了海外汉语方言研究，为了海洋强国，豁出去了。与此同时，我还把稿件发给了中国社会科学院语言研究所的张振兴老师，想听听他的意见。

令我振奋的是，张先生看过文章，给了我肯定的鼓励，告诉我，一个新理念的推广要反复、广泛地宣传。是啊，二三十年前，北方的"晋语"刚刚推出时，不也经历了一番磨砺吗？这之后，鲁国尧先生看过文章，也给了我支持，并提出了宝贵的意见。

很高兴方言研究中心同意了我的请求，安排我在闭幕式最后一个发言。于是静心修改文章，制作PPT，准备"迎战"。那些日子，脑子里塞得满满的都是海洋方言。记得一天，外子的旧同事聚会，请我一起去。席间很多人都发了言，没想到大家也让毫无思想准备、一心只是去吃饭的我说点什么。百般推辞不过，我竟那么自然地与那些原来从事保险，现在各行各业都有的人讲起了海洋方言的3个层次。不说别人，事后连自己也觉得实在是太迂了，当时怎么就不会谢谢人家请我吃饭、分享快乐了事呢？

方言学年会那几天的天气在广州应该算是非常冷的，寒风夹着冷雨。连续几天的大会小会，大家又乏又累，不少不习惯"广式"寒冬的北方代表都感冒了。傍晚时分开始的闭幕式时间很紧，轮到我时，一些代表已经因为时间安排等关系离开了。我的电脑水平差，PPT制作的框架是高飞做的，虽然后来经过我的一位硕士研究生张敏怡的修补（她被我的学生们认为是电脑高手），还是不理想，结果是比限定20分钟的发言时间超出了一点，紧赶慢赶，我总算把问题的基本点说了出来。

回到座位上，没等回过神，我的几个有意坐在同一排的学生便一齐为我鼓气叫好。我趁机征询了好几位同道，包括前辈、同辈、晚辈的意见。有表示对新理念不甚理解，要慢慢消化的；有认为要完善，提出了中肯的意见的；也有叫我别折腾，做好海外汉语方言就是了的；当然，也有拍手称快，支持我的……

所有这些都在预料之中。无论同意与否、支持与否，我都感谢大家，因为反对或修改意见会促使我进一步思考，支持、鼓励会激励我进一步完善这个理念。

会议后我首先做的就是，在原来那篇一万多字文章的基础上，改写出一篇3000来字的短文，先争取发出去①；再请敏怡帮忙重新制作一个PPT。我还要不断地争

①《海洋方言论》的简缩版《海洋方言：汉语方言研究新视角》（与黄高飞合作）载《中国社会科学报》2014年4月14日第7版头条，并在第一版有提要介绍。（中国社会科学网2014年5月9日转载，全国社会科学规划办公室以《学坛新论》标题转载，中国民族宗教网也转载了此文）之后，《暨南学报》（哲学社会科学版）2016年第1期登载了《海洋方言的扩散与回归》（与黄高飞合作），《学术研究》2016年第1期刊发了《海洋与汉语方言》（与黄高飞合作）。

取机会宣传这个观点，不断地争取机会使海洋方言的论说深入人心，不断地争取更多的方言工作者投身到海洋方言研究中，而这一切只是因为相信海洋方言研究也能为海洋强国贡献一点绵薄之力！

2013 年、2014 年交替之际
记于广州华景新城寓所

好事真真多磨

有一段时间没有写散文了，《方言那些事儿》至今只有二十几篇短文。

也不能说是懒，时间都安排得满满的。去年上半年是国家社科基金项目"东南亚华人社区汉语方言比较研究"结项的最后冲刺时间，每天都在埋头苦干，终于赶在自己生日之前完成了初稿，给自己送了一份不薄的生日礼物，并赶在暑假之前把成果《东南亚华人社区汉语方言概要》交了上去。说实在的，当一眼看到这部包含了东南亚十国 29 个闽、粤、客方言点，150 多万字，大砖头似的厚厚的一大沓双面打印的书稿时，我自己都有点儿吃惊：怎么写了那么多？

东南亚华人社区汉语方言调查研究是暂告一段落了，特别是去年年底项目以"优秀"等级获得通过——我原不敢有此奢望，只是祈愿能够顺利结项就好，故稿子交上去以后也就去忙别的了。最先告知我项目获得优秀的是我的一位博士生黄高飞。高飞说有老师在网上查到了。闻知后，外子就催促我赶快再查，我却一直按捺着自己，直等到学校社科处打来了电话，才从心底里发出欢呼！

从项目 2007 年立项之前开始调查收集资料算起，几年来同道、同事、学生们都关注着项目的进展，几年来亲人、朋友、伙伴们总是默默地容忍我把主要心思放在项目上，几年来朝忙暮想，奔波海内外，埋首书桌、电脑，似乎只有自己才知道的辛苦终于有了应得的回报……

外子当下就高兴地请我吃了一顿饭——他也终于可以放下心了。

我在向方言研究中心的同僚们通报消息时，也高兴地请在场的包括正在我们中心做交流访问的台湾新竹教育大学教授董忠司先生吃了一顿饭——有乐大家分享。

按照广东省的规定，国家社科基金项目获得优秀的，可以得到一个省项目的奖励，于是兴奋完后，赶紧按照之前的设想，准备做一个泰国华人社区汉语方言全貌的研究。按计划，在我做的"泰国潮、粤、客方言比较研究"的基础上，将泰国的调查点扩大到 10 个，调查点不再只局限于泰国的首都曼谷，而是泰南、泰北都有。除了闽、粤、客方言以外，还增添了流行在泰北、迄今无人知晓的 3 个西南官话（这部分将由我的一位博士生肖自辉负责）。

东南亚各国的方言调查研究，以前所做的都只是在一个国家内选点进行，这回是整个国家华人社区比较清晰的全貌，也算是一个小小的突破吧。于是，又埋下头来，奔赴实地做补充调查，整理材料，写作书稿。

在今年的生日将临时，我又基本完成了泰国项目我负责的部分的调查，可以喘口气了。

肯定有人不理解：干吗这么急啊？

其实，这是我心中的计划。

我们这代人被耽误得太久了，这是现在幸运的年轻人很难理解的。我早过了花甲之年，我希望抓紧时间在身体还好时，把已经开了头的海外汉语方言调查研究做得更好一点。世界很大，华人的足迹遍布世界各地，东南亚华人社区汉语方言的研究已经有了不错的开头，那么，东南亚之外，世界的其他地方的呢？

前两年，我就和中国社会科学院语言研究所方言室的研究员周磊讨论去欧洲华人社区调查汉语方言的可能。周磊也很愿意在这方面做些努力，可惜天有不测之风云，周磊竟然在去年 4 月心脏病突发，倒在出差的途中。消息传来，我真的不敢相信。我自然不甘心我们的探讨就这样结束，去年 9 月参加宁夏召开的第三届海外汉语方言国际研讨会时，就又试着与从欧洲来参加会议的代表探讨这个问题，但还是没有结果。于是再次（说"再次"，是因为很多年前就曾经提过）试着与我的硕士同门同学，现在在美国国防语言学院中文系任教的林柏松教授讨论共同做美国华人社区汉语方言研究的可能。

当年柏松对我的提议不置可否（自有他自己的时间安排等苦衷），没想到这回却颇感兴趣（现在大概是时间允许了）。于是我们进行了一系列探讨，并在去年 12 月由我们中心召开的第十七届国际粤方言研讨会上初步确定了合作意向，决定由他会后回美国物色合作者。当然，汉语方言研究中心也是非常支持这件事的。

事情总是一波三折。

柏松先是费心地联系了其所在地三藩市的孔子学院，最终未成。正当我们失望之时，柏松又联系了三藩市旧金山大学的李智强博士。对方有意合作，并希望我们在今年暑假期间到美国进一步商谈、签订合作协议。这样，我们就在国内开始了为美国之行做必不可少的，包括申请公务护照（新规定，日后凡出国公干都得使用公务护照，否则不能报销费用）、签证等前期准备。

这些事说起来容易，做起来比方言调查还难。好不容易忙到 5 月中旬拿到了公务护照，学校国际交流处还代为预约了美领事馆的签证时间，可就在我们开始为即将到来的签证面谈做准备时，却接到合作伙伴要求推迟签证，做一些美方需要的准备，再另发邀请的通知。正在担心爽约不去面签是否可行，美领事馆的电邮来了，通知约定的签证时间取消，因为那几天领事馆因事（据报道，收到了不明的粉状包裹）不办理签证业务。这样，正好解决了我们的一个难题。赶快再按对方的要求做准备，强抑着焦急的心情等待美方的安排。

一来二往，表格填了一份又一份，计划、设想、协议写了一个又一个，时间一晃又到了 7 月。世上最磨人的事大概莫过于"等待"了，那种焦虑、那种折磨，局外之人难以体会。可是，学校国际交流处看到新的邀请后，又认为我的短期访问学者邀请，与准备和我一起去签合同的方言中心主任甘于恩的不一样，我应该用私人护照，两个人分开办。他们先办了甘于恩的，甘于恩于 10 月最后一个星期赴美签订了合同，而我则一直在等。终于看到通过电邮发来的邀请，打印后拿到国际交流处。交流处的老师也没细想，马上就帮我约了签证时间。记得 11 月 19 号那天用了半天时间在美领事馆一处处地排队，最后却沮丧地被告知要补交邀请信的原件。可是原件却因为寄平邮，在路上走了差不多一个月。其间，双方都认为是寄丢了，直到 11 月最后一天，才终于收到。补交上去后，接到过美领事馆的两通询问邀请时间已过，计划是否照常进行的电话，我和美合作方均就项目做了电邮说明。于是又是新一轮的等待。

本来事情到这里应该有结果了，可又不知道是哪个环节出了岔子，领事馆在 12 月中旬发出签证，可我居然没有收到通知。其间，也到国际交流处询问了几次，均不得要领。在焦虑中熬到 12 月的最后一天，我想，这件事绝不能再拖过一年，于是让学生到领事馆指定补交材料的中信银行查找，这才看到了护照。

惊出了一身冷汗，因为中信银行已经决定将护照交还领事馆了（要真是那样，麻烦就大了），于是急急忙忙地赶在 2013 年的最后半天，在银行关门之前跑去拿了护照，又马上找人帮忙订票，咬牙在这个 high season（旅游旺季）花了 16000 多元买了往返机票。

哎，好事多磨，这还真不是说的。无论如何，事情终于有了结果，接下来的事，就是赴美开始田野作业了。

2013 年 12 月最后一天
记于广州华景新城寓所

居然是这样进的美国

2014 年开春，1 月 5 号一大早，外子就把我送到了白云机场。我必须乘搭日本的全日航空，从广州飞到东京，再经成田机场转美国联合航空到三藩市。奇怪的是，每次远行都会有的兴奋，这回却没有，心里只有一种怪怪的、说不出来的感觉，好像有什么事要发生。这种感觉几乎是从前一晚就开始了，因为第二天要长途飞行，我整晚都在痛苦地强迫自己入睡，但努力全然无效。

广州到三藩市，全程得飞十三四个小时。在广州起飞 3 个多小时后，迷迷糊糊地到了日本的成田机场，在那里等了 3 个多小时，转机后又是 9 个多小时的航程。随着年龄的增长，长途飞行的煎熬令我渐觉艰难，好不容易挨到了飞机落地，一心以为光明就在前头，因为再也不必像前几年去东南亚调查那样，每每担忧过海关时受到无来由的刁难了。我轻松地排队过关，按照要求接受必要的询问，履行完包括打手印等程序后，想着应该可以像排在前面的人一样踏入三藩市了，谁知收到的竟是让我到另一个地方接受第二次过关查询的指令！

人的预感有时真是灵。

不明白究竟什么地方出了差错，也不清楚要被查询什么，由于之前签证的遭遇，不免有些担心被拒绝入境，只能忐忑不安地不断祈祷别再出问题。按规定不允许说话，不允许打电话，也不知道说好来接机的友人会不会焦急，会不会因为久等接不到人而离去。假如真有什么问题，那该怎么办？

在那个履行"二次过关"手续的房间里，早已有不少在轮候的白人黑人、男人女人、老人小孩。时间一分一秒地过去，看着在我前面的人一个个如释重负地走出房间，后面的人又一个个地进来，越发觉得等待的漫长。终于，轮到我了，这才知道原先的困扰和担忧不无道理，还是旧金山大学那份迟来的 J1 短期访问学者邀请，加上迟迟才拿到的签证惹的祸（参见《好事真真多磨》）。海关认为我抵达的时间早已过了表格上的邀请时间。

几番一问一答，海关官员决定进一步查问，接过我提供的几个电话号码（幸亏来前我问老同学林柏松要了他和李智强的电话，要不就抓瞎了），让我再耐心坐等。在听到他们接通了林柏松的电话，又联系了旧金山大学现代与语言学系的李智强博士后，我稍微松了口气。此前因为外子的同学吴月芳说要来接我去她家住，我曾电邮柏松，让他不必到机场了，可是他坚持要来，说怕有什么意外，不幸被其言中。他不但和儿子一起来了，且一直在机场候着，其间因为迟迟见不到我出去，担心弄错了航班，他还通过 QQ 向广州那边询问。

如坐针毡，似乎接受第二次过关咨询的人里就数我最麻烦，但我可是百分百的好人！实在不明白按照广州美领事馆发出的签证的规定，在"2013 年 12 月 11 日至 2014 年 1 月 31 日"间入境会有什么不妥。时间一分一秒地过去，官员与林、李的电话来来往往了好几轮，最后，我又被叫去交代了一番各种事项，指示我到旧金山大学之后，让有关部门重办新的 J1 邀请，并重新上交。终于，好不容易才被告知：可以出去了。①

这是迄今为止我的海外汉语方言调查生涯中最惊心、最特别的，不同于以往我所经历过的任何一次过海关的经历。万万没想到我居然是以这样的方式再次进入美国的。惊出了一身汗！这也才明白，美国领事馆和美国海关不是一回事，不是一个系统，美国领事馆认可的，美国海关不一定认可。孟子云："天将降大任于斯人也，必将劳其筋骨，苦其心智，饿其肌肤，空乏其身……"海外汉语方言研究，我还要再经受什么，付出什么？

急忙奔出去寻找行李。还好，虽然耽搁了 3 个多小时——与那次在东南亚越南的一个小海关被莫名阻拦的时间差不多（参见《有惊无险三国行》），虽然我乘坐的那趟航班的旅客早就走得无影无踪了，但是我的行李还在。那只我在差不多 20 年前（1995 年 8 月至 1996 年 6 月），也是作为访问学者第一次到美国时携带的绿色大旅行箱只是被人从行李转盘上拿开，孤零零地放在了一个不起眼的角落里。记得

---

①　之后，我按照三藩市海关的指示到三藩市旧金山大学让有关部门重办新的 J1 邀请时，才知道我还算是幸运的。旧金山大学曾有来自日本的留学生被叫去"二次过关"后，就直接被下一个航班送回日本了。假如我在开展这个国家重点项目、第一次入境美国时就被遣返，那么整个项目也就无法再进行了。

当年我也是从三藩市入境的，一晃差不多 20 年过去了，不同的是，当年入境时心里充满的不安、好奇和期待，换成了这回的疲惫、无奈和焦虑。

一踏出机场大厅，就看见柏松父子俩向我招手，真是难为他们在机场等待了那么长时间，也真是多亏了他们的耐心坚持。

柏松和他的儿子驾着车送我去月芳家里。车外的景物飞快地掠过，不过我却找不到丝毫新鲜感，也全无兴致欣赏窗外的一切。三藩市之行是美国华人社区汉语方言调查项目的第一站，我将从三藩市华人社区汉语方言的调查做起，积累总结经验，再与合作伙伴讨论、计划以后的行程。可第一站第一天，美国就劈头盖脸地给我来了一个"下马威"。收到这样的"见面礼"，任谁也不可能不沮丧，只好祈望接下来 3 个星期的工作都能顺风顺水了。

但愿吧！

2014 年 1 月

写于美国三藩市 Civic Center Inn

三藩市 3 星期

　　带着长途飞行的疲惫和入关经历的折腾，我一觉睡到大天亮，在友人家睁开眼睛时，三藩市已经阳光灿烂。

　　三藩市又称"旧金山"，四季并不是很分明，每年比较明显的是从 11 月到 3 月的雨季，12 月和 1 月的天气较冷。现在是每年该下雨的时候，可是今年的雨水却非常少。据报载，今年加州的大旱是美国百年来最严重的。友人说，老天要是再不下雨，就得"制水"①了。天气干燥异常，在我到的第二个星期，干旱就引发了加州的山林大火。不过，这样的天气对游人和我这个初来乍到，又要四处奔波的人来说，却不啻是一种照顾。

　　在三藩市的第一个星期，头 4 天，为了节省有限的经费，我借住在友人家。那几天，外子的同学吴月芳带我走访她的表兄弟姐妹（他们都是美国的第四代华人），带我参观了位于唐人街的三藩市华人博物馆，也带我寻找发音人。我由此了解了一些重要的资料，对这里华人的语言状况有了一个初步的认识。三藩市华人社区的汉语方言以粤方言台山话和广州话为主。台山话原先是主流方言，20 世纪七八十年代前在社区内畅通无阻。月芳告诉我，她 70 年代初抵美，华人听到她说的是广州话，问她："乜你唔晓讲唐话么（你不会说中国话吗）？"但随着广州和港澳地区移民渐多，现在华人社区的主要交际用语已经变成了广州话，不过台山话还是很多老华人间的交际用语。

　　令我最为感激是，月芳当工程师、在美国出生长大的儿子每晚都充当广州话的发音人。一开始，小伙子有些勉强。在我向他解说了这个研究的重要性后，他放弃了自己的娱乐，下班后赶回来吃完饭，就赶快协助我，每晚都工作到 10 点多才回

----

① 粤语，意为限制水的使用。

自己的住处。在帮我完成了广州话的大部分记音之余，他还帮我将词汇表中词条的英语对译修改成更适合美国人理解的美式英语。这对我下一步的调查实在是太重要了。

那几天，我也跟着月芳在外出时顺道逛逛商场，搜罗一些物美价廉的礼物。回国后马上就是农历新年了，出国前，学生们和孙女、孙儿就提醒过我别忘了带"手信"。此外，就是教月芳一些锻炼身体的方法，每晚帮她做一顿晚饭，犒劳犒劳她儿子。只是好景不长，因为月芳要外出，我只能让林柏松帮忙在外面找地方住。

柏松的儿子在网上找到了一处在美国算是很便宜的旅店，15 天的费用连税是860 多元美金。小旅馆还算干净，离唐人街也不太远，就是区域不太好，附近就是红灯区，治安有些问题，故天黑以后是绝对不敢外出的。另外，房间里没有网络。入住后的前几天我还能在前台收发电邮，后来就连在前台也无法做到了。听说，美国不少旅馆都这样，不免费提供网络。原来，世界头号超级大国"先进"一说也不过如此。

到三藩市的第五天，柏松送我到旅店，柏松的太太动美周到地为我准备了一个可以煮点开水的小电饭锅（这在人们通常只喝冷水的美国非常重要），准备了一些方便面和水果。第六天，柏松的朋友萧先生介绍我们到位于唐人街的美国亚洲耆英慈善会，我们由此认识了那里及美国华人总商会的一些华人。第七天，我便开始了每天上午背着背包，自己摸索着走一个小时路到唐人街的美国华商总会，再在那里碰运气，寻找发音人记音的生活。

三藩市的街道有点儿像香港和澳门，不少是坡道，且相当陡。不同的是，要比香港、澳门的路宽阔得多。山坡上的是高尚住宅区。三藩市有些年份的标志性有轨车（cable car）①在那些街道上行驶。

那些日子，每天的运动量都可以说是前所未有的。走路去唐人街，走路回旅店，背着电脑不断地上坡下坡，负重爬山，那可不比我在广州每天傍晚和外子轻松地去天河公园快步走，特别是每天既要抓紧时间记音，又要赶在天黑前回到旅店，返程就只能是气喘吁吁地一路小跑。也就在第二天，我的背包带就因为不堪重负断

---

① 靠埋在轨道上的钢缆的拉力行走，因行走时会不断敲打车头的钟，华人称其为"叮当车"。

了。初来乍到，对那里早晚冷、中间热的气候不适应，我还感冒了。一位在 20 年前我到威斯康星州当访问学者时认识的友人知道后，连忙叫我小心，说感冒在美国绝非小事，加州近日已经因为禽流感、猪流感什么的死了几十个人了。友人的身体状况不好，怕被传染，故连原定与我的见面也取消了。

第七天是星期天。还算幸运，在华商总会副会长张先生和华商总会办公室主任雷先生的帮助下，完成了剩下的广州话记音工作，台山话的记音工作也开了个头。雷先生的侄儿（祖籍台山的第二代华人）是个不错的发音人，可惜他只能帮我两个多小时。那天晚上天黑后（这里天黑得早，下午 5 点来钟天就黑了），我正苦于不知如何回旅店，20 世纪 60 年代从广州来的邝先生好心地捎了我一段路。更重要的是，他告诉我可以尝试找找美洲中华中学校，在那个北美洲最大的华校里（学生有2000 多名），有不少第二代以上的华人青少年。曾经是校董的他还主动帮我拨打了该校李校长的电话。于是，从第二个星期起，我的田野调查工作就又变了个样。

每天早上起来后，在电脑前工作一会儿，然后去唐人街。12 点华商总会开门，在那里看看能否找到人工作。运气好的话，可以了解一些情况，记一点儿语料。下午 3 点半美洲中华中学校开课（那里的学生都是在上完美国学校的课后再去补习的，只有周末全天开课），再转到那里记音。学校的李校长很支持，每天都找人来帮忙，可是我只能记到 5 点，因为十几岁的孩子都耐不住长时间的发音，再者若不走，天也很快就黑了。住地就在三藩市的红灯区，记得一天傍晚，我急匆匆地往回赶，一个打扮得很另类的黑人一直跟着我。我下意识地加快脚步一路小跑，冲到旅店的房间，开了门冲入房间即随手关门时，瞥见那个人已经跟着到了门口！

到美洲中华中学校的第一天，李校长曾自告奋勇地带我坐公共汽车再转地铁回去，说是很容易到的，不过最后他自己也走糊涂了，结果是左转右问地又走了半天路，好不容易才回到旅店。我心里非常过意不去，毕竟校长是年龄比我大的人。

还是自己走路好。走过两天之后，就不用再接二连三地四处问路了，来回花在路上的时间也减少了些。每天就这样匆匆忙忙地来回。据说三藩市是除了巴黎之外，世界第二大旅游城市。其间，不少华人问我有没有去看看景点，可我是带着任务出来的，任务完成之前，怎么能去旅游？到任务完成后，恐怕也该回国了。不少人羡慕我经常出国，却不知海外汉语方言田野调查，说可不比做，其中的艰辛非亲历难以体味。

　　这样的生活一直持续到第二个星期的周六。那天上午，我在美洲中华中学校记音。下午柏松带我到他家。在去他家的途中我们还去了斯坦福大学，这是我近 20 年后再次感受斯坦福大学校园之美丽优雅。柏松家离三藩市还有一个多小时的高速车程，而从他家到他工作的地方则还要再走一个多小时的高速路，他只能一个星期回一次家。饶秉才老师和他的太太周老师住在离柏松家不远的一个老人养护中心，那晚我们在一起聚了聚。饶老师这两年腿不好，行走不便，我们的到来令他非常高兴。

　　周日，暨大校友饶穗、陈佩瑜带我领略了国防语言学院所在地——位于太平洋边上、风景如诗如画的蒙特利。这些年领略过不少地方的大江大海，蒙特利让人过目难忘的倒是那些遍植于各处、经受了凌厉的海风经年累月锤打的松柏，那些与众不同的、姿势各异的树形，那些铁骨铮铮、宁折不弯的枝干。知道吗？国画大师张大千先生生前就曾住在蒙特利，蒙特利的松柏想必也早被大师收入画中了吧。

　　得益于当地的华文报纸《星岛日报》《世界日报》和旧金山华人网的报道，第三个星期，不少华人知道了我在三藩市调查华人的汉语方言。20 世纪 80 年代就移民美国、曾任暨南大学外事处副处长的暨大北加州校友会会长周云汉先生看到报纸，旋即热情地找出多年前在香港开粤方言会时为我们很多人拍的照片并带过来。知道我需要年纪稍大的土生台山话发音人，周先生和太太又不断地帮忙联系亲戚朋友。清楚地记得，年逾八旬的周先生带着我走了一整天，在唐人街一个一个华人社团地询问，劳心劳力地助我做三藩市的调查。临走前，暨大校友会的几位老教师和老学长还与我饮茶座谈，嘱咐我，记得在海外，有困难还可以找暨大校友会。这让我的心头暖暖的。

　　最后一天，原定上午退房后和林柏松、李智强一起总结此行，讨论下一步的计划，下午柏松带我去周围转转，游览一下。可是听到柏松的朋友萧先生说，又找到了一个年龄稍大的第二代台山话发音人的消息后，我改变了主意，决定还是去记音，争取把调查做得更完善些。于是又是忙到天黑以后才回柏松的家。

　　在三藩市的 3 个星期就这样过去了，尽管经历了惊险，好在美国的项目总算艰难地开了个头，回去除了整理调查所获，就该计划下次来美的行程了。

2014 年 1 月

写于美国三藩市 Civic Center Inn

所见的三藩市唐人街与华人

　　世界上有炊烟的地方就有华人，有华人的地方就有唐人街。

　　唐人街遍布世界各地，其实是华人初抵异国的聚居之处。聚集的人多了，各种生活必需的行当就都得有，柴米油盐酱醋茶，慢慢就成行成市了，社区也就形成了。唐人街是华人依据祖籍地的街市依样画葫芦再造出来的。

　　无论在世界的什么地方，只要步入唐人街，你就会有一种恍若置身国内的某个市镇的感觉。我来到三藩市时已近年关，唐人街上那浓浓的过节气氛，让人更加觉得那不是异国。当地华人告诉我，如同广州，虽然规模不大，但这里每年也有两天的迎春花市。记得凤凰卫视就曾对各国的唐人街做过系列报道，但其实各处的华人并不一定称之为"唐人街"，如古巴哈瓦那的"华人区"；更多的只是直呼街道名，像泰国曼谷的"耀华力路"、印尼雅加达的"草埔"、柬埔寨金边的"乌亚西"。而美国三藩市的华人则称唐人街为"唐人埠"，也有称"华埠"的，"埠"即埠头，也即商埠。

　　也许是与祖籍国的距离更远，美国华人与东南亚华人有些三两句话难以说清的不同。这些天，天天泡在三藩市的唐人街里进行田野作业，这篇小文就讲讲我所见到的三藩市唐人街与所知的华人吧。

　　华人移民美国的历史比美国的建国史短不了多少。早年的移民多为没有文化的穷苦劳工，他们在美国修铁路、拓荒垦殖、开金矿，为美国的发展做出了不可磨灭的功绩。在美国的很多地方，不论大小与否、热闹偏远与否，都可能会有华人或华人留下的印记。比方离三藩市两三个小时车程，位于三藩市南部、太平洋之旁一角的蒙特利，早在19世纪末20世纪初就有华人在海边捕鱼并制作沙丁鱼罐头，那里还是国画大师张大千曾经的侨居地。

　　20世纪七八十年代以来，移民的情况发生了变化，转变为以有文化的高科技人才为主。三藩市是很多华人最初抵达美国的落脚之处，而广东四邑的台山一带一直是美国华人的主要来源地。当年台山人最早来此站稳脚跟后，旋即想方设法回乡呼朋唤友，携妻带子前来。所以，台山话一直是三藩市唐人街的主流汉语方言。即使在移民的主要来源地变成穗港澳以后，也仍有一些从台山来投亲靠友的新移民。如今，随意在唐人街上逛逛，你可以听到华语（汉语普通话）、粤语广州话，还有在唐人街流行了一两百年的台山话。华人告诉我，早些年，要是不会说台山话，是很难在唐人街找到工作的，台山人在当地的实力由此可见一斑。

三藩市的唐人街号称全美国，甚至北美洲最大（其实纽约的唐人街也很大）。在这里，你可以见到建于清末的庙宇、华人的各种社团组织；充盈了各种来自中国的杂货衣物、土产蔬菜、小吃菜品的商铺摊档，喧闹的街道和饭馆，当然也少不了华人的学校。不过，不同于东南亚的马来西亚等国，这里的华文学校并非全日制，只是补习性质。其中，要数历史已过百年的美洲中华中学校（1888 年创办）的规模最大。该校从幼稚园到高中，共有 2000 多名学生。这里的华人社团也不像东南亚的有专职工作人员，工作日都开门办公，而是平日里大门紧闭，有活动才会有人。唐人街还有三藩市的华人历史博物馆。而第一面五星红旗则迟至 1994 年 9 月 4 日，才在一群勇敢的华人成立的美国华商总会的大楼楼顶升起来。当然，现在唐人街上空飘扬的五星红旗早已不止一面了。

假如是文化程度较低，没有什么专业技能，英语又不怎么灵光的移民，那唐人街大概就是他们在美国最好的选择了。我接触到好些这样的华人，来了几十年了，既走不出唐人街，亦回不去故国。一位在广州时住在荔湾区清平路，被我叫作"邻居"（20 世纪，从 50 年代初到八九十年代，我们家一直在与清平路隔着一条沙基涌的小岛沙面里居住），到美国已二三十年的华人，初次见面，与我聊至情切之处，眼眶都红了。也有一些退休以后才过来的新移民，在国内有退休金和医保等福利，在唐人街做兼职（美国政府规定雇主必须给全职雇员买保险，兼职的就不用），赚点日常的费用。更多的华人却选择通过努力打拼，精心培养下一代，孩子成才了，那就是父母挂在嘴上、笑在心头的骄傲。

至于那些稍有文化地位的华人，抑或第一代华人"出息"了的后代，既讲究品位，又注重隐私，唐人街则变成了他们偶尔想慰劳一下自己，转换一下西餐饮食，采购一些物美价廉商品的一个不错的选择。尽管与唐人街的关联千丝万缕，可是要融入主流社会或正在融入主流社会，他们需要，或者说不得不在某些方面与唐人街划清界限。

总之，故国情怀是不可能一代浓于一代的。

朋友的一位时年84岁的亲戚已是美国第四代华人。这位亲戚原是律师，毕业于斯坦福大学。其曾祖辈清末从广东中山过来，当年曾在唐人街最热闹的都板街开书局和文具店；其祖父是二三十年前才停刊的华文报纸《少年中国晨报》的创办者之一；唐人街的华人历史博物馆现今仍有关于他母亲创办女校，福泽穷苦华人女童的记载。当年，他们兄弟姐妹在父母的严格要求之下，进家门就讲广州话。他的70多岁的妹妹至今还记得母亲"晚晚咸鱼炒饭①"。可是前辈故去后，他们兄弟姐妹聚在一起时就只使用英语，更别提他们的家族在美国已经延续到的第五、第六代了。

在唐人街遇到一位1949年在唐人街东华医院出生的第二代华人余先生，虽然其90多岁的父母依然只说台山话，太太来自香港，但他本人只能听懂五六成广州话，会说很少的混合广州话的台山话。在唐人街华人博物馆也见到一位热心地为我们讲解，自称是第四代华人，曾祖来自中国，可一句中国话也不会的工作人员。其实，倘若家里没有年迈的不懂英语的祖辈，没有竭力想发扬中华文化的父辈，对于这些ABC②来说，哪怕仅是第二代，唐人街都可能只是一个旅游观光点，汉语和汉语方言是陌生的语言，"华人"也不过只是一个印记，一身无法洗掉抹去的黄皮肤，还有黑头发、黑眼睛而已。

日前，记录到了一首华人创作的打油诗，不妨以其来结束此篇短文：

老华人的一生

行年四十三，死揸又死悭（省吃俭用拼命干），离开□□□ts^{h}ai^{44}na^{44}t^{h}an^{44}（唐人街，英语：Chinatown），搬到海狗山（三藩市地名），终于房屋捞翻间（终于买了一间房子）。做人真唔（不）简单。行年五十三，揸大一、二、三（养大了老大、老二、老三），倒□ɔ^{44}（英语：all）聚老番［（他们）反倒全都（跑去）与老外做

①　"咸鱼炒饭"为地道的粤式口味。恐是因为腌制品不健康，现在国内已少见，但在唐人街的餐馆仍有售。

②　土生华人，American born Chinese。

伴]，离开旧金山（三藩市），黄鹤一去唔（不）复返。行年六十三，失去我阿珊[失去我（太太）阿珊]，返去□□□tsʰai⁴⁴na⁴⁴tʰan⁴⁴（回到唐人街），终日孤单单，花园角（三藩市唐人街的一处公共活动场地，常有华人捧着盒饭，在某个角落里默默地进餐）里喫（吃）两餐。

2014 年 1 月

写于美国三藩市 Civic Center Inn

一份特殊的学籍表

　　两三年前吧，因为暨南大学汉语方言研究中心要在韩山师范学院（以下简称"韩师"）设立工作站，我与中心的其他老师一起到韩师为工作站挂牌。那是我第一次走进这个对我来说既陌生又熟悉的校园。此前，在不算太多次的潮州行中，每次路过韩师，我都会默默地对这个几乎是紧挨着我的老家潮州市湘桥区黄金塘村的百年学府，投去深深的注视。

　　说陌生，是因为我的籍贯虽为潮州，却从未在潮州生活过，之前更是从未踏入过韩师的大门；说熟悉，则是因为我与韩师确实有着千丝万缕的关系，韩师不但是老家、父亲的出生地黄金塘村的近邻，而且是我父亲曾经就读过的学校。小时候，我们姐弟几个就常听父亲谈论韩师，说在韩师时的往事，谈韩师的师友，感叹那没能完成的学业，告诫我们要好好读书，努力学习。对韩师的感情，其实源自打小父亲的培植。

　　那次在挂牌座谈会上，我很自然地说起韩师是父亲的母校，不过那已是年代久远的事了。闻之，韩师的老师们热情地告诉我，没准还能在他们管理有序的校档案室里查到父亲的有关资料。热心的老师们真的帮我去查了，但费了一番周折。因为父亲是 20 世纪 30 年代初离开韩师的，学籍表上有相片。遗憾的是，我虽是长女，但出生时父亲已经 40 岁了，我不认识年轻时的父亲，而他参加革命之前的名字与后来的又不一样。结果是在通过老家的亲人确认了父亲之前的名字后，才找到了父亲那份与众不同，不像其他学生一样有各科成绩记录，只有薄薄的一张纸，且上面还盖上了两个大大的"开除"字样的学籍表。

　　那是一份非同寻常的特殊的学籍表。其实，它记录的是父亲的荣耀，父亲的革命生涯始于此。

　　父亲陈洁，曾用名陈炳深、陈贤学（陈贤学亦为他在韩师读书时使用的名字），

1910 年 11 月 12 日出生于广东省潮州市湘桥区桥东黄金塘村。小时家境贫寒，因聪颖，被族人选中，大家凑钱供其读书，希望其能学成，为大家、为家乡办事。父亲于民国十五年（1926）入读广东省立第二师范学校（韩师的前身）3 年制前期师范第四班级，后又读第二届高中师范科。

父亲在韩师读书期间，"九一八事变"爆发了，东北全境沦陷，而国民党当局不但不积极抵抗日寇的侵略，反而限制、破坏民众的抗日活动。读了书，有了知识，接触了新思想，父亲和一些同学开始积极参加各种抗日活动，搞宣传演剧，抵制日货，为抗日募捐款项……

就在这期间，1932 年 5 月，韩师发生了一件轰动一时的《罡风世界》事件（参见《汕头日报》1983 年 12 月 13 日，郑淳《追记〈罡风世界〉事件》）。事件的起因是，当时 3 位高中师范科的二年级学生，包括父亲、郑淳①和詹竟烈②，办了一份进步刊物《罡风世界》。刊物的名称是请时任韩师教师的詹安泰先生起的，办刊物的款项由郑淳、詹竟烈出面向教师募捐③，刊物的编辑出版事宜则主要由父亲负责。

因为刊物内容激进，父亲等 3 人其后遂被反动当局通缉，并被学校开除。父亲最终未能完成族人寄予的读书做官的厚望，从此离开潮州，走上革命道路。

事件发生时，不顾首先指责 3 位学生的总务主任李芳园、坚持报告驻军第三军李扬敬部的训育主任陈伟烈等人的反对，通知 3 位学生，并送钱劝说他们出走的是校长李芳柏（其女儿李瑞宛和女婿后亦为共产党人）。李校长先是要他们暂回乡下躲避，在觉察到事件有可能进一步恶化后，又紧急找到 3 位学生，并给每人 3 块银圆，苦口婆心地劝说他们离开。当年轻人表示不怕杀头，不愿离开学校时，他又说了一句让年轻人最终决定出走，且终生难忘的话："你们要是真心要革命，就不应该轻易去死！"

《罡风世界》事件发生之后不久，革命高潮在韩师迭起，学校里经常出现革命标语和传单，许多同学心向革命，以至国民党当局在一天清晨包围了学校，拘捕了

---

① 中华人民共和国成立后曾任韩山师范学院的校长，20 世纪 80 年代初还曾任广州师范学院的院长、广州市政协委员。

② 此人其后做过国民党的县党部书记长、县长。

③ 当时募捐进行得很顺利，仅李芳柏校长一人就捐了 30 元。

几十名学生，甚至校长李芳柏也遭到拘禁。在以后漫长的岁月里，还陆续有一些为革命光荣牺牲的韩师学生。《罢风世界》事件发生后几个月，郑淳叔叔听早前参加革命的同志马士纯说，此前，地下党只注意潮州金山中学的工作，事件发生后才派人去开辟韩师的工作。可以说，《罢风世界》事件是韩师学生参加革命的发端。另据吴南生叔叔说，20世纪30年代，韩师是一所进步的学校。其时，他在位于汕头市贫民窟的乌桥市立第三小学（大革命时期，周恩来曾到过该校）读书，小学的老师不少来自韩师。他要毕业那年，国民党就到学校抓走了几位教师，结果连毕业考试都没有进行。

1932年8月，父亲在上海被捕入狱（其时，他是中国共产主义青年团团员），先后被监禁在上海、烟台、济南的监狱。在监狱期间，他参加了地下党领导的"难友会"，进行了绝食等政治斗争，九死一生。1936年，因抗日高潮的到来和国共合作形势的发展，被当局释放。出狱后即主动积极寻找党组织，1938年3月参加中国共产党，此后曾任普宁县《青报》（全称似为《抗日青年义勇军报》）总编辑、社长。1946年，父亲在重庆八路军办事处工作和学习。记得父亲曾说过，八路军办事处工作繁忙，加班加点是常有的事。一次，董老董必武还奖励深夜加班的年轻人每人一碗阳春面做夜宵。

父亲北上重庆，原本是希望奔赴延安的，但是同年，却被中共中央南方局（南方局与重庆八路军办事处同在重庆红岩）派往泰国，在我华侨地下党主办的《全民报》①任主笔。1948年，父亲要求回国参加解放战争。回国后，他在闽粤赣边区纵队打游击，曾担任潮汕《团结报》总编辑；闽粤赣边区《大众报》副社长、代理社长。中华人民共和国成立后，父亲先后任中共福建省龙岩地委宣传部副部长兼《闽西日报》社长，《汕头工人报》副社长，《潮汕日报》（《汕头日报》的前身）总编辑，《南方日报》政文部主任、主编，《南方日报》编委、党委副书记，《羊城晚报》副总编辑，是《羊城晚报》的创办者之一。

父亲在"文化大革命"开始没多久就惨遭迫害，被扣上种种莫须有的罪名，被不断批斗，强迫劳动，身患重病却得不到应有的治疗。1969年2月7日，父亲在

---

① 《全民报》曾是泰国华社很有影响力的报纸，于20世纪50年代初被泰国政府封查。几年前，笔者到泰国调查汉语方言，接触过的一些上了年纪的老华人至今仍记得它。

广东省英德黄陂五七干校含冤去世。直到多年后，父亲被彻底平反，我们才在英德五七干校的那片荒山上找到他的遗骸，带回了广州银河公墓。

父亲离开人世时，作为老大的我 18 岁，最小的妹妹才 11 岁。由于被隔离审查，其实我们已经有很长时间没与他在一起了。在他被押送到干校前，我们曾被允许在有看守监视的情况下与他见了 10 来分钟的面。那时，我已经下乡当知青了。我从乡下赶回来，强忍着眼泪简单地告诉他我还好，偷偷地把亲戚给的两个小小的橙子塞给他。

那是我们最后一次见到父亲。听母亲说过，父亲曾提出想再见最小的妹妹一次——没有实现，说不知是否还能再见了，未想竟一语成谶！

父亲一辈子从事得最多的工作是新闻出版业，他的新闻生涯始于学生时代，在韩师时就开始办报办刊物，说他是一位老报人一点也不为过。由于工作性质，常年上夜班，昼夜颠倒，饮食无常，他的身体很差，失眠、胃溃疡、消化不好是常态。小时候我们都知道，假如他通宵未返，第二天的报纸肯定会有大新闻。白天我们在家里时也就更得小心翼翼地走路、说话、做事，要是不小心把好不容易才迷迷糊糊入睡的父亲吵醒了，那事儿就大了！记忆中，弟弟们没少因此事而受罚。

耳濡目染，受父亲影响，我从小就羡慕那些背着摄像机、笔走龙蛇的大记者，羡慕记者生涯。"文革"打乱了一切，也打破了我的少年梦想。记得 1966 年大串联到了北京，我要做的一件重要的事就是去看看中国人民大学，因为那里有我向往的新闻系。"文革"结束，在当过农民、工人之后，我并没有实现儿时的梦想，成为一名报人，但是冥冥中好像有什么感应，多年后，我在父亲的老师詹安泰老先生的儿子詹伯慧老师的指导下，走上了汉语方言研究之路，而伯慧师的女儿曼云却成了我在暨大教过的学生。

这一切，是否都缘于韩师？

2014 年新春佳节
记于广州华景新城寓所

【参考文献】

郑淳：《追记〈罡风世界〉事件》，载《汕头日报》1983 年 12 月 13 日，第 4 版。

汕头日报社编印：《闪光的足迹——汕头日报社社庆 50 周年》，汕头日报社 1997 年版。

喜忧参半

　　不算长时间的酝酿、讨论、写作，从去年年底，放寒假之前交上国家社科基金重点项目申请表，直到这个月初传来喜讯，等待的时间不可谓不长。记得 5 月最后的那几天，还是没有任何消息，我一度甚至以为项目已经泡汤。但是现在千真万确，国家社科基金重点项目"美国华人社区汉语方言与文化研究"（14AYY005）终于获批了！

　　国家经济好了，今年社科基金重点项目的资助是人民币 35 万元。虽然美国消费不一般，虽然这个数目换成美金更少，但终于可以不必担心与美国旧金山大学签订的合约因为资金缺乏而难以开展。更重要的是，海外汉语方言研究在起步后的一段时间以来，一直"被困在亚洲"的局面将有望被打破，"海外汉语方言研究冲出亚洲"也将不会只是一个留存在心中的愿望和口头的誓言了！

　　是时候筹划与项目相关的配套研究，抓紧时间开展美国的田野调查了。据悉，暨大这次拿到的国家社科基金项目一共是 8 个，重点只有这一个。由于这次的成功，不算其他，我们那个人员不多的汉语方言研究中心目前在研的国家社科重点项目就增加到 4 个，加上一个重大项目，中心的科研实力仅此就可窥一斑。学校文学院大楼一层的电子大屏幕上不断地滚动报道这一喜讯，知道消息的老师、学生、同事纷纷向我道喜。而两个星期以来，我的心情则可以用"喜忧参半"来形容。

　　高兴自不用说，去美国做调查的钱是有了，不过，去美国不只有钱的问题，别的不提，眼下我就为要去办签证而伤脑筋不已。先不说申请美国签证需要办的各种复杂的手续和据说严苛的面试，单是单位的审核就叫人晕头转向。按规定，出国公干，必须先通过学校有关部门的审批，通过了才能去领事馆。学校的审批首先要经过基层单位、学院、科研部门、财务部门、人事部门，在烦琐的表格上盖上了这些单位的大印，国际交流处才能受理，协助做签证的准备。数一下，那张审批表上显示通过的大红印足足有 6 个之多。据说，之所以这么折腾，是为了防止公费出国旅游。

　　按规定，我在去人事部门拿审批表时，特地说明自己前一段时间已经递交了退休申请（按规定，博士研究生导师可以工作到 65 岁，但是因为在职和退休的出国审批不一样，出国时间限制等也不一样。为了海外调查，我在国际交流处老师的提醒下，特地提前一年申请退休）。但工作人员说，因为退休还没批，所以还得按在职办理。可是当我好不容易拿到几个大红印，交到人事部门时，却被告知我的退休申请被批准了，所以之前的申请作废，得重来。事情还不只如此，人事部门的工作人员甚至说他们无法受理非在职人员的申请，不明白为什么我又要退休又要做项目，认为退休人员应该交接一切工作，科研项目也不例外。

我有点蒙，实在不明白为何连高校的工作人员都这么不明事理。拿到国家社科基金重点项目，在高校做科研也这么难？要知道，如果他们真不管，没有这张"通行证"，国际交流处就不可能进一步受理，自作主张自己去签证是绝对行不通的（美方给我的邀请是去做短期访问学者），别的不说，起码回来后无法报销差旅费。换句话说，去美国调查的计划就得泡汤。要知道，这个项目的实地调查不是仅去美国一次两次，做一个点两个点就能完成的。

于是只好又再耐着性子，连续两三个星期，几乎天天跑回学校，每天在学校行政大楼的这层与那层之间上上下下，在这个办公室与那个办公室之间进进出出，不断与一个个管事的部门理论，请一个个部门的负责人签字，再一个个地换取大红印。同时，为了项目，也赶快听从建议，填表申请学校的返聘。美方的邀请是 7 月 15 日到美，就算学校的关过了，还要填写那些让人望而生畏的表格，还要预约签证，还要面见签证官。眼看已是 6 月下旬了，今年年初去美国入境时，被三藩市海关以"邀请已过时"为由阻挡了 3 个多小时的经历仍历历在目（参见《居然是这样进的美国》），假如这种事情再发生，估计项目就真的无法做了。

心里火急火燎的，今年的夏天好像也分外地热，火辣辣的太阳每天都高高地直射大地，知了没完没了地喳喳乱叫。美国签证、美国签证，祈愿它不会成为进一步工作的阻挡……

估计这只是这个国家重点项目进行过程中受阻的一个小插曲，对于接着而来的其他困难，我想我还得有更多的思想准备，项目申请成功只是万里长征的第一步啊，是得打起精神来见招接招了。

2014 年 6 月酷暑之下

记于广州华景新城

飞来飞去进美国

因为国家社会科学基金重点项目"美国华人社区汉语方言与文化研究"的正式启动,今后几年大概每年都少不了去美国。这不,今年年初才去,现在暑假还未正式开始,我就又开始打点行装了。这回,先生破例答应与我同行,我们还带上了小孙女。我们买了美国联合航空联航的机票,决定到香港乘搭联合航空的飞机飞到三藩市,然后转机到洛杉矶,在洛杉矶工作半个月后,飞芝加哥工作 10 天,之后再飞三藩市与合作伙伴林柏松、李智强等见面,通报此行的情况,商讨项目下一步的工作。

上次去美国三藩市入境时在海关受阻的阴影未消,故出发前我一直颇为紧张,担心又出现什么突发情况,却不曾想,这回的问题不是海关,而是航班。

7 月 17 日上午的飞机,我们提前一天到了香港。就在入住酒店时,电话响了,负责订票的旅游公司通知,联合航空公司没有任何解释地取消了我们要乘坐的航班!订好票的飞机没有飞来香港。人已经在香港,多住一天就多出一笔消费,不得已接受了旅游公司的建议,改飞芝加哥。但是因为机票是联航的,后续的航班都不能改动(否则票就作废了),因此,尽管芝加哥是此行的必到之地,我们也不能就先到芝加哥,而是只能在芝加哥入境后马上转飞洛杉矶。这样一折腾,算起来平白无故地我们就得多飞六七个小时,若再加上转机的等待,那时间就更长了。长途飞行的辛苦和疲惫谁都怕,可是又有什么办法?美国联合航空连一句解释和道歉都没有,百姓就只能认了。

在洛杉矶的前半段和后半段时间,我分别住在两位老朋友黄小梁和陈清的家里。我的目标是调查那里华人社区通行的粤方言台山话和广府话。接下来的工作因为有在国内就预先做好了联系,又有先生出面,有新老朋友的鼎力相助,进行得出乎意料地顺利。特别是原先预计会有一定难度的台山话调查,却做得畅快淋漓。由于朋友的介绍,通过洛杉矶的中华总商会和华人历史学会(中华总商会还破例让我到他们每月召开一次、有一两百人参加的主要领导人例会上讲了 10 分钟话,介绍此行的目的、工作的意义，呼吁各位同胞帮忙），我认识了两位年纪与我相仿，说台山话的土生华人，其中一位满脸络腮胡子、被孙女唤作"大胡子爷爷"、貌似老外（黄皮肤的老外）的梅先生，更是一位不可多得的好发音人。

从未到过中国、刚从政府部门退休、祖籍广东台山端芬的梅先生是第五代华人，太太是退休教师，祖籍广东中山隆都，也从未回过中国。梅先生的母亲是来自台山的第一代华人。夹杂着英语，梅先生说，他的台山话是母亲教的，母亲在世时，在家里与她交谈就说台山话，母亲去世了，也就没有人与他讲台山话了。接受我的调查，使他在母亲离开一年多后，又重新想起了台山话。看得出，梅先生很爱他的母亲，爱屋及乌，所以很愿意充当发音人。他千方百计地挤出时间，不厌其烦地帮我完成了台山话的大部分调查。这在时间贵如油的美国真是难以想象，可遇而不可求。

其间，梅先生还请我们去他家做客。那是一个典型的美国普通人之家，收拾得井井有条，尤其使我们惊叹的是他家那个种满了花草瓜果的小院子。院子里有藤蔓上结满了白色大苦瓜的瓜棚，而苦瓜可是华人才接受的食物啊。不单苦瓜，梅先生对云吞面、卤猪手、饺子这些中式食品也都非常喜爱。就在记录他的话的那几天，我们抽空在朋友家包饺子请他来吃。再平常不过的饺子，他连吃了两大盘，一盘水煮的，一盘煎的，赞不绝口。"民以食为天"，饮食最能体现民族情怀，真真如此。

而洛杉矶一位年轻的广府话发音人却让我更加直观地认识到传媒在语言方言推广方面的能量。第二代华人小 X，祖籍广东台山。相比起不少她的同龄人，她的广府话算说得很好，问起原因，却是得益于家中接收到的粤语电视节目。她说，她会去追那些粤语电视剧。传媒的力量真是不可低估。

8 月 1 号，从洛杉矶飞芝加哥，这是此次美国之行第二次到芝加哥。在芝加哥的调查也进行得颇顺利。行前曾担心先生早前联系好的中学同学梅怡冬，因其丈夫中风，她会无暇帮忙。我也经做好了完不成计划的准备。可是尽管自己的事情千头万绪，怡冬还是尽心尽力地帮我们订好了酒店，带我们去游览，还让她刚从外地回到芝加哥的儿子充当广府话的发音人。同学的同学、新认识的王女士也跑前跑后地帮忙找发音人。记得那天，王女士带我去一个华人的教堂，在那里认识了李先生，李先生又介绍了其他两位年纪较大的热心的台山话发音人。可惜，那两位发音人因为忙，都只能帮我一段时间。最终，芝加哥台山话的记音工作是由另一位 40多岁、父亲祖籍台山、母亲来自香港的发音人做完的。这位发音人告诉我，他小时候在家里与母亲讲广府话,台山话则是在唐人街跟那些台山阿伯、阿叔、阿姆①、阿婶学会的。

唐人街真不愧为一个传播汉语、汉语方言和中华文化的好地方。

不过,最让人诧异的还是芝加哥广府话的主要发音人——怡冬的儿子。他当过海军陆战队队员,到伊拉克打过仗,回来后浪迹美国各地,甚至一度独自到阿拉斯加、迈阿密等地。最终浪子回头,在国家的资助下念完了大学(美国的退伍军人读书可得到国家的资助),又在父亲生病、母亲需要帮助时幡然回家。这位年轻人可算是我们汉语方言人在海外难得一遇的"知音",不仅广府话说得相当好,掌握了很多俚语,居然还能举例说出广府话阴平53调和55调的差异,而且知道汉语方言学的一些行话,诸如"平话""变调"等。问及原因,回答是自己有兴趣,坐车上班时常常利用时间看一些网上的相关报道。我在吃惊之余,鼓动他回来跟我读书,可惜没有成功。年轻人说,他一是要赚钱吃饭,二是不会汉字。

8月10号从芝加哥飞三藩市,见到了几位合作伙伴,见了先生的同学,到了蒙特利。新朋老友相见,不亦说乎?而且,此行还住上了上次未能订到房间的旧金山大学招待所,虽然只要了一房一厅两居室,但我们3个人住仍宽敞得很。招待所安静、干净、舒适,卫生间、厨房和日用品一应俱全,且每日只收75美元!如此廉价,难怪订房那么不易。更让我感慨的是,住房的费用是预先交了的,去询问离开时如何退房,学校行政部门的答复非常简单:你只要把钥匙放在房间,关上门离开就行。

8月17号从三藩市飞回香港,当晚回到广州的家,已近12点。

这一趟的美国之行,飞来飞去的,算来共进出香港机场两次、芝加哥机场3次、洛杉矶机场两次、三藩市机场两次,不算中转候机时间,光飞行时间就实打实有40多个小时,难怪有人说,在美国乘飞机如同搭出租车,就是现在说的"打飞的",真是飞来飞去进美国。

2014 年 8 月 13 日

记于三藩市旧金山大学招待所

2014 年 9 月 6 日

改于广州华景新城家中

---

① 台山话,即伯母。

从零到重大

国家社科基金重大项目"海外华人社区汉语方言与文化研究"（14ZDB107）批准立项已经过去好些天了。前些日子，当今年同样申请到重大项目的中山大学的庄初升老师打电话告诉我这个消息时，我还强按着自己的兴奋，直到学校社科处的老师也打来电话。

这些日子以来，周围的祝贺声、叫好声不断，而我却没有感到以往其他项目申请成功时的喜悦，没有成为国家社科基金重大项目首席专家的兴奋，相反，心头却沉甸甸的，深感责任重大，很是焦虑，一连几天都没睡好——担心项目能否顺利开展、顺利完成。以至于一些同事调侃道："别人因为申请不到项目睡不着，你却因为申请到项目睡不着！"另外，也因为6月份立项的国家社科基金重点项目"美国华人社区汉语方言与文化研究"的开题会，因为在深圳召开的第四届海外汉语方言国际研讨会，因为各种杂事，一直在忙，一边忙一边在想如何好好地理一理工作和思绪。

开始涉足海外汉语方言领域时，真没想过能拿到国家社科基金重大项目。海外汉语方言研究，从不被人所知到今天能够占据汉语方言研究的一席之位，一路磕磕碰碰地走来，是该好好地总结一下了。

20世纪90年代初中期，侨校暨南大学突然涌入了一批来自马来西亚的留学生。因为马来西亚对华人接受高等教育实行配额限制，那批学生年龄参差、程度参差，有的刚从学校毕业，有的已经工作过。且那时马来西亚还未开通来中国留学的通道，学生只能持旅游签证进入中国。好不容易能回到祖籍国，跨进大学校门学习，他们的学习热情可以说是空前的，他们中的不少人可归入我遇到过的"最用功学生"的行列。他们与老师们的关系也都相当好，其中一些学生至今还一直与我保持着联系，我也在那期间招收了第一个、也是来自马来西亚的硕士研究生。由此，我对马来西亚华人的汉语方言产生了兴趣，于是，从记录他们的方言开始了对海外华人的汉语方言的研究。之后，我和他们中的几个人到马来西亚实地调查，2003年出版了引起学界关注、被马来西亚著名华人学者郑良树先生称为"海外汉语方言研究先声"的《马来西亚的三个汉语方言》。

路是一步步走出来的。

当初周围的一些同道好像并不看好业内少有人触及的海外汉语方言调查研究，而我对海洋方言，对广泛存在于世界五大洲的海外汉语方言，则是在实践中、在摸索中逐步了解、逐步认识的。由于不能预知研究的结果，关于马来西亚汉语方言的调查研究，当时并未申报任何项目。书出来后，在这个最初成绩的鼓舞下，我又进行了泰国潮、粤、客方言的调查，申请了广东省社科规划项目"泰国潮、粤、客方言比较研究"，并于2010年出版了《泰国的三个汉语方言》。马来西亚、泰国的研究成果促使我产生了在世界上海外华人最多的东南亚全面开展华人社区汉语方言调查研究的想法。

2007年，国家社科基金一般项目"东南亚华人社区汉语方言比较研究"（07BYY017）申报成功。借助这股东风，2008年，我联合香港中文大学的张双庆先生，倡议并在暨大召开了首届海外汉语方言国际研讨会。虽然研讨会的规模不大，虽然当时我得到的经费支持很少（其时，汉语方言研究中心拨给会议的经费只有5000元），但不少老师、同道、学生义无反顾的支持使会议获得了成功。看到研讨会对进一步开展、提升海外汉语方言研究、培养研究人才的作用，于是，由最初个人的竭尽全力，到后来汉语方言研究中心的倾力支持，直到今年，海外汉语方言国际研讨会已经胜利召开了4届，第五届会议也确定由美国三藩市旧金山大学接办，我们将在2016年在海外召开一届实实在在的海外汉语方言国际研讨会。

"东南亚华人社区汉语方言比较研究"项目以"优秀"等级结项后，为了打破海外汉语方言研究局限于亚洲的局面，我又萌发了率先冲出亚洲的想法。开始想先做欧洲华人社区汉语方言研究，可是费尽心思也没有一点头绪，只好转而面对世界头号超级大国美国（此事我在本书有关美国的几篇小文里都有所提及）。今年6月，为了方便到海外调查方言，我提前一年办理了退休手续（学校规定博士研究生导师可以工作到65岁）。同月，国家社科基金重点项目"美国华人社区汉语方言与文化研究"申请成功，学校立即为我办理了返聘手续。本想好好地将这个重点项目做完就正式退休了，没承想一年多以前，因为想为海外汉语方言研究冲出亚洲争取点研究经费而尝试投放到全国哲学社会科学规划办公室（以下简称"社科规划办"）的一个重大项目选题"海外华人社区汉语方言与文化研究"却中了标！这下，学校社科部门兴奋了，认为不少人反复尝试了几次都不能中，既已一试中的（其实，这是与国家建设海洋强国、建设新海上丝绸之路等构想息息相关的），选题入选，没有理由不去申报。

开始我没有同意，可是经不住社科处领导反复做工作，加上自己觉得就算申请大概也只是打个"55波"①，就在暑假到美国做田野调查的同时，利用调查的闲暇时间，撰写投标书。别人出国回来都要倒时差，我赴美差不多一个月，8月18号从美国回来后，却只能强睁双眼，一直忙到递交申请的最后期限9月2号，把总共6万多字的投标书（学校科研处当时认为字数还不够，告诉我有的申请书提交了19万字）装订好交上去后，才长长地出了一口气：终于可以倒时差了。

一直觉得重大项目应该是饶芃子老师、詹伯慧老师等级别专家的"专利"，我交上去的申请书是不会有结果的，方言中心有老师前两年连续两次的申请都失败了。于是心安理得地只想我的美国项目，没想投标却中了，中心的范俊军老师这回的申请也中了。暨大这次一口气拿下了5个国家社科基金重大项目！这样，加上詹老师的重大项目，我们这个人数不到10人的小小的汉语方言研究中心一下子就空前地拥有了3个国家社科基金重大项目、4个国家社科基金重点项目！

在接下来的美国项目的开题会和在深圳召开的第四届海外汉语方言国际研讨会上，我受到了与会专家学者们，特别是老一辈学者们毫不吝啬的肯定和褒扬，"南陈北林"② 被重提，社会科学院语言研究所的张振兴老师在大会发言时强调，"海洋方言"是"中国语言学的创新"，是"汉语方言学的创新"，也是"汉语方言调查研究学科新的增长点"；"可以毫不夸张地说，陈晓锦教授是中国语言学界、中国汉语方言学界跨出国门，自觉地、大规模地调查研究海洋方言第一人！她是远海远洋方言学的先行者、开拓者之一"。

向来少听到赞扬，也不习惯于被赞扬。说真的，当时坐在大会主持席位上的

---

① 粤语，"波"即英语的"ball"，意为球。"55波"即只有50%的希望。
② 指我和同样研究海外汉语方言，在东干语研究方面颇有建树的北方民族大学林涛教授。

我，一时间竟有些不知所措……

　　于我来说，对个人的赞扬不值一提——我所做的都是本分的事。但我从心底里感谢张老师对海洋方言学说的肯定，感谢张老师对海洋方言学论述的提升，那是对海洋方言学、对海外汉语方言研究最有力的支持！正是老师们、同道们的支持给了我力量，才使得海外汉语方言调查研究从无到有，从零做到重大项目，在汉语方言学领域占有了本来就应该有的一席位置。国家社科基金重大项目申请成功，是汉语方言研究、汉语海外方言研究的荣幸；国家社科基金重大项目申请成功，不是海洋方言、海外汉语方言研究的终点，而是一个新的起点。

　　海外汉语方言研究冲出亚洲，走向世界，一个新的开始。

　　又应该好好地重新规划，好好地工作了。

　　　　　　　　　　　2014 年南国 11 月，初冬，艳阳天
　　　　　　　　　　　记于广州华景新城寓所

夏日的芝加哥

20 年前，我作为交流访问学者第一次到美国，那也是我的第一次出国。

记得其时曾经随同所在的交流访问学校——威斯康星大学欧克莱尔分校的学生们，在寒假时一起到芝加哥过了一夜。那是一次春游。说是春游，其实你知道的，美国中西部漫长的冬日往往要从每年的九十月开始，一直持续到第二年的四五月，故所见到的芝加哥，除了白色的雪，就是黑色的枯枝，还有那一群群大大的、时不时呱呱叫着掠过阴沉的天空的乌鸦。对我这个地道的南方人来说，那是地地道道的严冬。记忆深刻的只是当时国内仍少见的、在凌厉的北风中冷冷地矗立在街道两旁的摩天大楼。而我因为当日夜晚和同伴在街上行走时遭人尾随割包（还好，因为挂包的皮革较厚，财物并无损失，当时虽感到有人追随，却不觉挂包破损，回到住地才发现），所以芝加哥给我的第一印象并不美好。

20 年后再到芝加哥，这回是夏天。

其实此次暑假的美国调查，我们应该说是到过芝加哥两次。因为原定香港到美国洛杉矶的航班被取消，被迫先飞到芝加哥入境，紧接着立刻转飞洛杉矶。芝加哥的机场很大，我们转机的时间又很短，加上上一次在三藩市入境美国受阻的经历，我心里一直很紧张。可是，芝加哥海关的官员和芝加哥机场的工作人员消除了我们的顾虑。海关官员笑容可掬，还用中文"你好"与随我和先生一起到美国的小孙女果果打招呼。兴许果果是软化剂，不费多少时间，我们就顺利过了关。而当我们面对硕大的机场感到无助时，机场的工作人员又友好地为我们指路带路，使我们终于能及时赶上转飞的班机。

心头为之一暖。

不过，此行真正踏足芝加哥则是在完成洛杉矶的调查之后。我们在芝加哥一连待了 10 天，除了记录芝加哥的粤方言广府话和台山话，采访当地的华人，也在友人的陪同下，利用空隙游览了这座美国中西部名城。

夏日的芝加哥与冬日的芝加哥恍若两地，放眼所及，满目葱茏，绿树绿草红花。这里是北美洲的五大湖区，密歇根湖是美国境内最大的淡水湖。密歇根湖大得像海洋一样，无论在城市的哪个角落，你的目光都可以触摸到它那湛蓝的湖水。气温不热也不冷，从大湖上吹来的风干干爽爽，我们一身夏装，早晚再搭件外衣足矣。

据说，芝加哥的城市定位是不同于纽约、巴黎等"第一层次世界大都市"的"第二层次世界城市"。这真是个不卑不亢的定位。

今日的芝加哥是从 1871 年一场毁灭性的大火中凤凰涅槃，浴火重生的。100 多年前的那场大火，一下子将面积约 21 平方千米的城市中心付之一炬，商业大厦、芝加哥商会大厦、芝加哥歌剧院、第一国家银行、芝加哥邮政总局等全部化为灰烬。1909 年，丹尼尔·伯纳姆提出了至今影响世界的"芝加哥百年规划"，从 1893 年的芝加哥世博会开始，该城市就一直没有停止过建设与美化。如今的芝加哥是世界金融中心，更是世界期货销售中心。城市的很多重要建筑，如美术馆、音乐厅、公园等都集中在密歇根湖边。城市的建筑美轮美奂，古典与现代风格交融。

非常喜欢闻名遐迩的芝加哥美术馆，因此，我专门在工作之余，留出了一个星期四下午，在博物馆的免费开放时间（境外不少国家的博物馆、美术馆不一定全免费，但会有一些免费开放的时段供民众参观），随着长长的人流，排队观赏了这个全美第三大，拥有世界上最全面、质量最高的印象派与后印象派美术收藏，包括莫奈、塞尚、凡·高、高更、居斯塔夫·卡耶博特、雷诺阿、德加、毕加索、欧姬芙等大师级画作的美术馆。我们流连于其间，直到闭馆的催促声不断响起。

那几天，友人有空时，也开车带我们到芝加哥市区周边的地方转转。我印象最深刻的是海明威故居。海明威故居不止一个，在他居住了很长时间的美国南部的迈阿密、古巴的哈瓦那都有，而芝加哥郊外的这个故居则是他的出生地。美国历史虽不长，但是讲究文物的保护，那幢已有 100 多年历史的两层木屋依然被维护得很好。流连于其间，不禁使人想起了海明威那些闻名遐迩的著作，想起了他在哈瓦那写的《老人与海》……

用"活力四射"来形容夏日的芝加哥一点也不为过。城市游人如鲫，各色人种、各种打扮都有。在位于城市中心的千禧公园内，俗称"妖豆"的巨型不锈钢城市雕塑"云门"边的露天音乐厅，更是平民百姓免费欣赏音乐演出、消夏的好去处。傍晚时分，公园的草地上放眼之处便都是人，或三五成群，或单身一人，或情侣相伴，或扶老携幼，或坐或躺，或站或溜达。你可以静静地闭目欣赏音乐，可以享受着简单的野餐呷着饮料，也可以交谈嬉戏……甚至还会在人群中发现你熟悉的、有一段时间没见面的亲朋好友。

最令我吃惊的是，一天，我们竟然在芝加哥一家非常著名的、据称是百年老字号的、即将歇业的 hotdog（热狗）店遇见了张双庆先生和他的家人！双目交接时，我愣住了，世界这么大，又这么小！张先生在香港工作，家在三藩市，到芝加哥是因为儿子在伊利诺伊州就读医科，而来自中国广州的我们居然会与他在芝加哥相遇！我认定我与共同举办首届海外汉语方言国际研讨会的张先生就是有缘，遂又鼓动他参加美国项目和将交付申请的国家社科基金重大项目。

那家热狗店的热狗真的相当好吃，装饰也很有古旧芝加哥的韵味，慕名而去的人很多，购买食物、等座位都是要排队的，可惜店铺很快就要消失了。

夏日的芝加哥之所以如此美丽，更重要的是有那些热情友善的人们。有赖于友人的相助，我在那里的田野调查进行得颇为顺利，心情因此分外舒畅。如此迷人的夏日芝加哥，真的远不是一篇小文章可以诉说尽的。

即将启程回国时，我要果果分别用一句话来描述我们此行到过的 3 个地方——洛杉矶、芝加哥、三藩市。果果不假思索张口便说：洛杉矶很热（我们在洛杉矶的日子确实是洛杉矶一年中最热的时候），芝加哥满眼绿色，三藩市的海边海鸥飞翔。

话语虽简单，倒也挺到位。

喜欢夏日的芝加哥。

2014 年 11 月

补记于广州华景新城

母校 60 周年校庆抒情

　　算来从 1966 年初中毕业（因为"文革"，其实我们这些被称为"老三届"的学生直至 1968 年才离校）至今，除了儿子也在那儿读初中的几年，我已经有许久没有回过母校广州二十一中了。虽然同在广州城，虽然曾无数次经过母校所在地环市东路，可每次都只是心怀挂念地匆匆而过。不过，尽管日日繁忙，我与当年初三（3）班的同学还是有联系的。这不，12 月 20 日是二十一中学建校 60 周年甲子大庆，老同学就约好了一起回校，当然，也约好了我们初中的班主任陆钊珑老师。

　　校庆日，比我们当年就读时要新、要漂亮得多的二十一中校园似曾相识。许是因为我们早就长大了，感觉学校远比我们读初中时小多了。校道上人头涌涌，闹哄哄的堪比广州的迎春花市。少年人、青年人、老年人，在各届毕业生的签到处，全都挤满了人。儿子也约了他的同学，他开车把我和孙女送到后，就忙于去找他的老同学了。我便带着果果去找我的老同学。陆老师和老同学们都惊叹果果像极了我，说是我的翻版，"一个饼印冚出嚟嘅"①。

　　少时的同学，如今都已经是双鬓染霜的爷爷奶奶辈了，也几乎都退休了。少年时代的情感和友谊是纯洁的，每次聚会，大家都会开心地聊起当年你我他之间的那些趣事糗事，连小小的细节都不会放过：那些不能与今同日而语的教学楼、一个班的女生都住在一起的简陋的双层木架子床大通铺的宿舍、要经过"远征"才能走到的唯一一个可以买到几分钱乃至最贵的三两毛钱零食（那是轻易不会买的）的小卖部、全校师生一起动手慢慢挖出来的背靠军犬养殖场后山（后山如今早就变成了住宅区）的大操场、我们曾经壮着胆子去探过险的军犬养殖场。还有，班主任陆老师讲得摇头晃脑的引人入胜的语文课，两条裤腿卷得长短不一、叉着腰对全班大吼

---

　　①　粤语，意为一个饼模印压出来的，长得一模一样。

的何班长，能够在课余时分享小秘密、一起学唱《洪湖赤卫队》《江姐》《红珊瑚》全套歌剧的伙伴……都一一印在我们的脑海深处。

假如不是那场铺天盖地的"文革"，或许当年同学之间的感情会更深厚，还好，时间长河撇清了"文革"的不理智和伤痛。假如正当读书求知之年的我们未被无辜地中断了学业，或许会发生很多与今天不一样的故事，可是，今天我们之中不少人的故事却与上山下乡、当兵卫国、返城下岗系连在了一起。不过，人生没有"假如"，不一样的磨砺有不一样的奋斗，不一样的人生有不一样的精彩，不一样的经历才使我们分外珍惜少年同学间的那份情谊。

能够被学生放在心里，留在记忆里，那是成功、幸福的老师。一辈子读过差不多20年书，陆老师在我心里是最值得尊敬的几位老师之一。当年陆老师教我们时才大学毕业不久，同学们都记得少不更事的我们对老师做的种种恶作剧，如今他已年近八旬。那时，全班同学都很享受陆老师的语文课（他是广州市最早获得特级教师称号的教师之一），记得我的作文就常被老师当作范文贴在教室里。而最令我不能忘怀的是，30年前（1984年）的一天，当我在周围普遍质疑的目光中，为圆读书的心愿，为是否逆"人过三十不学艺"的"古老共识"而上，为在上有老下有小，只有初中学历、工农兵学员底子的情况下是否去考研而踌躇时，与陆老师在区庄不期而遇。没有长期没见面的拘谨，我开口就问老师是去考好还是不考好。老师听闻，又是那经典的摇头晃脑，然后只说了一句让我30年来时时想起的话："你得想想你能否做到你的老师那样。"言下之意是，否则就别折腾了。

说来也是巧，陆老师在武汉大学读书时，业师詹伯慧先生也是武大中文系的教师。不过，刚出大学校门进了武大的詹老师当时去了北大跟袁家骅先生进修，所以严格点说，陆老师和詹老师之间其实没有真正的师生之谊。可作为陆老师真正的学生的我，却成了詹老师真正的入室弟子，一边理家，一边上班，一边读书，跟着詹老师在职完成了硕士、博士学业，迈进了汉语方言学的殿堂。

"文革"浪费了我们太多宝贵的青春年华，正因为得来不易，正因为不再年轻，这些年来，我一直在与生命赛跑，为海洋方言、海外汉语方言奔忙，调查研究、授课带学生、出书写文章、筹办研讨会，未敢有丝毫的懈怠，因为老师也未懈怠。老师自是老师，詹老师年过八旬，到现在也还在为汉语方言事业努力。暨大人常可以看到老师或者佝着腰拿着包，或者骑着一辆除了铃铛不响全都响的破旧自行车，急匆匆地从暨大苏州苑家属区奔向文学院大楼。这情景几乎已经成了暨大一景。老师去年领衔拿到了国家社科基金重大项目"汉语方言学大型辞书编纂理论研究与数字化建设";步老师之后,今年我也作为首席专家拿到了国家社科基金重大项目"海外华人社区汉语方言与文化研究"。

有一种声音说,陈老师这两年爆发了。可是我自己心里却非常清楚:板凳冷坐了几十年,假若没有一年一年,一本书一本书的研读,一个方言点一个方言点的调查记录,一天天埋头整理研究资料,一天天面对电脑不断敲打,没有之前的省级科研项目,没有以"优秀"等级获得通过的国家社科基金项目"东南亚华人社区方言比较研究",没有之前国家社科基金重点项目"美国华人社区汉语方言与文化研究"的顺利开展,哪里会有重大项目的爆发?

结果不是唯一的,过程才最重要。

路是一步一步走出来的。虽然前面的征途还很长很长,要做的事情还很多很多,可我终于可以在母校 60 周年大庆之日,与陆老师重提当年的旧话,以这些小小的成绩向老师、向母校汇报了。

老师曾记否?

母校请记住,我们是 1966 年的初三(3)班学生!

2014 年 12 月 23 日

记于广州华景新城寓所

小事不小琐事不琐

自从国家社科基金重大项目下达后，我一直在接受各种挑战，做应对各种繁重工作的思想准备，不过到今天为止，检讨起来，还是必须说，除了科研本身，面对"大兵团作战"，我仍然有很多需要学习之处。

这段时间，我似乎慢慢明白了，做重大项目除了敏锐的科研嗅觉，除了自己必须做好分内的科研，还有很多其他因素，比如，行政工作的能力，还有，如何建设一支拉得出去、团结和谐、能打能战、能在科研方面独当一面的队伍就是对项目负责人最大的考验。

早在项目酝酿申报时，搭配5个子项目组的成员就很是费了一番功夫。其间有顺利，也有波折，所幸最终能在规定的申报时限前完成5支小分队的组织工作。天真地以为这就是项目开展最大的事了，申请成功后，剩下的就是每个子项目的展开，每个参加子项目的人按照规划，"落手落脚"①地去做调查，去做研究，去写文章。其实，事情远不止于此。这些日子以来，我越来越意识到，"协调""一致"是完成这个重大项目非常关键的一环，有一个目标一致、团结和谐的团队，将会是项目最大的福音。而要做到这一点，既要有各个子项目负责人的努力，更需要我这个总负责人的付出。

几个月来，联络项目组的成员，尤其是子项目的负责人，给大家鼓劲，通报有关的事项，解决日常的琐事，占去了相当多的时间。有时，为了一份文件的签名，也得跑一趟学校；为解决有关项目的一些实际问题找各级领导；与项目组成员之间的电话、电邮、微信等往来就更是频频不断。不但平时的工作日要项目至上，把处理与项目相关的事情放在第一位，节假日里除了自己做研究，也少不了与项目组成

---

① 粤语，意为动手动脚。

员的联络，年节的互相问候鼓劲自然少不了，为一些子项目的调查研究者提建议、出主意、想办法也是必需的。今年清明节前，家里人询问要不要趁小长假到阳江海陵岛一游。我起初想不去，省下时间做事。过后一想，阳江技术职业学院有一位参加了官话方言子项目组的青年教师，正好可借机去与她聊聊，于是就又"公私兼顾"了。

我名下的学生很少，到今年6月一位博士生和一位硕士生毕业后，就只剩下两个升上三年级、要面对毕业论文的硕士生了。早在项目获批之初，我就打报告向学校申请重新招收硕士生和博士生，所幸学校的主管部门和主管校长很快就批准了我的请求，让我感到了学校的支持。但是其后我被告知今年的博士招生名额早已下拨。对此，我很理解，于是转而向文学院和中文系提出今年多让我招收一两个硕士生应急的要求。可过后，我又被通知今年硕士生名额很少，我还是得再向学校申请多下拨名额。只好赶快再打报告，赶快跑回学校交报告，找不到校长找秘书，至于报告之后怎么样，就只好等待了。① 哎，人力和财力也是掣肘项目开展的两个重要因素。

要愁的事还真不止一两件。在项目开题时，曾应允分拨到各子项目的经费至今未能落实。为此，不但子项目的负责人着急，我更是着急。海外调查，寒暑假是最好的时间。眼下已是4月，假如经费不能及时下拨，各点就无法启动签证、联系海外发音人、订票、落实调查等事宜。假如经费不能下拨，以后会出现的一个非常现实的问题就是，项目组几十位分散于省内外的成员要做一切相关的活动都只能来暨大报销，那就是有专职的人员也忙不过来的。地球人都知道，报销是一件很累人的事，何况是涉外报销——写完这段文字之后才知道，就算暨大的报销不成问题，那也不行，因为在职的教师外出调查必须拿公务护照，暨大怎么能给所有人办理公务护照?! 要申请公务护照得有国外科研机构的邀请函，可海外汉语方言调查，去哪儿找那些邀请函?! 着急也只是干着急，因为这关系到国家社科基金办公室的审批。为此，我曾给社科规划办打了报告，请求特事特办，但是社科规划办没给我正式回函，只是给我打了个电话，告知这是国家的政策，他们也无能为力。

海外汉语方言调查研究，只能是另想办法、另辟蹊径了。

---

① 最终学校还是特事特办，特批了两个硕士研究生名额给我。

所有这些，都需要花费时间、牵扯精力，而且做的时候还不可能预测每一件事情的结果。这确实是以往做单一研究、做个人项目时绝对不会遇到的。说实话，有时心中不免焦虑。做个人项目，好比单身汉过日子，一人吃饱，全家不饿；做团体大项目，就行不通了，必须得学习瞻前顾后、兼顾左右，学习行政技巧。有时也会觉得厌烦：折腾琐事的时间，要是都能用来做研究，那多好！

没办法，我只能时时提醒自己：小事不小琐事不锁，这是重大项目。任何一件"小事琐事"都关乎项目的成败得失，不能自由任性，多干活多跑腿，只是希望所有的小事琐事都不要变成烦心事，都能顺顺利利地处理好。

人真是要活到老学到老的，争取在学习中进步吧。

2015 年 4 月清明节假期，艳阳高照

记于广州华景新城

5月，白兰花开

每年5月，每当漫步在羊城一些遍植白兰花树的街道，或是穿过暨大那些种着高及五六层楼的白兰树、落满白兰花瓣的校道——暨大的主校园中，真如苑、苏州苑、羊城苑有好几条这样的路呢，从这种挂满没有艳丽外表、白色素朴不大的花朵的乔木上，阵阵沁人心脾的清香随风扑面而来。这时，我总会情不自禁地闭上眼睛深呼吸：5月到了，白兰花开了，属于我个人的节日也就来了。

将白兰花与生日"挂钩"源于儿时的记忆。小时候，在那个物质生活匮乏的年代，每年5月，我从妈妈手里欢天喜地地接过的生日礼物总是一成不变：三两朵白白的、香香的白兰花，加上一个妈妈煮熟后特意找来红纸染红的红鸡蛋。红鸡蛋会被我小心地捧在手中，久久舍不得吃；白兰花会被妈妈用线串起来拴在我衣襟的纽扣上，于是，白兰花特有的香味就会在那一整天萦绕着我……

从那场"文革"开始，幸福的家破碎了，这样温馨的生日礼物没有了，我也一年年长大、变老，但是，白兰花情结却深深地沉淀在我的心底。

每年的4、5、6月，都是高校老师较忙的季节，除了要指导学生做一些小项目（如之前承接的，老朋友南京师范大学刘俐李老师的国家社科基金重大项目的一个粤方言语料库子项目），指导论文写作，准备即将到来的硕士、博士研究生毕业论文答辩等，我这几个月其实很多时间都是在忙自己主持的国家社科基金重点项目和重大项目的各种杂事。别的不说，光是按照原来的规划，给重大项目的各个子项目划科研款一事，就费了不少人力物力，打报告向上面申请，等待各级的审批，与各个子项目负责人的不断沟通，子项目负责人又与各自学校的不同职能部门沟通，各个协议的来回互寄，倘若某个环节的事做错了一点或漏做了一些，事情就又得推倒重来。从项目立项至今，半年过去了，钱款虽然划过去了，但这件事都还没有完全处理好（一直到6月此事才算告一段落）。经费若不到位，今年7、8月的海外调查最佳时机很可能就要错过了，你说能不着急吗？还有那让人听了心里都要发毛的，本来不是事的事，比如为每次出国调查打报告、做行程表，与各个部门沟通、审批（光那张校内的审批表就得送六七个部门的领导签字，盖六七个部门的章）、签证……

杂事一多，一忙乱，让人不免觉得，国家社科基金重点、重大项目，尤其是重大项目，其实累人的不是科研，而是事务；拼的不仅是科研，还有行政。早就有人感叹过，项目申请不到愁，申请到了更愁。一辈子没有当过官，晚上睡不着觉思虑的都是这些事。还好，学校社科处、国际交流处的老师们都很帮忙，给予我这个对很多行政事务"一头雾水"的人很多帮助。再者，国家强大了，现在去美国、加拿大等国的签证可以一签数年多次往返了。这对我们从事海外汉语方言研究、经常要外出的人来说着实是好消息，期待其他国家的签证也能慢慢如此。可惜按照规定，这个有利的政策只对我这个已办理了退休手续的人来说可行。我已经自己去申请，获得了美国和加拿大的数年多次往返签证。但其他没有退休的老师若要出国，还是得通过对方邀请，经过学校公办申请。只是我一直无法弄明白：如何才能让不同国家的相关部门，在我们需要去做田野调查时给我们发邀请函？

又是一年的 5 月，生日那天，我与美国的合作伙伴林柏松、李智强通过 Skype（早前约好的，他们并不知是我的个人节日），把一些最该处理的事，诸如明年的第五届海外汉语方言国际研讨会、美国项目最近要处理的一些事、我 6 月的纽约之行等说了说，大家聊得很畅快。

5 月的白兰花清香提醒我，今年我就迈进 65 周岁的大门了。在广州，65 岁就可以享受老年人免费出行，公共汽车、地铁全免票，一些公共景点也可以免费进入了。不过世界在变化，人们的观念也是在逐步改变的，每次在域外调查，我都会被一些年长于我，但仍然朝气蓬勃、活跃在各行各业的长者感动。在那些可敬的老人面前，我绝不敢轻言老。素色的、毫不奢华的、小小的白兰花不也香气袭人吗？只要身体健康，年长者也可以大有作为。国家社科基金重大、重点项目难做，那就慢慢做吧。

近日在微信群里看到这么一则消息，总部设在瑞士日内瓦的联合国世界卫生组织经过对全球人体素质和平均寿命进行测定，对年龄划分做出了新规定：0 ～17 岁为未成年人，18 ～65 岁为青年人，66 ～79 岁为中年人，80 ～99 岁为老年人，

100 岁以上为长寿老人。

难怪全民的退休年龄都要推迟。如此说来，我仍忝列"青年"之辈！

其实，花城的 5 月，散发着幽香的小白花可不只有白兰花，还有那同样飘香的鸡蛋花、花骨朵更小的茉莉花呢。香味幽幽的花，外表似乎都是那么不起眼。喜爱洁白清香的白兰花，期待每一年 5 月的白兰花开，期待进入"中年"！

2015 年 5 月白兰花盛开时节
记于广州华景新城

不一样的纽约

都是在美国，但纽约就是与美国的其他地方不一样。这不，刚从纽约田野作业回来，那整整 12 个小时的时差还没倒过来呢，我就迫不及待地要把这 20 多天的所见所闻记录下来了。

说不一样，首先，纽约是世界上最大的城市，这个城市被分成 5 个区，即布朗克斯区（The Bronx）、布鲁克林区（Brooklyn）、曼哈顿区（Manhattan）、皇后区（Queens）、李奇文区（又称为列治文区，Richmond），以及斯塔滕岛（Staten Island）。其中面积最小的是曼哈顿区（纽约的台山籍老华人依着台山话的发音将其译作"民铁吾"）。据 2010 年的统计，曼哈顿面积 59.5 平方千米，拥有居民 1585873 人，即平均每平方千米人口 26668 人。这使它成为世界上人口最稠密的地方之一，它也是美国最富有的地方之一，截至 2005 年，人均 GDP 便超过了 10 万美元。

虽然在 5 个区中面积最小，但曼哈顿是美国的经济和文化中心，是纽约市中央商务区的所在地，是世界上摩天大楼最集中的地方。它汇聚了世界 500 强中绝大部分公司的总部，"9·11"遇袭的世贸中心、联合国总部等都在那里。华尔街则是世界上最重要的金融中心，有 100 多年历史的纽约证券交易所和纳斯达克也在那里，曼哈顿的房价也是全世界最高的。同时，曼哈顿也拥有大量的高中和大学，其中包括世界排名前 50 的知名学府，如哥伦比亚大学、纽约大学和洛克菲勒大学。

说到哥伦比亚大学，就不能不提美国最早的汉学系，不能不提一位华人——丁龙。丁龙早年被"卖猪仔"到了美国，当了一辈子卑微的仆人，却在 1901 年捐出了毕生的积蓄 1.2 万美元，给哥伦比亚大学作为中国学研究基金，并最终在他的主人卡本蒂埃和当时的清政府的帮助下建立了哥大东亚系。被丁龙的善良与执着所感动，卡本蒂埃最终也为实现丁龙在美国一所名校开办汉学系的愿望，几乎倾家荡产，捐出了一生的积蓄。当时，慈禧亦为此捐赠了 5000 余册珍贵图书，李鸿章及清朝驻美使臣伍廷芳等人亦都捐助，结果是成功地在美国最杰出的大学里办了一个享誉世界的汉学系。

每年多达 5000 万的游客，使得纽约，尤其是曼哈顿终日里都熙熙攘攘。其中，被誉为"世界的十字路口"和"世界的中心点"、天天 24 小时都灯火闪烁、每年迎接新年倒数时人们都会聚集在那里的时代广场更是如此。时代广场是璀璨夺目的百老汇剧院的所在地、全世界最繁忙的行人过路处之一、世界娱乐产业的中心点。尽管站在人来车往的时代广场，你找不到任何"广场"的宽阔感，但是，也只有站在时代广场上，你才能清清楚楚地感受到纽约的脉动！

与美国很多地方的民众居住在有宽大的花园草坪、单独或相连的别墅式洋房不同，在这个寸土寸金的大都市，纽约居民，尤其是曼哈顿居民之居住方式却与国内的大城市有不少相似之处，是一房、两房、三房不同的套间。不少已有年头、外表带给人一种厚重感的红砖公寓式楼房，有的是私人出租的，有的是政府为低收入者建造的，好的带有一个不大的阳台，廉价的则没有。因为建筑物的年份久，一些楼房甚至不允许住户安装洗衣机，住户只能将衣物拿到楼外的公共洗衣房洗涤。当然，美国的民众一般都使用烘干机，没有晾晒衣物的习惯，但于环保来说，这一项能源的消耗也不可小觑。在这样的套间里居住，若要养花莳草，也就只能种三两盆小小的阴生植物了。前些时候看到的一则新闻报道说，在世界名校哈佛大学陪伴孩子学习工作的中国老人们，接力在哈佛校园里开出了一块块菜园。有意思的是，寸土寸金的曼哈顿东河边的一些楼房旁的空地，也被划分成了一小块一小块的菜地，每一块都种满了青翠欲滴、开花挂果、人见人爱的不同的蔬菜。

纽约可以说是美国公共交通最为发达的城市，城市有各种小型巴士、公共汽车。在马路上行驶的公共汽车既有双层的（顶上敞篷的一层往往用于供游客观光），也有在国内早已被淘汰的通道式的超长车。世界十大地铁之一的纽约地铁，是全球历史最悠久的公共地下铁路系统之一，已有近百年的历史。纽约地铁 1925 年就已基本建成，拥有 468 座车站，商业营运路线长度约为 373 千米，用以营运的轨道长度约为 1056 千米，总铺轨长度约为 1355 千米。纽约地铁如今共有 26 条线路，是世界上少数几个 24 小时昼夜营运的地铁。在全美 504 个地铁站中，纽约地铁占 469 个。不过，虽名为地铁，但 60% 在地下活动，40% 则或在地面，或在地上、河面的"桥"上运行。最高的高架地铁离地面 27 米；地下轨道最深的达 76 米，也有 20 多层楼那么高。

　　20年前我到纽约，就乘坐过纽约地铁，其阴暗、破旧、肮脏让人印象深刻；20年后再坐，还是基本如此，地铁票也还是不分段设票价。在纽约的20多天里，我多次乘搭地铁。记得一次与同伴进错了地铁入口，这种事假如发生在广州，一点问题也没有，上错了车怎么都可以转到你要去的地方，而且只要不出站，怎么换乘票价都一样。但是在纽约就不同了，100年前的设计水平不能与当代的同日而语，很多线路并没有并轨，无奈地看着两条平行的轨道，可就是无法穿越，进错了就只能自认倒霉，出来重新买票，再找对入口进去。老旧的东西，要彻底改造其实并非易事。

　　再说唐人街，美国的大城市一般都会有一处华人聚居、置身其中宛若不是在美国的唐人街。三藩市的华人就总是说三藩市的唐人街是全美国甚至全美洲最大最好的，可是纽约市的唐人街却有不止一个：曼哈顿区一个，布鲁克林区（这里的华人译作"布碌仑"）的八大道一个，皇后区的法拉盛（以往有译作"福莱兴"的）一个。3个唐人街，以曼哈顿的最大，历史也最为悠久。听说早在美国掘金、筑路时代，这个唐人街就已经存在了。随着近几十年新移民的增加，后起的布鲁克林区的八大道、皇后区的法拉盛，均无法与其相比。所以，在纽约，"唐人街"就只是曼哈顿唐人街的专称。看看街上华人经营的、穿梭在曼哈顿唐人街和布鲁克林区八大道、皇后区法拉盛之间的小巴上的标记"唐人街—布碌仑""唐人街—法拉盛"，你就明白了。

　　不过，曼哈顿的唐人街大是大，遗憾的是，在我接触过的世界各国不同的唐人街中，它属于最破旧肮脏的那一类。唐人街在曼哈顿大桥的一侧，每日川流不息地从桥上通过的火车、汽车，响声震耳欲聋，让人不免对桥下笼罩在如此巨大的噪音之中的唐人街商户、住户心生怜悯。不光噪音，纽约唐人街的卫生之糟也是让人唏嘘的。一些年代已久、凹凸不平的街面上，常常污水横流，临街杂货店的物品、路旁散落的垃圾发出各种刺鼻的腥味、臭味。倘若不是亲临，真叫人难以相信这是在美国。这是与乡间的小木屋、林间小道、海滨的沙滩截然不同的地方。

2015 年 7 月

记于广州华景新城

在 纽 约 的 22 天

2015 年 6 月 20 日到 7 月 12 日，我和时任香港理工大学专上学院老师的林文芳博士一起赴美国纽约调查华人社区的汉语方言，一起住在我初中的老同学梁任大大哥的家中。

梁大哥家在纽约东河边的曼哈顿唐人街旁，到华尔街步行只需约 20 分钟。因为调查主要在唐人街开展，梁家所在的位置就为人生地不熟的我们提供了求之不得的便捷。我们抵达纽约的那天晚上，梁大哥 11 点多去机场接机。安顿好我们后，第二天晚上他就飞回中国旅游了。我们和大嫂在纽约共住了 22 天。大嫂在美国生活了几十年，但依然是那种非常传统的中国妇女，天天为我们准备早饭。假如我们晚上没有工作，也回家吃晚饭。在那 3 个星期里，我们与她相处得像一家人似的。

这篇小文，想记记流水账，与大家一起分享我们的纽约之行。

6 月 20 日，从广州坐直通车到香港红磡与文芳会合。在车站附近匆匆吃了快餐后，坐公交车到香港机场乘机飞纽约。因为时差，到达纽约仍然是 6 月 20 日，当即随前来接机的梁大哥回到他在曼哈顿的家。

6 月 21 日，早上，梁大哥带我们熟悉曼哈顿唐人街的环境，顺便买菜，中午和晚上分别叫他在纽约的一些老朋友来家里聚餐。我们乘机向大家介绍了此行的目的，听听纽约华人的意见，顺便也做了几份问卷调查表——这是项目开展以来的首次问卷调查，此后每遇到机会，我们都会掏出随身携带的问卷。晚上，梁大哥回中国。

6 月 22 日，从早上起一直在拨电话，给纽约总领馆的常领事（项目合作伙伴旧金山大学李智强博士的同学）介绍的几位侨团负责人，给暨大纽约校友会介绍的，以及我和先生在纽约的几位朋友通报此行目的，寻求发音人等帮助。

开始在焦虑中等待各方的回复。

6月23日，上午还是没有任何反馈的消息，到中午实在按捺不住，再次拨通美东华人社团联合总会林学文秘书长的电话，询问能否去与他面谈。林先生是个热心爽快的人（此后的多次接触一再证实了这一点），听闻我们就在唐人街，当即带我们挨个走访了在唐人街的美洲至孝笃亲总公所、纽约台山联谊会、纽约崇正会、纽约大鹏同乡会等华人社团，让我们了解纽约华人社区的历史、现状等，寻求社团的帮助。

6月24日，下午到美洲至孝笃亲总公所听中文书记陈建平先生介绍纽约华人及华人的方言情况，确定了第二天的具体工作。之后，随陈先生坐地铁到布鲁克林记录一位第二代华人小姑娘的广府话。

6月25日，依头天的约定，从上午9点钟开始，一直到傍晚6点半，到唐人街的华埠社区中心旁边找一位台山籍和两位广州籍的第二代华人青年开始记音。文芳记广府话，我记台山话，中午叫外卖犒劳3位发音人。3位年轻人之后又多次帮助过我们。

6月26日，中午拜见纽约台山联谊会的会长余先生，名誉会长、80多岁的老侨领梅先生等，了解纽约华社的历史文化，再次寻找发音人。下午5点半，与我中学时的刘学长见面，在他的带领下去找了几位广府籍的年轻人记了一个多小时音，做了几份问卷调查。晚上8点，参加华人的餐饮协会主办的烹饪比赛，与餐饮协会会长等人见面。

6月27日，上午坐小巴到皇后区的法拉盛，领略了那里的唐人街。下午到纽约美洲至孝笃亲总公所记录广府话。第一位小发音人坚持了一个多小时，终因疲劳退出。所幸遇到了美洲至孝笃亲总公所的美东副总理陈先生，他随即叫来了在读大学、现在放暑假的女儿。我们又做了一个多小时的调查。

6月28日，早上11点到下午3点，继续记录台山话，并到唐人街一个华人的教堂寻访发音人。下午3点到唐人街的洪拳国术总会寻找发音人，做了几份问卷调查。

6月29日，上午9点，仍然到唐人街华埠社区中心旁边找年轻人记台山话和广府话。下午到纽约华裔美国退伍军人会寻找发音人，遇到一位第二代老年发音人，坚持了两个多小时后，完成广府话调查。

6月30日，上午9点，继续到华埠社区中心旁边记录台山话。下午4点，林学文先生介绍我们去找世界客属总会美东分会会长苏先生，苏会长本人是来自缅甸的客籍华人，在他位于唐人街的 Whndham Garden 大酒店里记录他在纽约出生的女儿和外甥的客家话。下午 6 点，苏焕光先生介绍我们到唐人街富临酒家找老板张先生，寻找其他客家话的发音人。

7 月 1 日，12 点到纽约福州三山会馆找王会长，记录他儿子的福州话。纽约满唐人街都是福州人，但由于年青一代普遍改讲普通话而不讲福州话，致使多方努力都一直无法寻找到合格的发音人。至此，找到王会长的儿子做发音人，终于打破了我们的困境。

7 月 2 日，上午，热心华埠事务的潘律师和她的先生（偶然认识他们，送了他们一本散文集。交谈中，他们认为我们要做的事很有意义，就出手相助）带我们到美东联成公所找赵主席，听他介绍纽约华埠情况。下午 3 点还是由他们夫妇俩引见，与第三代老华人——眼科杨医生座谈。杨先生是汉语方言研究爱好者，他的一句抨击某些华人只重英语、不愿讲汉语方言的话让人过耳不忘："是那种人而不会讲那种话，真正的美国人也看不起你！"

当晚 7 点到 10 点，到富临酒家记录客家话。客家人在美国、在纽约人数都不多，但人心相当齐，相互之间也还讲客家话。之前并未敢奢望能在纽约调查客家话，倒是林学文先生的提醒，才让我们有了一个额外的收获，而且，客家话的调查进行得比台山话、广府话、福州话调查都要顺利。这大概与客家古训"宁卖祖宗田，不忘祖宗言"不无关系吧。当晚，张先生约了好几家客家人。非常高兴地看到那些父母带着在美国出生长大的孩子一同前来。看来，客家话的调查不成问题了。

7 月 3 日，上午 9 点到 11 点，借用曼哈顿唐人街的地标性建筑孔子大厦的公共花园，在户外的大风中继续记录客家话。11 点如约到纽约华裔美国退伍军人会，记录一位年纪大的第二代华人的台山话，大约两个小时。

7 月 4 日，刘学长介绍我们从曼哈顿唐人街坐车到布鲁克林七大道，找宝旺杂货铺的老板，调查其子女的福州话。下午 3 点到纽约台山联谊会，终于完成了台山话的记录。我高兴地与初次见面的发音人击掌相贺。

7 月 5 日，还是到布鲁克林七大道，我和文芳分头行动，我去调查客家话，文芳去调查福州话。除了中午与发音人简单地吃了些点心，从早上奋战到下午 4 点多，终于完成了客家话的调查。那位正在读大学的发音人姑娘给我留下了深刻的印象，她不仅客话流利，还被就读的学校聘为普通话、客家话、广府话的翻译（协助学校与不谙英语的华人家长沟通）。

　　而福州话调查，由于合格的发音人寻找困难，进展仍不如意。纽约的福州人维护母语的愿望不大，普遍认为这种话没有用。有的福州人一开始好奇我们的工作，可一听说我们调查福州话，调头就走："调查福州话？你们为什么不来培训英语啊？"

　　7月6日，几经周折，好不容易才通过林学文先生找到了美国浮岐联谊会主席卢先生。卢先生出生于美国，他刚刚大学毕业的儿子是我们在纽约碰到的最理想的福州话发音人！我长舒了一口气，文芳紧锁的双眉也舒展开了。下午记了两个多小时音后，与发音人约好两天后再继续。

　　7月7日，下午与在纽约政府部门工作的福州话年轻助理会面，却发现他不会说福州话，且助理本人对与我们接触也心存疑虑，担心影响他现在的工作。

　　7月8日，中午请几位年轻的发音人"饮茶"（即吃点心。唐人街的生活与广州很相似，不仅广东籍华人，就连福州籍华人开的饭店也经营早茶、午茶）答谢他们的帮助。2点开始，继续记录福州话，直至完成。其间也与林学文先生见了面，送他一本散文集，聊表感激之情。

　　剩下的3天，在7月12日启程回国之前，除了与各协助过我们的华人社团或个人当面辞行或以电话的方式表示我们深深的感谢以外，放松了一把，到闻名遐迩的新世贸中心（没有上塔）、华尔街、时代广场、联合国总部所在地（没有进去）、大都会博物馆、康尼岛等地方走马观花式地逛了逛，也去了号称世界最大的百货公司Macy's购物一番（回去总要有手信）。未能深度游，虽然有些遗憾，不过工作有收获，这才是最重要的。

　　感恩纽约，感恩纽约华人，感恩与我同行的文芳，感恩所有帮助过我们的新老朋友。

2015年7月
记于广州华景新城寓所

加国三地三方言

今年整个暑假几乎都是在倒时差的郁闷中度过的，先是去了美国的纽约，回来后又去了加拿大的多伦多、温哥华、维多利亚。要知道这些地方与国内都几乎是晨昏颠倒的，那种晚上干瞪眼，白天哈欠连连，一边擦驱风油、嚼口香糖，一边硬撑着，在发音人有点惊异的眼光中记音的经历实在惨不忍睹。从加拿大回来已经十几天了，好不容易倒过了时差，可各种杂事又好像总忙不完，这篇酝酿良久的散文拖到今天，再不写就没有动力了。

枫叶之国是第一次去，此行本准备与以前的一位学生、目前国家社科基金重大项目闽方言子项目的负责人、深圳大学的吴芳老师一起去的，没承想忙活了几个月，联系各方，申请签证，吴芳居然被拒签了！①

哎，这就是海外汉语方言调查的主观能力不可抗拒之处。

好在此行外子随同，孙女果果因为放暑假，也与我们同行。我们的第一站是加拿大的第一大城市多伦多，那几天借住在外子的堂妹家，食宿不用操心，但是调查的事着实让人着急了好一阵子。一位听过我的课，起先一直鼓动我做加拿大调查的，在暨大攻读博士学位的老华人，原先与我说好的不是问题的发音人成了问题。另外，此前在纽约认识的华人朋友介绍的华人团体很客气，请我们吃了饭，不过，发音人的事却不得要领，只能临时再找。好在久未联系的亲戚全力支持，最后好不容易动用了堂侄女的同事，做了一个多伦多广府话调查。

一周后，从多伦多飞赴旅游城市温哥华。启程之前心里就一直在打鼓，祈祷发音人的寻找不再是问题，但问题还是如约而至。在温哥华的朋友，还有原先联系了的纽约华人团体朋友介绍的当地华人团体，开头几天均未能找到符合要求的发音

---

① 所幸此后吴芳还是获取了签证，到加拿大完成了她所要做的调查。

人。只能碰到一个发音人，就记半个小时一个小时的音。其他相识的朋友也都说无法找到人，都劝我算了，好歹在多伦多已做了一个广府话调查，就权当过来玩几天吧。

千里万里飞过来，我怎能死心？正当以为在那里的调查要泡汤时，外子一位老同事找来了他现在的同事的孩子。那位正在读大学、刚好放假的姑娘非常配合，终于得以记完了温哥华广府话。这样，加拿大的广府话调查就有了两个成果在手。

两个成果在手，可是心里还是有个疙瘩。加拿大与其邻国美国差不多，当年最先抵埠、人数最多的华人是广东四邑籍的，台山话直到20世纪七八十年代都是加拿大华人社区的主要交际用语。在加国的调查，台山话是不能不做的。但现实是，越来越多讲广府话的华人的涌入，使得唐人街如今的交际用语变成了被华人叫作"广东话"的广府话。这里的华人都说，台山人的后代假如能说广东话就已经很不错了，不少已经不会讲方言，只说英语，也有的在学一点普通话。事实确实如此，台山籍华人团体介绍的几个第二代以上的华人，也都是只能说一点广府话。

以为在加拿大的调查就只能带着这两个广府话的成果回来了，好在上天眷顾，柳暗花明又一村。

其实，我的这趟加国之行除了方言调查，还有一个任务：参加在维多利亚大学召开的第十一届国际潮学研讨会。而100多年前，最早抵达加拿大的四邑籍华人就是从维多利亚港上岸，然后再分散到加拿大各地的。事情就在我要去参加会议前有了转机。一位刚认识的华人朋友翠翠自告奋勇地要陪我们去维多利亚，并且告诉我，维多利亚是一个比台湾还要大的海岛，岛上的华人还是以四邑籍且使用台山话的人居多，且海岛的地理环境使得华人的汉语方言变化也没有多伦多、温哥华等大城市那么大，她能够在她丈夫的出生地协助我找到调查所需的发音人。

果不其然，在鸟语花香、美丽的维多利亚岛，我如愿地完成了一个台山话的调查。

在维多利亚，我的首要任务是参加研讨会。我原本也想象这将会是一次非凡的盛会，想乘机向来自不同国家和地区的学者好好宣传一下我们的国家社科基金重大项目，呼吁更多的人参与海外汉语方言研究，向我们伸出援助之手。可是因为各种原因，包括签证和经济等问题，最后参加会议的学者只有20来人，而研究方言的除了我、台湾的张屏生老师和他的助手吕茗芬，就只有两位来自香港的年轻人，其中一位是暨大本科毕业后到香港继续求学的徐宇航。这实在令人感到有点失落。哎，组织国际学术会议不易啊。

好在侠义的翠翠没有食言，真的帮我找到了当地的台山话发音人—— 一对60岁左右的台山籍华人夫妇。这对夫妇，妻子在维多利亚出生长大，丈夫则在台山出生一个月后被抱到广州，4岁到香港，15岁到维多利亚，是行驶在温哥华与维多利亚间的渡轮所在公司迄今为止唯一的一名华人大副。有意思的是，夫妇俩当年是一起回台山结婚的，老一辈华人的祖籍地情结可见一斑。

感谢翠翠的介绍，感谢这两位发音人！

潮学研讨会的时间只是两个晚上和两个白天。因此，到海岛的第一天，傍晚匆匆提前退出欢迎晚宴后，我就开始了记音工作。手不停口不停地工作，身心紧张自不用说，主要是非常过意不去，担心发音人太累。但两位华人知道我的时间紧，一直说不要紧，于是我们忙到深夜12点。第二天一早，我赶回维多利亚大学做会议发言，下午又趁会议组织游览的空档赶去记音。那天晚餐我请两位华人去吃了个简单的布菲①，又是直接工作到深夜12点，终于记完了加拿大华人的台山话，完成了调查！

虽然因为赶时间，埋头不停地记音，很是疲劳，而且我错过了研讨会组织的维多利亚游的一些景点，比如唐人街的观光，但是鱼和熊掌不可兼得，从出国前心头就紧压着的沉甸甸的担忧终于得以消散。我长舒了一口气，两个广府话一个台山话，加国三地三方言！

2015 年 9 月初

滂沱大雨中记于华景新城寓所

---

① 自助餐，英语为 buffet。

领略枫叶之国

枫叶，秋日里如烈焰燃烧的红叶，一直印在我的脑海中，那是 20 年前美国威斯康星的小镇欧克莱尔留给我的美好记忆。威斯康星之秋，那漫山遍野如火如荼的红叶……今年 8 月的加拿大之行，这个连国旗上都印着枫叶图案的国家又再次勾起了我对枫叶的记忆。关于加国华人社区的汉语方言调查，已在《加国三地三方言》中做了交代，这篇小文就写写方言调查之外的事吧。

此行到了加拿大的两个大城市——多伦多、温哥华，还有一个海岛——维多利亚。

作为加拿大最大的城市，多伦多的经济在加国是最活跃的，但像北美大多数地方一样，我感受不到它的特别之处，除了尼加拉亚大瀑布。这个世界排名第三的大瀑布①位于美国和加拿大的交界处，它的上游是伊利湖，下游是安大略湖。要说观看尼加拉亚大瀑布，在加拿大一方比在美国一方观赏效果更佳，但现在美、加两国都有载客的游船，在游船上看就都差不多了。每个到游船上看大瀑布的游客都会被要求穿上派发的雨衣，加拿大派发的是红色的，美国派发的是蓝色的，所以凭雨衣也能清清楚楚地分出来自两国的游船。瀑布是一个大群，其流量之大难以用语言描绘。瀑布咆哮着奔泻而下，水声震耳欲聋，水花飞溅，就是穿着雨衣也难免会湿身。

去温哥华之前以为余下的行程大抵也该差不多，没想到温哥华却让人眼前一亮。这个旅游城市征服人心的是那四季不冷不热、温和宜人的气候，白帆与海鸥共翔的海湾，湛蓝的海水中漂浮着的游艇，别处的海边难得一见的"船屋"（专为游

---

① 世界排名第一的大瀑布是位于阿根廷与巴西交界处的伊瓜苏瀑布，排名第二的是位于非洲赞比亚和津巴布韦交界处的维多利亚瀑布。

艇搭盖），处处都充盈着的海的气息，无处不有、高耸入云、粗壮挺拔的乔木，还有那些在公园里、在城市的每个角落都灿烂绽放的叫得出名字和叫不出名字的花朵。让我印象最深刻的是女王公园，公园虽不大，但用"惊艳"一词来形容那些被精心伺理、精心摆布的花坛景点毫不为过。还有市区无论是建造还是修饰都那么完美的高楼与小屋、各有奇招的工艺品市场（可惜忙于观看，没记下市场的名字）。或许，整个温哥华就是一个优雅的大花园，难怪那么多华人选择这里作为心仪的移居地。说它是华人心仪的城市还有一个例子。被温哥华华人戏称为"解放区"的温哥华列治文区，据说目前华人占了该区人口的百分之九十几。那是一个华人置身于其中就备感温馨的城市。

维多利亚是一个比台湾还要大的海岛，从温哥华出发要花费大约 4 小时的时间，途中汽车和人还得一起乘搭约两小时的大渡轮。那段不长不短的海路沿途的风景用"非常迷人"来形容一点也不过分。在我看来，海岛本身就是一个大花园，处处鸟语花香，可那两天两夜不是忙于开会就是忙于记音，我错过了它。尤其可惜的是错过了那天国际潮学研讨会组织的半天维多利亚市区游。当其他代表回来跟我描述他们参观的维多利亚唐人街时，我真的很羡慕！要知道，100 多年前，在海上漂泊了几十天，最先抵达加拿大的广东四邑籍华人，首先踏上的就是维多利亚的土地，然后再分散到加拿大各地。

其实，领略加拿大，并不仅仅是领略它的风景地貌，此次我也领略了它的人情民风。早就听说，加拿大的治安比美国要好得多，民风更加淳朴，人们都很 nice（友善）。此行虽没有什么机会接触加国的一般民众，但是接触到的加国华人都给我留下了难忘的记忆。

帮助我调查的发音人，无论是多伦多广府话、温哥华广府话，还是维多利亚台山话的发音人，无一不是挤出了自己不可多得的休息时间赶来义务帮忙的，且只要应允了帮助你，就都无比敬业。每每当我为赶时间劳累了他们向他们表示歉意时，他们都只是淡淡地说没关系。维多利亚台山话的发音人更是说愿意为弘扬华人的语言文化出一点力。

我最想感谢的是一位叫翠翠的华人。她不仅协助我寻找温哥华和维多利亚的发音人，自告奋勇地陪我们到维多利亚，还在旅游旺季 8 月，在我们一时难以找到价格合适的旅店时，两次免费为我们提供住处（一次是她家的地下室，一次是她的朋友还未入住的新房，虽然都只能打地铺，但干净安全）。而认识这位 18 岁就从香港来到温哥华，在加国已生活了约 40 年的华人，却是一个意外。我们飞抵温哥华时，早已联系好的外子的老同学因为车子临时坏了，请了自己行动不便有残疾的妹妹和朋友翠翠一起到机场接我们。在知晓我到加拿大的目的后，原本与我们毫无关系却天生热心肠的翠翠就开始四处奔走帮助我们。短短几天时间，我们就成了朋友。我们也诚挚地邀请她回国游玩。翠翠想学粤剧（海外华人的中华文化情结可见一斑），相信我会在广州帮她找到合适的老师的。

而最让我感到高兴的是，在完成开会和调查的任务、从维多利亚返回温哥华后，正巧我们的一个好些年没见面的好朋友列勤从内地和香港度假后返回温哥华。于是在加拿大的最后 3 天，好友带着我们游玩，我们一起叙谈，快活惬意！快乐的时光最易飞逝，离别的当天，我们在温哥华国际机场办理登机手续、准备要告别时，却意外地被告知航班因故延误 7 个小时！要是平时，那种沮丧自不待言，但是那天，我们却都感谢上苍多给我们一些相聚的时间。航班的延误，使得飞机到达香港国际机场的时间变成了凌晨 1 点多，最终我们在香港机场一直等到清晨 7 点半才搭乘到回广州的班车。

因为季节不对，此行未能见到加拿大枫叶大红大旺的美景，可我也留意到旷野中其实已有三三两两、零零落落的枫树悄悄地红了。可惜没有时间再等了，留点遗憾待下回吧。

2015 年 9 月教师节前
记于广州华景新城寓所

陆钊珑老师八秩华诞贺词

敬爱的陆老师：

1963 年 9 月，我们这一群稚气未脱的少年因为求学，踏入了有点儿简陋、在当年的我们眼里离家既很远又很陌生的广州二十一中校园，开始了我们全新的中学生活。巧的是，似乎是冥冥之中的天意，老师您也在离开了大学校园后，走向了初三（3）班，走向了我们，成了我们的语文老师、班主任。那时，二十一中的教职，对您来说，也是全新的。

二十一中的生活，对我们这群十三四岁的人来说，一切都那么新鲜：中学里传授的知识是新鲜的；自己动手挖操场修跑道是新鲜的；几十个人挤在一起住大宿舍、睡吱吱作响的木架子床是新鲜的；晚上限时熄灯、早上按时起床做早操是新鲜的；人手一个大碗、8 个人一桌同吃一盘少油少肉的大锅菜，排队洗澡也是新鲜的。一个星期里 6 天被"关"在学校，说大不大、说小不小，有些懵懂的我们，上课开小差，搞小动作，下课尽情嬉戏。在接下来的几年里，与我们做伴的都是老师您。

人生有很多"碰巧"。

假如不是那场"文革"，初中的经历对一个人来说，不过是漫长人生中的一段小插曲。假如知道那些年是我们这一生中最重要的学习经历，当初的我们一定不会那么奢侈地挥霍光阴。遗憾的是，二十一中的学习却是我们之中不少人最终的求学记录。那是我们人生中弥足珍贵的经历，无论我们是否还有后续的求学生涯，那几年宝贵的初中学习，都为我们走向农村、工厂、兵营，走向社会奠定了知识的基础。

老师从教一生，桃李满天下，您可能不一定记得初三（3）班的每一个人、发生的每一件事，但我们每一个人可都记住了您！记住了您那引人入胜、丝丝入心的语文课，记住了您对初涉人生的我们的引导，记住了您看到我们的每一个小进步时露出的笑容，当然也记住了您遭遇我们少不更事的恶作剧时的窘态……

世界这么大，能走到一起，是一种百年修得的缘分。正是因为成长在共和国特殊的年代，走过了人生的风风雨雨，我们才分外珍惜这种师生谊、同学情。

今天是我们初三（3）班同学和陆老师的又一次聚会。几十年过去了，尽管我们的鬓发也已经开始发白，尽管我们之中的大多数人也已经成为爷爷奶奶，可是我们敬重老师的心依然如故。不同于以往的聚会，这次我们借用暨大的一角，为老师贺寿，祝贺老师的八十华诞，祝老师健康快乐，福如东海，寿比南山！也为我们自己迈入或即将迈入 65 周岁，可以坦然地享受"免费出行"，越活越年轻而干一杯！

干杯！

2015 年 10 月

日历翻过又一年

2015 年厚厚的一沓日历在紧张、繁忙中翻到最后两张了，时间像是飞着过的，已经很久没有给《方言那些事儿》加墨添字了，后天就是 2016 年，心里寻思再怎么着也得写几个字交上了。

国家社科基金重大、重点项目科研之外的行政事务出乎意料的多，经常被折腾得夜不能寐。暑假去美国纽约，加拿大多伦多、温哥华、维多利亚调查回来后，资料的整理尽管不停地在做，无奈常被杂事打断，至今还未能完成。这些日子则一直在办理去南非调查签证的事宜，在获得学校各级的批准后，多次联系旅行社，讨论是以旅游的方式还是探亲的方式出行，以及需要办理的各种手续，预订机票、住宿（领事馆规定签证前必须预定）；国际长途电话、短信多次联系南非的华人朋友，光是顺德，在南非的华人朋友回国探亲时，前前后后就去了 3 次，折腾至今还不能确定能否成行。确实如坊间所说，越是不发达的国家，签证就越麻烦。但是为了调查从未被披露过的南非华人社区汉语方言，怎么都得忍。海外调查的一些客观制约因素非人力财力可解决，假如事不如愿，那就太遗憾了。

其实因为我是退休返聘的，按照规定可以持私人护照出国，这已经是省免了不少繁杂的手续：不需要海外的正式邀请函，不用申请手续繁多的公务护照，报销的手续也稍稍容易了些。按规定，在职的老师必须持公务护照，要有国外的正式邀请函才能外出。此规定若不能更改，将严重影响重大项目的完成，因为没有哪个国家会邀请你去调查汉语方言，除非找到合作的科研单位，但这在很多国家和地方都是不可能的。（这点我在前文说过）我的重点项目和与美国旧金山大学的合作也是在同窗朋友等的帮助下，颇费周折才办成的。这个学期，已经有子项目的老师因为急于完成任务却拿不到国外的邀请而萌生了退意。收到消息后，我连续几日几夜如坐针毡，最后决定给社科规划办打报告，请求对本项目必需的出访网开一面。然而，最后等来的电话回复是，国家规定，社科规划办无权更改。好在老朋友们都能理解，大家约谈后，商定仍维持现状不变。至于日后会怎样，现在似乎也只能听天由命了。

半年来和各位学生一起忙碌的还有准备明年在美国三藩市召开的第五届海外汉语方言国际研讨会。本来我们是与旧金山大学合作举办，但考虑到美方的朋友工作繁忙，加上国内的一些情况他们不太熟悉，于是与美方沟通，揽下了发征稿启事、发会议通知、联系海内外的学者等工作。也幸亏早已毕业的学生肖自辉和4位在读的硕士生都非常给力，无论大事小事，每件都能顺利处理。

这些日子也不是没有愉快的事，其中与方言有直接关联的就是上周末在潮州韩山师院召开的第十四届闽方言学术研讨会。我本来不准备参加，经不住吴芳的几次来电，加上故乡潮州（尽管我从未在那里生活过，但那是祖母和父亲的家，韩师还是父亲的母校呢）美食的诱惑，最终还是提交了一份8月去加拿大参加潮学会却没有在会上宣读的文章，带上两个今年新收的硕士生赴会了。

那天中午1点多一下高铁，就跟来接我们、我一位在韩师工作的学生谢静直奔潮州的牌坊街寻觅小吃，潮式春卷、咸水粿、鸭母捻、牛肉丸汤塞了一肚子，晚上6点半才出现在会议的餐厅里……

以往参加会议，伙食总是一个极易遭人吐槽的议题。虽然没有什么山珍海味，可那两天满满都是"潮味"的几顿饭获得了一致的好评。这就是潮州美食的魅力！真得感谢主办方，感谢韩师的校长——老朋友林伦伦。会议办得好，并不只是因为吃得好，无论参会的人数、代表来源（包括内地和港澳台地区）、提交的论文质量，还是代表们的态度，都是值得竖大拇指的。会议会务的主要负责人吴芳和杜奋（杜奋今年已报考了我的博士，真心祝他考试成功）也因为出色的工作获得了满堂喝彩！

只是没想到主办方会安排我做大会发言。一小阵忙乱之后，想到除了论文发言，还可以利用这个机会宣传一下海洋方言，宣传一下我们的国家社科基金重大项目和重点项目，还有明年美国三藩市的第五届海外汉语方言国际研讨会，于是欣然上台，大声宣讲。结果令人满意，好几位代表都表示要去参会。最令人高兴的是，海南师范大学的杜依婧老师表示要加入我们的研究队伍，去做泰国的海南闽南方言调查。此事如能开展，那我们的闽方言研究又将有一个新的突破，因为我们此前有海外福建闽南方言、潮州闽南方言、福州闽东方言的调查，还未有过海南闽南方言的调查呢。

2015 年有焦虑，也有喜乐，期待新的一年。

2015 年倒数第二天
记于广州华景新城寓所

江　叔

　　江叔姓马名江，是一位年过八旬的南非老华人。

　　认识江叔纯属意外。

　　去年春天，为了国家社科基金重大项目"海外华人社区汉语方言与文化研究"的开展，我四处寻找能助我之力。一天，在初中老同学刘纪元的指引下，到位于广州二沙岛的广东省侨办寻找能协助我的人。在等人之际，巧遇暨大历史系的张应龙教授。张教授有一个研究广东省华侨历史的项目，正好约了一位南非华人前来调查。我一听非常兴奋，见到那位南非华人苏先生后，马上向他打听南非华人社区的状况。苏先生热情地给我做了介绍，并告诉我，他到南非20多年，有的事还不太清楚，但有一位老华人正好也回国了，他这几天要去顺德见他，假如我愿意，可以与他同行。

　　求之不得！关于南非华人社区和华人社区的汉语方言，之前学界的认识是早已消失，但现在苏先生说并非如此，具体情形如何，是应该了解清楚了。我马上决定与他一起去顺德。

　　在顺德乐从镇的"马江酒行"（酒行由江叔的弟弟河叔照看，专门出售南非红酒。后来才知道，酒铺惹眼的大字招牌就是只读过3年书的江叔写的），江叔给我的第一印象除了热情爽朗就是爽朗热情，一点也不像耄耋老人。他说，南非华人社区还挺旺盛，但人数最多的地方并非开普敦，而是他们所在的约翰内斯堡（华人简称"约堡"）。在约堡，顺德籍的华人很多，粤方言顺德话是社区内的通用方言。这真令人振奋！我小心翼翼地述说了想去调查的愿望，江叔回答：没问题。而且说，可以到他家住，他会帮助我。

　　简直是天上掉下了大馅饼！没有丝毫陌生感，而这只是我第一次邂逅江叔啊！

　　那次见过江叔后，在他回南非前，我和外子又一起去了一趟顺德。到去年冬，江叔回国为他已 102 岁的老母亲做寿，随即电告我们。谁知几天后我们再打电话去顺德，却被告知他已回南非。正在我感到有点儿沮丧，以为去南非调查无望时，过了几天突然又接到了江叔的电话邀请。原来他突感身体不适，匆匆赶回南非，一番检查后得知是患了带状疱疹（俗称"生蛇"），遂又决定再返中国寻求民间土方医治。

世人皆知中国美食以粤菜为最，而顺德菜更是粤菜中的佼佼者，不是说"食在广州，厨出凤城"吗？凤城就是顺德。在顺德，似乎任何一间餐馆，不论大小，都能做出令人惊艳的美食。3 次会面，江叔都以地道的顺德美食招待我们，我们在大饱口福之际，也收获了满满的友情。之后为了申请签证，我们又多次通过电话、短信与江叔联系，每次老人都不厌其烦。最有意思也最令我们感动的是，当代办南非签证的旅行社说最好能有一份当地的邀请信时，江叔居然用毛笔，从右边开始，自上而下地写了以下内容：

本人马江，诚邀请樊振戈、陈晓锦，来南非共和国旅游。
2016 年 1 月 1 日发。
护照号码：樊振戈 G×××××××　　陈晓锦 G×××××××
邀请人：马江字 K. MA.

很是折腾了一番后，2 月12 日，我们抵达南非。步出约翰内斯堡机场时，就看到早已等在那儿、亲自驾车来接机的老人。之后的 10 天，我们在江叔家感受到的都是浓浓的超越了友情的亲情。

江叔结过 3 次婚。第一任妻子因为身体原因没有生育。第一任妻子病逝后，第二任妻子在生育了一个女儿之后也病逝了。现任妻子很年轻，生了一女一男两个孩子，小的才 12 岁。但是他的家却是一个实实在在的大家庭，除了在开普敦工作的大女儿，家里平时常住的还有江叔的一个妹妹和一个侄女，不时还有一些临时的住客。我们在的那些天，就有两个因父母外出寄放在他家的侄孙女，另外，妻子的大姐及女儿、女婿也从国内来访。吃饭时，家里能供十几人用餐的大饭桌常常是满登登的。每逢节庆或是有什么好吃的稀罕物，江叔总会呼朋唤友，那就更是几十个人的大聚会了。这样的聚会我们在南非时就碰到了两次，一次是吃龙虾，一次是吃烤肉。

从现状看，这当然是个幸福的人家，但是幼时的江叔也尝尽了人间的辛苦。江叔出生在广东顺德，父亲40多岁便去世了，生养了12个孩子的母亲独力抚养了存活下来的8个孩子。作为长子，江叔只念过3年书，他如今不逊于文科大学生的知识都是从社会大学、从各种杂书中自学而得的。其中不少得益于他年少时当"收买佬"①，在南海收到的广东大儒简竹居②的一大批没有发表的文稿。可惜当年他离家时存放在顺德老家的那批文稿，经历了数年的世事变迁，最后大都化为农村的厕纸！跟我们说起此事来，江叔仍痛心不已，那可是一笔不可估量的精神财富啊！

与很多海外老华人一样，江叔也有他漂洋过海的故事。

20世纪40年代，江叔的姑婆（姑奶奶）曾为他办好移民南非的手续。但是，其时他父亲认为他年纪还小，想让他读几年书再说。到了1957年，迫于生计，他假托继承遗产，申请到了香港，1958年以办假证的方式再从香港进入南非。同年被1888年就嫁到南非的姑奶奶的女儿认作儿子入籍南非。其时，为了配合对方的结婚年份，他将自己的年龄改小了5年，所以现在的身份证上显示他是70多岁。

在南非，江叔一路奋斗，做过不少行当，年轻时可以说黑白两道都混过，酗酒斗殴，最凶的一次因为不服白人的欺负，与对方打架时左眼被严重打伤，医治了好几个月，至今左眼的视力都不怎么好。江叔白手起家，曾经与南非民族斗士曼德拉是朋友。他教曼德拉打洪拳，曼德拉也曾教过他打西洋拳。至今，江叔一直保留着曼德拉当上总统后与他和其他华人的合影。在积攒了一份身家，在中国与南非的关系解禁后，20世纪80年代，江叔为两个弟弟和两个妹妹申请移民南非，90年代又为几个侄辈申请移民。现家族在南非的人口已有4代30多人，比在祖籍地顺德乐从的都多。1998年后，江叔逐渐退居二线，自己一手创立的家业——包含冷库、面积有2000多平方米、目前仍有20个员工的肉铺交由弟弟、侄辈们管理。

江叔德高望重有人缘，无论走到哪儿，只要是认识他的华人都会主动过来打招呼。除了不得不使用英语的场合，在他的那个大家庭里，作为一家之长，他绝大多数时间讲的都是一口典型的、如今就是在广东顺德也不易听到的粤方言老顺德

---

① 粤语，收破烂的。

② 简竹居，广东南海人，与康有为同为朱九江的学生。

话①，家中的其他年长者讲夹杂着广州音的顺德话，年轻人、孩子们在一起时都说英语，与长辈对话则说夹杂着英语的广州话，偶尔也会带出几个顺德音。清晨起来，孩子们都会与长辈互道一声"早晨"②。孩子们与长辈是不得不说汉语方言的，曾看见一位女孩用英语向母亲提问，懂英语的母亲的回答是 3 个方言字：听唔（不）懂。女孩只好再用汉语方言重复问一遍。家里饭厅正中贴着几条醒目的红纸大字短条幅——"中华民族，首都北京，广东省，顺德县，乐从镇，沙滘乡，北村罗巷"，这是江叔为了提醒晚辈不忘故土、牢记祖籍国写的。

中华文化、海外汉语方言的承传，靠的就是一代代华人的执着啊。得益于这种氛围，我也趁机记录了约堡华人社区使用粤方言的新老华人间的一些方言差异。

一诺千金是江叔做人的原则。海外汉语方言调查历来都不容易做，在南非同样如此，且在南非，特别是在约堡，目前还有一个严峻的治安问题。在我们逗留的 10 天时间里，就听说有中国的旅行团被持枪匪徒整车劫持，所有的行李及证件都被洗劫。这也是一些同行不愿、不敢去南非的原因。不怕笑话，其实我们出行前也有同样的担心。但是江叔发动亲朋好友给我们"护航"，给我介绍南非华人社区的状况，帮我寻找土生土长的发音人。我亲见他的一位侄子因为推脱没有时间不想当发音人而受到他的厉声斥责，其后那位年轻人成了帮助我最多的发音人之一。尽管获得签证的时间很短，没能全面地了解南非华人社区，没能再多做一些工作，但在他的帮助下，我还是掌握了南非华人的一些情况，幸运地完成了一个粤方言的调查，做了 10 份问卷调查表。虽然成绩有限，但这是迄今为止南非华人社区汉语方言调查研究的首次突破。

最令我感动的是，在千方百计助我完成工作后，为了让我们不虚此行，多了解南非，江叔除了亲自开车带我们见识以治安不好出名的约翰内斯堡，又让人帮忙买了去开普敦的机票，与他的好友也是我的一个发音人梁先生一起，陪同我们去游览，让我们不但领略了风景优美的风城开普敦（开普敦的风之大在我们到达的当晚就领教了，真真是吹得人站也站不稳），还见到了大西洋、印度洋，见到了小时候就在书报上看到过的总是觉得遥不可及的非洲好望角，见到了世界上最小的超可爱

---

① 顺德话与广州话在声韵调几个方面都有差异，但顺德的中青年人如今大多追逐潮流改说广州话了。

② 粤语，早上好。

的非洲企鹅，见到了山顶平坦、云雾常常像一张厚重的大桌布均匀地覆盖其上的有"上帝的餐桌"之称的桌山……

不虚 10 天的南非之行。

为我们提供了那么多帮助，可当我们要离开南非时，江叔还是很为时间急迫，没能让我们更多地看看南非，吃上据说是世界上最好的对虾——南非对虾而遗憾。可是他却丝毫不提带状疱疹给他带来的病痛，在身体非常不适的状态下还为我的调查奔走，围起围裙亲手为我们、为家人炮制了有名的南非鲍鱼、拿手的烘烤牛排、白灼龙虾……而且，因为身体的缘故，每每做了各种美食，他都只是夹了几筷子青菜，就坐在一旁默默地看着大家享受。

这就是南非老华人江叔。

2016 年 2 月 24 日
从南非夏日的阳光下回到初春阴冷的广州
记于华景新城寓所

南非见闻

去南非调查华人社区和社区汉语方言的愿望终于在前后策划、忙碌了几近一年后实现了。可惜南非领事馆非常吝惜，只给了我们短短 11 天的停留时间。外子同行，担心会出什么意外，我们只安排了 10 天的行程，大年初四就出发。

第一次去这个位于非洲南端，经济状况在非洲算是最好，而治安状况却十分堪忧的国家，一切都那么新鲜，回到广州，迫不及待地在时差还没倒过来时，记录下一些见闻感受。

南非共和国（The Republic of South Africa）地处南半球，位于非洲大陆的南端，有"彩虹之国"的美誉，面积 1219090 平方千米，其东、南、西三面被印度洋和大西洋环抱，陆地与纳米比亚、博茨瓦纳、莱索托、津巴布韦、莫桑比克和斯威士兰接壤。东面隔印度洋和澳大利亚相望，西面隔大西洋和巴西、阿根廷相望。据统计，2014 年南非人口为 5937.69 万。

在世界上，知名度最高的南非城市非约翰内斯堡（南非华人称之为"约堡"）莫属。约堡是南非前总统曼德拉的故居地，既是该国最大、经济最好、华人最多的城市，也是治安最糟糕的城市。不少人以为它就是南非的首都，其实不然。不同于世界上绝大多数国家的一国一都，南非有 3 个首都：立法首都在全国第二大城市开普敦，司法首都在布隆方丹，行政首都在比勒陀利亚。请先别吃惊，也先别为那些政府官员的三地奔波担心，要知道，这个数量还比不上沙特阿拉伯。不大的沙特有 4 个首都，而世界上"一国两都"的国家则有 10 个。

南非缘何会有 3 个首都？这与当年英帝国的殖民统治，与西方的行政、立法、司法三权分立政治制度有关。100 多年前，现在南非共和国的国土上存在着 4 个国家：以开普敦为首都的开普敦共和国、以彼得马里茨堡为首都的纳塔尔共和国、以比勒陀利亚为首都的德兰士瓦共和国、首都设于布隆方丹的奥兰治共和国。1910

年，英国占领了上述 4 个国家，并组成南非联邦。在确定南非联邦的首都设于哪里时，4 个国家互不相让，最后只好通过调解达成妥协，把行政首都定为比勒陀利亚，立法首都定为开普敦，司法首都定为布隆方丹，彼得马里茨堡则得到了联邦政府给予的经济补偿。同时，位于纳塔尔共和国的德班也被指定为南非货物进出口的港口城市。这一结果皆大欢喜，但这 3 个首都的距离非常遥远，其中，行政首都和立法首都的距离是 1800 千米。该国的总统、部长和国会议员们每年都得轮流往返这两个城市上半年班。这意味着那些官员在两地都拥有住房、汽车等。据称，近年来由于经济不好，失业率高达 40%，南非货币兰特不断贬值，政府正在考虑首都合并事宜。

历史上，南非曾是种族隔离极端严重的国家，在白人殖民统治时期，不但占这个国家人口绝大多数的黑人被压在最底层，就是其他人种，如华人、印度人等也没有任何尊严可谈。当年白人实行种族隔离，绝不准许黑人和有色人种进入白人的高尚住宅区，就算有钱也不行。一位老华人告诉我们，他曾在靠近约堡的埠心①处买过房子，但借用的是一位白人的名字。1994 年解除种族隔离后，黑人和白人的地位来了个 180 度的大颠倒。原本占该国人口 21% 的白人中的精英、有钱人等纷纷移民其他国家，剩下的大约只占全国人口的 9%，很多白人沦为穷人，据说甚至出现了白人贫民窟。我们在约堡参观过一个华人朋友的农场，农场的一个白人员工寅吃卯粮，不断地向他借钱，离发工资的日子还早哩，当月工资就借完了。

而华人如今的感觉普遍是，他们的地位仍在黑人之下。华人因为勤奋，家境一般都较殷实，也因为不愿惹事，往往成为不法分子欺负打劫的对象。南非地广人稀，住宅绝大部分是带院子的平房。街上所见，住宅高大的围墙上通常都安装了铁丝网或电网，家家都养了看家护院的大狗，有的人家还聘请了私家保安。华人开车回家，通常车子都不直接进门，而是先在房子周围转一圈，观察有无异常再开门。当地枪支泛滥，有的华人也不得不备枪防范。如若不是眼见，真的不会相信一些华人的小商铺、小餐馆，就算在白天营业时亦关着铁门，客人来了需按门铃叫门。一次，路过约堡北部治安最糟糕的一个区时，驾车的黑人司机说，他也不敢去那里，怕进去后连渣也不剩。

---

① 当地粤语，市中心之意。

面对这种治安状况，想来南非政府也有点束手无策。听说，光一个约翰内斯堡国际机场，就有 12000 名警察，每天三班倒执勤。针对不法分子常袭击华人而一些华人不谙英语的现象，政府甚至在华人社区搞了"警民合作"，分别指派使用不同汉语方言且英语较好的华人负责。发生案件时，受害者可先迅速报与负责的华人，再由其报告警方。这在其他很多国家都是闻所未闻的事。

上文提到的白人贫民窟我们没有见到，其实黑人贫民窟之多、之大却是了得。我们到过的约堡和开普敦都有好些个大贫民窟，虽然没见到号称南非，也是世界最大的贫民窟约堡索韦托，但开普敦的贫民窟就够令人吃惊了。从开普敦国际机场出来，一路上密密麻麻的用铁皮烂瓦随意搭就的豆腐块似的小房子，用"成千上万"来形容一点也不夸张。听说那些贫民窟的地块都是政府划出来、居者自建的，不管住多少人，每间的占地面积都有统一规定。少量看起来较新、较像样，甚至屋顶还带了太阳能热水器的，则是政府后建的，据说建筑商还是华人。

再讲讲自然环境吧。这个国家虽无高山，却不乏丘陵，在印度洋和大西洋环绕下的南非，风光优美，地大物博，矿产尤其是黄金、钻石等非常丰富。环境保护做得不错，极目所见，草绿树茂花红，处处可闻鸟鸣。那里是非洲大象、猎豹、狮子、斑马、长颈鹿、野牛、鬣狗、鸵鸟、犀牛、河马、鳄鱼等野生动物的天堂。尽管没有机会去大草原，但也就那么几天，我们特意去看的野生动物就有世界上最小、只有两三个巴掌那么大的非洲企鹅，不经意间在公路旁遇见过的则有鸵鸟、珍珠鸡、麝鼠、野兔、蜥蜴、狒狒等。这段时间正值南非的盛夏，与澳大利亚相似，这里早晚温差很大，蓝天白日之下气温很高，但只要站在树荫处、屋檐下，就会觉得爽快，傍晚太阳下山后，温度也就降下来了。白天穿件短袖 T 恤不会流汗，夜晚薄棉被则是常备之物。我们住在一位老华人家 10 天，家中的空调、电扇都未开过。刚从广州今冬特别的阴冷中走来，这里的气候让人倍感舒适，真是避寒去了。

其实，到南非调查的初衷是想印证之前学界的一个说法：南非开普敦存在过百年的华人社区和社区内的汉语客家方言等都消失得无影无踪了。但是耳听为虚，眼见为实。事实证明，南非的华人社区并未消失，华人社区内的汉语方言也仍然存在。

19 世纪末，南非发现金矿。最先大约在 1882 年，就有两三万来自中国山东的签约劳工到南非开矿。只是那批山东劳工后来基本上都返回中国，没有留下来。当时的说法是"过金山"，后来才知道，此金山并非彼金山，故美国三藩市称"旧金山"，以区别于南非、澳大利亚等处后发现的新金山。

之后大约是在 19 世纪 80 年代，开始有广东顺德、梅州等一带的华人过去。其时，华人多以经营小杂货店和餐饮业为主。近年来，尽管二次移民澳大利亚、加拿大等国的南非华人很多，但当地华人告诉我，据中国大使馆的估计，20 世纪 80 年代改革开放以前到南非的老侨大约还有一万人，目前全南非有永久居民身份的华人约 30 万，无永久居民身份的也有二三十万。我们在南非期间碰到的华人，既有自己经营商铺饭店的，也有开公司开工厂、开农场搞种植的，还有年轻人在公司里当工程师或当文员什么的。有的年轻人表示，生于斯长于斯，已经是南非人了，还是会留下来。华人的社团也很活跃，光是老社团就有华侨联合会所、中华公会、顺德联谊会等，新的社团就更多了。

中国改革开放前来的老侨以祖籍广东顺德的居多，其次是广东客家人。新侨中福建籍、台湾籍的不少。有意思的是，与国内"逢客必山"不同，南非的客家人多居水埠①，如开普敦、伊丽莎白港等地，而位于内陆的约堡则以顺德籍的为多。由于二次移民、居住分散等原因，南非的客家人已经越来越少，客家话已不成社区方言。一位第二代梅县的客籍华人告诉我，她连自己具体是梅县哪里的都不清楚，父母去世后，基本无人与她讲客家话，不但孩子不会讲，自己也忘了很多。不过，在华人最多的约翰内斯堡市，粤方言还是华人社区的主要交际用语，只是由于治安的原因，原来位于约堡市中心、大约始建于 20 世纪初的老唐人街现在已基本废弃。见到的好些华人都说，他们已经有十年八年没去那里了。这大概就是致使外界传言南非唐人街消失的原因吧。

不过，"野火烧不尽，春风吹又生"，代之而起的是一个不在市中心的新唐人街。新唐人街面积虽然不大，可街区内就有一个警察局在那里坐镇，一条三四百米的街道两旁也满布华人的小公司、小商场、餐馆、杂货铺，卖菜、卖肉什么的都有。我们在那里的几天，正好赶上唐人街一年一度的庆新春舞龙舞狮盛会。那个晚上，整个街区两旁都摆满了密密麻麻的就餐桌椅，人山人海，一位难求，锣鼓声鞭

---

① 当地粤语，即沿海一带的城镇。

炮声喧天。有意思的是，扶老携幼赶来参加聚会的似乎"鬼佬"① 比华人还要多得多、兴奋得多。

我曾经被教育部外派在地处北非的埃及工作、生活过两年，今又亲历南非。这样，非洲一北一南的两个大国——埃及和南非，我就都去过了。

2016 年 2 月 25 日

记于广州华景新城寓所

---

① 粤语，外国人。

这个6月

今年 6 月的广州，闷热异常，每天从早到晚，身上的衣服常是汗湿了又干，干了又湿。虽说适逢端午期间，南方龙舟水至，但每天不定什么时候、劈头盖脸直浇下来的雨水还是多得叫人摸不着头脑。常常只是一会儿工夫，外面的街道上就可能水淹脚踝。天气预报充满了暴雨、特大暴雨的消息，新闻报道不断地报告这里那里的灾情。不止广州，广东、全中国，甚至全世界都遭受了厄尔尼诺现象的折腾：江西九江淹了；广西柳州马路上的汽车就像河道里的船；江西鄱阳河溃堤；北京、哈尔滨连降大雨，狂砸下来的冰雹干脆把路边的汽车等砸得百孔千疮；法国巴黎因洪水叫急，罗浮宫不得不临时关闭……

让人烦恼、心急的不仅是天气，还有项目上要处理的事。今年 7 月，我们要在美国三藩市召开第五届海外汉语方言国际学术研讨会，之前整个学期都在忙这个事：会议的安排，联络美国的合作主办方，联系各位代表，给代表们解说、处理各种疑难。因为很多老师没去过美国，有的老师甚至没出过国，护照、签证不知道怎么办，机票、住房不知道怎么订……关于会议的事，大概是不到会议结束都不会少的。

还一直担心已经提交了论文提要、表达了赴会意愿的老师会因为各种原因最终不能成行——对于国际会议来说，这还真不是没有先例的，去年在加拿大维多利亚大学召开的第十一届国际潮学研讨会就遭遇了尴尬。由于申请不到经费、不能如期拿到签证等问题，最后到会的就 20 来个人，方言类的除了我、台湾的两位学者，就只有香港的两位年轻人，可谓遗憾至极。国内的外出审批严格，美国的签证也颇不容易申请，目前为止，本次会议已收到几位老师不能到会的通知了，希望其他老师都能一切顺利吧。

还有就是国家社科基金重大项目子项目的第二批拨款问题，足足忙活了两个月。我和几位研究生分别多次去社科处和财务处沟通，直到端午节前一天，总算拨出了 3 个子项目的钱（闽方言子项目因为负责人吴芳从韩山师院调动到深圳大学工作，还得重新再打报告给国家社科规划办，申请将款项拨到她的新工作单位）。现在又是新一轮的等待，等待收到款项的子项目负责人寄回收款凭据，等待国家社科规划办的批复。

按规定，召开子项目负责人工作会议是国家社科基金重大项目必须做的。我的项目立项一年多来还未召开过此类会议。正好文学院有一批建设高水平大学的经费，学院拨了一些经费给我，故又挤时间忙着组织会议。虽说会议的规模不大，时间前后也就 3 天时间，但为这事我也忙活了好些日子。又因为会期与詹老师的会议重合，参会人员有的两个会都参加，因此需要协调。此外还要确定会议内容，准备发言稿，联络各位子项目负责人，邀请专家领导，做好经费预算，订会议地点，订住房，落实会议期间的伙食……

实施国家社科基金重大项目，50% 以上的工作时间是用于处理行政事务的——这是心得。

从上个星期起，肖自辉带着 4 个研究生——两个我名下的，两个范俊军老师的，5 个女孩子一起去了云南。到了云南后，又兵分两路，自辉和我的两个学生去了云南和缅甸交接的边界地区调查。自辉正在读历史系的博士后，原来一直纠结方言如何与历史结合的问题，我的"华人口述历史"的新想法启发了她。她此行的目的是在缅甸和云南的交界处调查游走两国之间的华人的汉语方言，记录华人的口述历史。

几位学生此行不可不说相当危险，也非常辛苦。中缅两国边境线上的人员复杂，相互之间来往频繁，你中有我，我中有你。她们必须往返于两个国家的边界寻找发音人，有时不得不干点类似于"偷渡"过境的事儿——这在边境地区是常有的事实，两国的边民有相互来往的习俗，但是无论如何，此类不得已而为之的事，是不能再有了。听说，控制那里地界的有几股不同的势力，什么克帮、钦帮、政府军。带路的人告诫她们，若被询问，就说是过去赌博的。

交通不便，外出大多得靠双腿。这不，前几天我的一位学生就在网上晒出了她那双走得几乎变了样的运动鞋。且那些地方很偏僻，别说微信、电邮，常常连手机信号都没有。有好几天我都没有她们的消息，叫人的心直揪着。都是女孩子啊！虽说我本身就是女性，但学生出门与我自己出去还是不一样。可是，这些年报读硕士、博士的总是女性占绝大多数，硕士研究生有时更是清一色的女生，也不知男孩们都去哪儿了。好在天道酬勤，尽管困难多多，她们还是带着调查成果，赶在子项目负责人工作会议开始前回来了。回来后，也马上跟着忙子项目负责人会议的准备工作了。

这就是学方言、做方言的人。我忙，学生也就得跟着忙啊，连要毕业的学生也不例外。这些天就多亏了一个今年毕业，6月底7月初就得离校的学生徐雨娴。雨娴一直在"站好最后一班岗"，一直在帮我处理一些急事，我心里对此非常过意不去，但也没办法，好在学生们都非常理解。而雨娴心目中的理想工作单位——广州图书馆也终于在她离校之前发来了录用通知。

6月23日，来参加会议的老师陆续来到。24日，"国家社科基金重大项目'海外华人社区汉语方言与文化研究'子项目负责人工作会议暨海外汉语方言高端研讨会"如期召开。与会代表在一起交流了项目立项一年多来所做的工作和遇到的问题。大家讨论得很热烈。总的来看，各子项目都有所动作，有的虽然还未出动调查，但也已做好了下一步的部署，官话子项目的成果不少，我所在的粤方言子项目完成的调查点最多（因为粤方言在海外的分布最广，五大洲都有，所以虽说我们已完成了十几个点，但也还差得远呢）。我在会上提出了做华人口述历史的新设想，引起了与会老师们的共鸣。与会老师们也提出了一些建议，如举办海外汉语方言调查培训班等。我们会好好考虑整合老师们的意见和建议，改进我们的工作，争取把重大项目的工作做得更好。

2016年多雨、闷热难耐的6月

记于广州华景新城寓所

一届实实在在的海外汉语方言
国际学术研讨会

从 2008 年联合香港中文大学的张双庆先生在暨大召开了首届海外汉语方言国际学术研讨会起，从广州到泉州，到银川，到深圳，再到美国，每两年一次，海外汉语方言国际学术研讨会至今已经开过五届了。今年 7 月 15—18 日在美国三藩市旧金山大学召开的第五届会议，完美地实现了我"在海外开一届实实在在的海外汉语方言会"的愿望。

在海外开一届海外汉语方言研讨会，是我多年来的期盼。愿望是美好的，但实施起来可真大费了一番努力和功夫。两年前，在深圳大学召开的第四届会议确定了第五届会议在旧金山大学举行后，这一年多来，我和我的学生们为了会议的召开，电邮你来我往的，不断地与美方的合作者李智强、林柏松教授沟通；征集会议论文，与表达了赴会意愿的境内外老师们沟通；安排会议的各种事项；因为不少人没有去过美国，有的甚至没出过国，还要指导老师们如何办理赴美所需的护照、签证、订机票、订房……毫不夸张地说，光是组委会成员之间的各种电邮来往，就已经等于一本不薄的会议手册了。

时间在忙碌和期待中飞一般地度过。

7 月 1 日，我提前到了美国俄勒冈州波特兰市。在俄勒冈州的那两个星期，住在一个暨大硕士毕业的学生王淑良家里。淑良原是同事钟奇名下的学生，毕业答辩的时候我是答辩委员会成员。她一直与我断断续续地保持联系，知道我的调查计划，非常热心地邀请我住到她家，热心地为我多方联系发音人。尽管家务繁重，其时她的 3 个女儿分别才 6 岁、4 岁、2 岁，但她还是与她先生一起（她先生一直开车接送我去面见发音人）协助我完成了波特兰华人社区广府话和台山话的调查。

俄勒冈州在美国不是大州，位于美国西北部的波特兰市华人的数量也不能与三藩市、洛杉矶、纽约等地相比，俄勒冈州接近 80% 的人口为白人，亚裔只占百分之六点几，但俄勒冈州自有它的特色，7 月的温度如广州的深秋，是全美十大宜居城市之一。我一直顾虑美国华人社区调查的选点，原先做调查的几个点都主要在西海岸、华人人数较多的地方，俄勒冈是一个突破。那个地方的华人虽然不多，但我在那里完成的问卷调查却是最多的，共有 30 份呢。

俄勒冈州波特兰市的另一个现象发人深思。与大多数有华人聚居的地方一样，该市也有唐人街。老唐人街位于城市中心的 Town Tang，有近百年历史。街两头至今还有漂亮的、上书"唐人埠""四海一家"的牌坊。可就是这么一个好端端的唐人街，却不知由于什么缘故，近 20 年来，生生地被流浪汉（homeless）占领了！之后，华人不断退出，另在该市 82 街一带松散地聚合。我曾问过当地的好些华人，没人能回答为什么。我到了三藩市后，与三藩市的华人说起，听者也都觉得诧异。这让我想起了南非约翰内斯堡唐人街的变迁，那里的老唐人街也被占领了，但那里是治安不好的地方，波特兰可是美国的宜居城市，在以法制社会自诩的美国，怎么也会这样？最近还传出当局欲将老唐人街与日本街合并的说法，这当然引起了华人社区的强烈不满。如今这事还没有完呢。

会议开幕前几天，我在波特兰的调查已进入尾声，正想松一口气，轻松一下准备赴会，却收到了组委会发来的告急，称会议的经费还缺两三千美元。临门一击，当时真是心急火燎，好在与自辉一起想了一些办法，包括：将会议的会务费由原定的 120 美元提高一点，提到 150 美元（会务费这个价格并非我们的首创）；为特邀专家订房的费用由暨大参会的老师共同负担；美方老师也在会议的餐饮上开动脑筋，减省了一些订餐的费用（如到校外订盒饭等）。这样才总算抹平了缺口！幸得各方支持，三藩市暨大校友会的校友们也积极相助，会长周云汉先生还给与会代表提供了包括住房、车辆等在内的帮助。

7 月 15 日，由俄勒冈州飞三藩市，柏松到机场接机。我们一直等到游汝杰先生从纽约飞过来，才一起去旧金山大学。会务组安排我与游先生，还有李如龙先生和师母同住一个套间。那几天，与两位先生和师母共居一套间，一起探讨了不少问题，过得非常愉快。

7 月 16 日，会议如期在旧金山大学召开，国内的学者来了差不多 30 人，加上美国本土等地的，参加人数接近 40 人。国内北方新疆、宁夏、甘肃的朋友来了，南边广东、福建、云南，还有台湾地区的朋友来了。当然，首届会议的合作者张双庆先生也来了。张先生家就在三藩市的湾区，因为放暑假，他早就在美国了。16日一早他就驾车来开会，却不承想走错了路，直让人担心是否来不了了。他这个首届会议的倡议者之一，可是不能不来的！好在虽然迟了一点，但他最终还是到了。

相聚在美利坚，好些长时间没见面，尤其是第一次到美国的朋友都很激动：原先真没敢想象海外汉语方言研究能越来越热，没敢想象汉语方言会能开到国外，但是这回我们实现了！最让人释怀的是，会议气氛热烈和谐，讨论发言很多时候都欲罢不能，最后只好以"时间到"终止。会议确定，2018年的第六届海外汉语方言国际研讨会在甘肃兰州举办。兰州城市学院的院长莫超教授承接了在甘肃办会的任务，热情邀请大家两年后在兰州相聚。两年后，我们将移师大西北！

7月17日下午，会议组织参观三藩市的博物馆。

7月19日晚12点多，转道香港返回广州。

7月26日，自美国返回后，在家用大约一个星期的时间，完成了国家社科基金重大项目的中期检查报告，指导学生张敏怡为完成毕业论文、做再次赴广西北海田野调查的准备。在刚刚感觉时差倒转过来时，就再次背起行囊飞赴古巴哈瓦那。新的一轮倒时差模式又开始了！

2016年7月下旬热浪逼人

记于广州华景新城

艰难小突破

　　2016 年的暑假已近尾声，整个假期我似乎都是在晕晕乎乎，不断适应的倒时差中度过的。先是 7 月 1 日至 18 日去美国俄勒冈州波特兰调查，然后在三藩市开第五届海外汉语方言国际学术研讨会，美国这两地与国内的时差约 6 个小时；其后是 7 月 28 日至 8 月 17 日在古巴田野作业，古巴与国内的时差是 12 个小时，整个白天黑夜颠倒！但无论如何，可以说是"痛并快乐着"，因为第五届海外汉语方言国际研讨会在美国成功举办，也因为西班牙语国家汉语方言调查的首次突破，且西班牙语也是世界大语种之一，虽然这只是一次艰难的小突破。

　　说艰难，一是调查点的选择颇费周折。

　　海外汉语方言的调查，之前一直没有涉及拉丁美洲。原来想把目标锁定在华人涉足较早的秘鲁，联系过广东外语外贸大学一位派到秘鲁教汉语的青年教师。可是再次联系时，却得知那位老师已经提前回国了。于是在去秘鲁的设想落空后，转而锁定了华人在 170 年前就涉足的古巴。因为得到暨大中文系研究古巴华人华侨的黄卓才老师，有"古巴妈妈"之美誉的、致公党广东省委会联络处原副处长刘丽萍，以及一位古巴侨领唐仲喜女士的鼎力相助，申请签证等事项都进行得颇为顺利。

　　说来长见识，古巴在广州的领事馆恐怕是小得不能再小了，总共只有正副领事两人（一对夫妇，女的为正，男的为副），外加两位中国雇员。古巴签证也与我以前看到过的签证不一样，它不是贴（或打印）在你的护照上的，而是贴心地单独另给你一张纸，你进出古巴时，海关也不会把印盖在你的护照上，而是盖在那张最后要回收的签证纸上，为的是不让你去过古巴的事儿留下痕迹，以免你以后申请去别的国家有麻烦。这当然与头号超级大国美国对古巴几十年来的制裁有关。

　　二是出发过程颇为折腾。

　　有签证，有古巴联系人，计算好暑假从美国回来大约一个星期就飞哈瓦那，我开始觉得事情会很简单。在完成美国任务回国后的那几天，尽管人很累，我还是抓紧时间完成了国家社科基金重大项目的中期检查报告，并为一个即将去野外作业的研究生做了指导。去古巴的机票是早在 5 月下旬就买好的，7 月 26 日 00：20。那几天我也不止一次翻查过票，却不知是人还在倒时差的迷糊之中还是什么缘故，我这个"老江湖"居然马失前蹄，没有想到，乘机的时间应该是 7 月 25 日的深夜！结果，当 26 日晚拖着、背着行李和外子在广州白云机场被告知误机时，整个人都懵了。反应过来后，马上联系售票的公司改票，但是在当晚和第二天上午手忙脚乱地忙活了一通后，最终还是被告知，按法国航空公司的规定，票不能改，钱，包括返程的也一分都不能退……

真是欲哭无泪，两张双程票总共 3 万多块钱就这样打了水漂。可是又有什么办法？心疼也没用，还得赶快通知古巴准备接我们的华人，再重新订一次票，不然，不但好不容易做好的签证要过期，联系好的古巴华人也有可能失联。于是赶紧重新买票，最终将去古巴的时间改为 7 月 28 日至 8 月 17 日，出发地和抵达地也改成了香港机场。

古巴还未到，工作还未做，就先狠狠地折腾了一番！

三是路途遥远。

说折腾，还要再讲讲这一趟来回路上的折腾。去程 7 月 28 日，我们是上午一大早从广州坐车到深圳蛇口搭渡轮到香港机场的。在香港机场等了几个小时，晚上 11 点左右飞法国巴黎，12 个小时后在巴黎时间凌晨到达。从起先几乎没有其他乘客，到人慢慢多起来的机场又等待了 12 个小时。飞机晚点几近两个小时后，巴黎时间深夜 11 点多再飞 12 个小时抵达古巴首都哈瓦那（华人称"夏湾拿"）。

回程则是在当地时间清晨 6 点从古巴南部的西恩富戈斯省（华人称"善飞咕"）的省城坐 4 个多小时车到哈瓦那机场，耐着性子在喧闹肮脏，洗手间的马桶连坐垫都没有，却有穿着白大褂的人不断暗示你要给小费，无电视、无网络的机场里，从上午 10 点多挨到晚上 11 点多飞法国。大约 12 个小时后到巴黎，在巴黎机场又是将近 12 个小时的逗留后，再转机飞香港。国际航班直坐得屁股痛、双脚肿。扣除时差，计算一下，从古巴西恩富戈斯省出发到抵达广州，总共 66 个小时，难怪有言说"远在古巴"①! 不过，在巴黎还好，可以在机场购物或者 window shop-ping（只逛不买），也可以上上网看看电视，因为时值里约奥运会，还遇见了几批从巴西转机经巴黎回国的中国运动员。

四是田野作业不易。

华人在古巴生活的历史悠久，古巴华人以广东四邑籍和广州周边的为主，但经历了 170 年的沧桑，经历了古巴革命，古巴与中国祖籍地几十年的隔离，一代华人去世的去世，二次移民走的走，现在的华人社区用"支离破碎"来形容毫不为过。剩下的散落于各处，能说一些汉语方言的华人几乎就是凤毛麟角。因此，方言本体的调查颇为艰难。所幸此行对古巴的华人社会有了一个直接的大致了解，在华人朋友的帮助下，最终还是完成了语言本体记录，做了 18 份问卷调查。尤其值得高兴的是，此行在哈瓦那、西恩富戈斯省和谢戈德阿维拉省（华人称"舍咕"）都特别录制了一些华人口述历史的珍贵音像材料。这是此前的调查从没有做过的，应该算是一个小小的艰难的突破。

2016 年 8 月 27 日

记于广州华景新城寓所

---

① 雷竞璇：《远在古巴》，牛津大学出版社 2015 年版。

天蓝云白话古巴

记忆中，儿时的一首歌是我对古巴最早的认识："美丽的哈瓦那，那里有我的家，明媚的阳光照新屋，门前开红花……"

对绝大部分国人来说，古巴是个远在天边的国家。这个国家全称古巴共和国，国名源自泰诺语"coabana"，意为"肥沃之地""好地方"，是拉丁美洲加勒比海北部位于北半球赤道以北的一个群岛国家——地理没学好，我原以为它属于南美洲，位于加勒比海西北部。古巴东面与海地相望，南面距牙买加140千米，北面距离美国佛罗里达半岛顶端217千米，首都为哈瓦那。古巴全国面积110860平方千米（其中，古巴岛104555.61平方千米，四周的岛礁3126.43平方千米），是西印度群岛中最大的岛国，也是目前美洲唯一的社会主义国家。全国人口1100万，主要是西班牙裔的白人，还有非洲裔的黑人，以及白人和黑人、白人和华人、黑人和华人的混血儿。

假如说这些都还不够形象，那么，换个方式告诉你，古巴的面积是台湾岛的3倍，人口却只是台湾的一半，"古巴"的概念大约就比较清楚了。

去古巴，这是以前绝对不敢想的事，可是却因我的国家社科基金重大项目变成了现实。去古巴的艰难已在另一篇小文《艰难小突破》中交代了，本篇就讲讲20天的加勒比之行这个国家给我留下的另一些印象吧。

相信"天蓝云白"会是映入每个踏上这个岛国的人脑海中的第一影像。的确，这个国家大部分地区属于热带雨林气候，只有西南部沿岸背风坡为热带草原气候，全年大约分为两季：11月至次年4月为旱季，其中，12月至1月气候较凉爽；5月至10月为雨季。在每年最热的七八月间进入这个国家，每天太阳都是火辣辣的，赤道的阳光烤得人只想寻找阴凉处躲闪，午后或许会有阵雨，夜晚深邃的天空则繁星璀璨。不少中国人怕晒，出门喜打伞，有的甚至把这一习惯带到国外，常惹来喜欢阳光浴的老外惊奇的目光。可是没承想古巴人出门也有打伞的，而且打的都是大大的伞。由于被大西洋包围、地广人稀、工业不发达等原因，古巴的自然环境保护得不错，空气绝对清新，白天天蓝云白，夜晚繁星闪烁，天空中常可见自由翱翔的鹰。我还在街头见过可爱的变色龙瞬间在树干和树叶间变换不同的颜色，见过只有拇指大的蜂鸟振动翅膀，像直升机一般停驻在花丛间吸取花蜜。

在岛上随便转转，便会发现那里有很多物产与同样气候炎热的东南亚相同：棕榈树（古巴的国树）、凤凰树、水稻、玉米、番薯、木薯、咖啡、烟草、甘蔗、各种大的小的芭蕉和香蕉、椰子、牛油果、大如孩子头的芒果、木瓜、西瓜、番石榴、林檎（也称"番鬼荔枝"，在古巴除了常见的绿皮的，居然还有红皮的）……气候炎热，人们也一样喜凉食爱冷饮。

除了首都哈瓦那之外，我还去过的两个省（古巴的省远不及中国的省大，叫县还差不多）——南部的西恩富戈斯、中东部的谢戈德阿维拉，所见的房屋大都是平房或两三层的楼房，基本没有高楼大厦。哈瓦那现时最高的 25 层大楼是 1959 年古巴革命前落成的美资希尔顿酒店，被政府没收后，现在更名为 Habanaa Libre（西班牙语，自由哈瓦那）酒店。1959 年后，时间在古巴像是被凝固了，城市少有新的建筑物。那些破落的百年前的欧式建筑物，相对好的高大的外墙只是刷了新的涂料，内部大都破破烂烂，很多（包括住家、酒店、飞机场的）抽水马桶甚至连垫板也没有。古巴的不少老旧建筑都带骑楼，走在那样的街道上，不免让人产生穿越到 20 世纪二三十年代广州西关一带的感觉。

缺少维护的马路大都坑坑洼洼的，但这个国家不愧是老爷车的王国，鲜见好车、新车在马路上跑，各式各样的老爷车则随街可见。马路上有用大货车改装的、挤满乘客的"猪笼车"（华人语），人力三轮车，也有载客的马车，就连华人口中所说的"高速公路"（其实充其量最多也只能算是国内的国道、省道）也是行人、畜力车、动力车都可以齐齐上路的。有一个现象很能反映古巴人的"聪明"，古巴没有如今国内遍布街道公路城市乡村的监控摄像头，就是红绿灯也不多，但并不缺乏警察的查询。如何躲避？他们有一个"发明"：开车遇上警察时，司机都会主动以特定的喇叭声，或者把手伸出窗外做一个手势，通知迎面开来的车和后续的车，如此一个一个地接力传下去。

古巴现在实行的还是供给制，凭证供应的食物少得可怜，城市里的店铺都很小，也都没有什么售卖的货物。货币则实行双轨制：有本国原有的比索，简称 CUB，这是弱货币；还有以外汇兑换的简称 CUC（西班牙语全称 Peso Cubano Convertible）

的强货币。美元兑换 CUC 按规定要缴 10% 的附加费，黑市上 100 美元换 85 个 CUC，CUC 与本国 CUB 的兑换率则是 1：24。强、弱两种货币同时流通，给古巴社会造成的冲击是相当大的。据了解，古巴国民的月平均工资是 360CUB，折合 15 个 CUC。而现在稍微像样一点的货物或服务都要以 CUC 支付，有办法搞到强货币的，就能过得稍微好一些，买到所需要的东西，所以现在的古巴贫富悬殊非常大。原来看过的一些报道都说古巴没有乞丐，但我在的那些天却常碰到讨要钱的，而且要的是 CUC。

实在不明白这个被辽阔的大西洋包围着的，阳光充足、土地肥沃、雨量充沛的海岛，这个拥有那么多未开垦、丢荒的土地的国家，为什么会弄到如此艰难的地步？美国几十年的封锁当然是一个方面，但是假如政策好一些，大家都努力一些呢？

烟草、咖啡、甘蔗是古巴的三大出产，不过很多人可能不知道，其实只有烟草是古巴的本土物种，咖啡和甘蔗则是哥伦布发现美洲大陆后才引进的。古巴民众现在虽然吸烟还是比其他地方多，但是因为价格不菲，吸雪茄的现在也少了。有意思的是，古巴华人从样子出发，叫雪茄"大烟"。大烟并不是国内所指的鸦片烟，只是用以区别于细小、粤语叫"烟仔"的香烟。咖啡是古巴人的最爱，每天都必喝。古巴咖啡的销量很不错，但在国际市场上，却有来自巴西、哥伦比亚，甚至越南等国的咖啡与之竞争了。

古巴的民众好像都安于悠闲的慢节奏生活，虽然物资匮乏，但是满街都是严重超重的人，据说这是喝糖水喝的。古巴人每天都离不开的小杯咖啡，虽不加奶，但得加多多的糖，食物不足，也只好以糖水充饥。其实，古巴现在的糖产量亦大不如以前。网上的消息说，古巴的糖产量已经跌到 100 多年来的最低点了。要知道，在 18 世纪中期，古巴糖的产量曾经占到世界总产量的一半，早年抵达古巴的华工，很多就是在甘蔗园劳作的。我当过知青，知道种植甘蔗每年都必须剥除两三次蔗壳。这是累活儿、脏活儿，但只有这样，甘蔗才能吸取日照，长得更粗壮、更甜。你到广东的甘蔗地看一下，都是清清爽爽的，可在古巴却没有剥蔗壳一说，坐车经过所见的大片大片的甘蔗田，甘蔗都像是疯长的细长芦苇。

还有，恐怕更为令人担忧的是，现任的两位年迈的领导人总会离去，到那时，古巴又会怎么样呢？

2016 年 8 月 29 日

记于广州华景新城寓所

古巴华人华裔点滴

　　中国人踏足古巴这个加勒比岛国的历史始于 1847 年。那年，两艘从厦门出发的轮船将 600 名华工运到了这个遥远的国家。之后，被运到美洲的苦力越来越多，19 世纪下半叶，被贩卖到美洲，尤其是古巴和秘鲁这两个国家的华工有二三十万之多，中国人移民古巴的历史自此掀开。古巴华人主要来自广东四邑以及广州周边一带，在美国厉行排华的年代，也有一些先期到了美国的华人辗转从美国来到古巴。

　　初抵古巴，华人主要从事垦殖等繁重的体力劳动，后渐渐地摆脱劳役，经营杂货铺、水果铺、餐馆、洗衣馆等行当。20 世纪 30—50 年代，古巴经济繁荣，华人的数量也有好几万。1959 年古巴革命后，华人的店铺被收归国有。生活无着，华人二次移民出走的出走，回国的回国，老死的老死，华人社区迅速萎缩。如今，古巴仍持中国护照的华人只有 115 人，不过入了古巴籍的华人和华裔的人数却有不少，因为当年的苦力基本是男性，通过异族婚姻造就了不少"唐人仔""唐人女"①。一种说法是，在古巴 1100 多万人口中，有中国血统的约占百分之一，但也有人认为远不止这个数。本文不想过多地探讨这个问题，只想谈谈所听到、见到、接触到的华人华裔，当然，所谈也只不过是古巴华人华裔的点滴。

　　如今仍持中国护照的华人大都是风烛残年的老华人，大多孑然一身，无家无室，一辈子没回过祖国，在哈瓦那华区②华人团体办的"颐侨居"里，就居住着一些这样的老人。不过，在持中国护照的华人中，也有几个正当年，且正在华人社团里发挥作用的。古巴南部的西恩富戈斯省的唐仲喜女士就是其中之一。唐仲喜在

---

①　当地华人语，指有华人血统的混血儿。
②　古巴华人不像其他国家，将华人聚居区称作"唐人街"，而是叫"华（人）区"。

1975 年 20 岁时，带着年仅 2 岁的儿子，从广东恩平去古巴投奔两年前回乡与她结婚的丈夫，到了古巴才知道年长她 30 多岁的丈夫不仅无职无业，还嗜好赌博。为了生存，养活自己、儿子和之后出生的女儿，她发奋学习西班牙语，搞卫生、缝衣服、当翻译、做导游、开餐馆……从一无所有到买下大屋、汽车，从懵懵懂懂到成长为西恩富戈斯省的侨领。如今，她又致力于振兴在古巴革命后当地逐渐萎缩的华人社团，帮助华人华裔。她的奋斗史，正是海外千千万万成功华人的缩影。

在古巴首都哈瓦那的街头，矗立着一座令华人徒生自豪感的黑色圆柱形大理石纪念碑，纪念碑是专为纪念在古巴的独立战争中贡献了力量、鲜血和生命的华人而立的，纪念碑上的西班牙文每一位华人都很熟悉：没有一个古巴华人是叛徒，没有一个古巴华人是逃兵。其实，何止是古巴的反西班牙独立战争，参加卡斯特罗革命的也大有人在，最出名的就是华人将军邵黄、华裔将军蔡国强（其母亲是西班牙裔古巴人）和崔广昌（其母亲是古巴黑人）。

在古巴当今的经济建设中，也有华人精英的参与。古巴中东部的谢戈德阿维拉省有一个占地面积约 1300 亩①的"中古友好农场"。农场的创办者陈细九在 20 世纪 50 年代初从广东番禺到古巴，时年 8 岁。从古巴大学毕业后，他一直为古巴政府服务，前些年创办农场，在岛国肥沃的土地上种植果蔬玉米薯类，养猪养鸡养兔。加勒比海岛土地肥沃，阳光雨水充沛，很多产品都是种下一个月左右就会有收成。农场的木薯 3 个壮汉合力才能拔起一棵。农场的大棚种植很兴旺，出产甚丰，连在古巴少见的中国小白菜、韭菜等蔬菜都有。

起先，我很不理解农场为何在古巴这个没有"冷"的概念的地方也要搞大棚种植，后来才知那是为了防晒防热！突然想起 20 多年前在美国威斯康星当交流访问学者的经历。那里每年有半年是冬季，冬季里常常是冰雪铺天盖地，气温总是在零下二三十度。我起初很不解人们为何还要使用电冰箱，后来才知那是为了保暖，为了防止食物被冻坏，正如当地人所说，"Keep it wam"，不禁莞尔。

除了办农场，陈细九还开餐厅、开菜店，在食品匮乏的古巴将农场的出产平价出售给华人，用收益帮助孤寡华人，帮助老华人修整房子。他的企业里，员工有一两百人。在四周一片消沉懒散的氛围中，来到他的农场，见到那些生机勃勃的动植

---

① 1 亩约为 667 平方米。

物，看到他的企业，看到他组建的武术队表演（包括舞狮），你会眼前一亮，不由自主地振奋起来。真的在心里为他喝彩！

上文曾提到，有中国血统的古巴人为数不少，此行也邂逅了几位。比如一位在广东外语外贸大学读过两年书，曾陪我们在哈瓦那半日游的漂亮女孩林一心。她的普通话说得不错，外公来自中国广东台山，外祖母是古巴人，父亲也是西班牙裔古巴人。

另一位想在此介绍的是西恩富戈斯省的段伟民。段伟民是一位建筑工程师，父亲来自广州市白云区的人和，母亲则是西班牙裔古巴人。段父20世纪50年代初到古巴后从未回过国，且在段伟民12岁时就病逝了。除了段伟民和他妹妹，段父在祖籍地还有一位在他离开中国时还没出生，从未谋面的大儿子段建桐（重婚的现象在早期的古巴华人中不少见）。虽然不会说中国话，但40多岁的段伟民一直保留着父亲留下的一些书信照片、戴过的手表、用过的钢笔……2015年，唐仲喜女士通过努力，联系到段伟民在中国已过上好日子的大哥。在大哥的帮助下，段伟民实现了到父亲的祖籍国看看父亲的出生地、见见同父异母大哥的愿望。他把所保留的父亲的一切，都带给了比自己大很多的大哥看。两位有着血缘关系却又言语不通的兄弟见面后，段建桐深有感触地对他说："你还是幸运的，你还与父亲生活过12年，我却连父亲什么样子都不知道。"

见到了中国亲人，见识了中国的繁荣昌盛，生性沉默寡言的段伟民回到古巴后像变了一个人，积极地参加华人社团的各种活动。我和外子到西恩富戈斯省调查时也参加了华人社团的一个庆祝活动，与段伟民一起在唐仲喜家吃过饭，所以认识他，可惜因为语言障碍，未能与他更多地沟通。没想到，在我们离开之前，他却不动声色地给我们送来了两个印有古巴色彩图案的小咖啡杯！放在别处，两个小小的陶瓷杯子根本不是什么事，可是要知道这是在物资匮乏的古巴，由此可见他的中国心，因为我们来自他父亲的祖籍国。

在古巴经济繁荣时期，华人社团曾经辉煌过。哈瓦那的华人区曾被称为"小巴黎""小香港"，华人社团有自己的学校"古巴华侨公立中华学校"，最多时，光戏院就有4间，还有自己的粤剧班子，中文报馆也有4家，华人社团最后一份华文报刊《光华报》是在2001年彻底关闭（关闭前曾不定期出版过一段时间）的。古巴革命后，这一切都慢慢消退了。

　　不过，苏联解体后，随着古巴与中国关系的逐步正常化，随着古巴正在开始的开放，华人社团也在慢慢地复苏。这些年来，中国的公派和自费留学生的到来，无疑为华人社团注入了一股新鲜的动力。就我们所知，公派的留学生就常有人志愿到华人社团教汉语普通话（当地华人称普通话为"北语"），甚至还有一些公派、自费的留学生准备在古巴创业了。

　　但愿古巴的华人社团和古巴人民一起振作起来，走向新生！

　　明年——2017 年，就是华人踏足古巴 170 周年了，谨以此文献给古巴的华人华裔。

2016 年 8 月 30 日

记于广州华景新城寓所

海外汉语方言调查研究的新切入点

广州话管年底叫"年尾"。2017 年新年伊始，春节将至，正好利用这个空隙时间整理一下去年年底至今年年头的工作，以便顺利开年。

过去一年的工作，除了最令人兴奋的在美国旧金山大学召开的第五届海外汉语方言国际学术研讨会，我想，值得一提的就是"华人口述历史"了。我认为，以"口述历史"的方式调查基本上不谙汉字的海外华人，能够收到事半功倍的效果，华人在自然语流中可以随心展示，调查者所得到的材料将更加丰富、更加生动真实。

去年年中，在美国的俄勒冈州波特兰田野作业和三藩市旧金山大学第五届海外汉语方言国际研讨会结束之后，我到古巴田野作业。除了传统的记录，顺带做了古巴华人口述历史。这些，本书已经有文章提及。9 月，趁南非华人苏先生回国之际，在暨大为他录制了口述历史。之后 11 月，南非老华人江叔回乡给 104 岁高寿的老母亲庆生。我们除了去祝贺，也顺便做了江叔的口述历史。此外，下半年的时间主要就是花在整理美国波特兰和古巴的调查资料，写了两篇小论文，为研二的学生开题做准备等之上了。

去年下半年的两次南非华人口述历史录制对象不同，录制的过程也不一样。苏志伟先生正值壮年，也有文化，出国前是广州公交系统的干部，在 20 世纪 90 年代初去南非后，经历过各种拼搏，做过贸易，开过制衣厂，最后成了第一任在南非成功种植水稻的农场主。我们去南非调查时，到过他的农场，亲眼见过那一大片长势喜人的稻田，也吃过那里出产的大米。南非人吃玉米等主食，也吃米饭，但是之前在其辽阔的国土上却种不出稻米，要吃大米只能进口。苏先生的努力和成绩震惊南非，南非有关部门正在商讨与他合作，中央电视台第四频道也曾经报道过他的事迹。苏先生 9 月初回国，停留的时间很短，且忙于与国内有关部门商谈合作，与国内的亲友相聚，预留给我们的时间只有半天，录制是在暨大汉语方言中心进行的，因为早有准备，且苏先生在海外的经历也相对较简单，所以很快就完成了。

采访南非老人江叔的时间在 11 月初。11 月 4 日是江叔的老母亲 104 岁大寿，我和两个研一的学生带着录制的器材，还有家人一起去老人的家乡顺德乐从镇贺寿，目睹了老寿星的风采，也见识了盛大的贺寿场面。104 岁的老人，精气神十足，思维敏捷，面对我这个第一次见面的来者，脱口而出的是："我都唔识（不认识）你。"改革开放后，生活越来越好了，听说顺德光一个乐从镇，就有十几位百岁老人呢。

那天晚上，我们在江叔预订好的酒店歇息。第二天上午、下午开工录音录像。江叔已经80多岁了，早年在家乡做过苦工，当过"收买佬"（收破烂的），20 世纪50 年代初从乐从到香港，再到南非，黑白两道都混过，还曾经是南非总统曼德拉的朋友。老人一辈子经历过 3 次婚姻，前两任妻子均病亡，现在最小的孩子才 10来岁。艰苦奋斗后，经营一家规模不小的带冷库的肉铺，并将兄弟姐妹和子侄辈众人带到南非，其家族成员现在在南非的比在顺德的还多。刚接触江叔时，听了他的一些叙说，就萌生了请他录制口述历史之意。可起初江叔并不赞同，直说自己登不了大雅之堂。我对他说，有人写李嘉诚，也应该有人写草根，且不说他的故事精彩，就冲他那满口如今在顺德难以听到的老顺德话，也应该记录保留下来。

禁不住我的多次劝说，看过我从南非回来后写的两篇小散文（其中一篇就是专写江叔的），老人最终松了口，答应试试。于是我趁热打铁，在江叔去年清明时节回乡扫墓期间与他约定，请他回到南非后，先回忆一下自己的经历，准备一个简单的提纲，下半年再回乡时就录制。没想到在答应我的请求后，老人竟非常认真地把这当成了一件大事，仅读过 3 年书的他不知花了多少时间，用毛笔在 4A 纸上，从右往左，从上往下，一笔一画地写满了不带标点符号、指头大的字，并提前于去年年底回乡之前寄来了这份珍贵的简历。当我拿到那满满登登的 36 页自述时，心中溢满了感动。

那天的口述历史录制是在乐从镇江叔的"马江酒铺"进行的。酒铺位于闹市，录音效果有些受影响，但不用提纲，不用看稿，江叔的思绪丝毫不乱，朗朗的述说引人入胜，时不时脱口而出的方言妙语令我们忍俊不禁。我原来担心除了午饭时间，一天的连续作战，老人是否能坚持，但他从始至终都那么神采奕奕。江叔精彩的述说不仅吸引了我们，也吸引了他的几位乐从乡亲。我们都被老人的经历所吸引，也都佩服老人的体力，佩服老人家族的长寿基因。更重要的是，此次的采制很好地保留了老人的顺德话，那是近几十年来都未受到强大的广府话、普通话等各方面影响的老顺德话！

乐从之行回来后，我写了两篇小文章，其中一篇是联合我的学生肖自辉一起写的，准备投稿参加今年4月初在香港中文大学召开的"海上丝绸之路的汉语研究国际论坛"会议的文章——《海外汉语方言研究的新切入点——论华人口述历史》即是参阅了学界口述历史的有关论述，结合多年来海外田野作业的体会，总结了对古巴和南非华人口述历史采录的经验而作的。

鸡年马上来临，看来古巴和南非口述历史的后期转写等工作只能等下学期进行了。我已定好大年初五到美国得克萨斯州（以下简称"得州"）调查的机票。得州在美国南方，早前完成的美国几个点的调查，还未有涉及南方的，故这次的调查很重要，但不确定因素也很多，目前我能联系到的只有初中老同学刘纪元。老同学的儿子在美国读书后留下来了，他们夫妇俩赴得州是去带孙女，他们俩对我此行非常热情。

期望一切都能顺利吧！

2017 年 1 月底猴年将过鸡年将至之际
在阴冷中记于华景新城寓所

得州 10 日

去过美国多次，可就是一直没有机会去美国的南方，但国家社科重点项目"美国华人社区汉语方言与文化研究"调查的布点不能少了南方。终于，在得知初中同学刘纪元夫妇要去得州探望儿子一家的消息后，我马上不客气地联系了他。老同学就是老同学，没有二话，只有爽朗的一句：来吧。

这样，鸡年大年初五，我就开始了美国得州之旅。

得州之行安排得异常紧凑，扣除来回坐汽车、搭飞机所需的两三天，满打满算在得州仅 10 日。这应该是我近年来外出田野调查天数比较少的一次了。行前，我除了向可能帮助我的朋友（包括在美国纽约调查时认识的华人）联系寻求帮助，也通过微信与老同学通报了工作所需的协助，不过心里不敢抱太大的希望，只是祈求别空手而归。结果，老同学的鼎力相助奏效了，一切出乎意料地顺利，我就记记流水账，报报这 10 天的行程和工作吧。

2 月 1 日，清晨 7：30 在花园酒店乘搭直通香港机场的巴士，下午 3：45 坐美国航空的班机飞得州达拉斯，再转飞得州圣安东尼奥。飞机晚点一个多小时，美国时间晚上大约 9 点到圣安东尼奥。老同学与儿子早已在机场等候，而他太太则在家里熬好了旅途劳顿者最渴望的白粥。吃完可口的白粥，回到同学预订好的酒店歇息。

2 月 1 日上午——没错，仍然是 2 月 1 日，从中国到美国，人人都可以多赚一天时间——在同学的带领下，与圣安东尼奥两广会馆的筹备发起人陈女士饮茶，了解圣安东尼奥华人的一些情况，希望借助陈女士的人脉，在发音人的寻找方面有所收获。下午到得州大学圣安东尼奥分校，会晤孔子学院的院长姚万祥博士。姚院长是天津人，到美国 20 多年，到圣安东尼奥也有 10 多年了。姚院长应允帮助我做一些华人语言取向的调查问卷。

2月2日，拜访陈济棠的女儿——91岁高龄的陈梦娜女士。

其实出发前，大家都不知道要去拜访的是陈济棠女儿的家。在当地，好像也没有什么人知道，只是听说该户人家可能是台山人。可待听到老人操着纯正的广州话打开话匣子，"讲出来可能会吓亲你哋（说出来可能会吓坏你们。我是陈济棠的女儿）"，才着实让我们都大吃一惊。在这个总人口不过100来万，华人数量只有一两万的城市，竟然隐藏着这么一个秘密！从外貌来看，化着浓妆，穿着大红毛衣，身板看似还挺硬朗的陈梦娜老人并不像91岁之人。老人的家在美国也应该是很普通的那种，甚至比较小。后来从网上了解到，她应该是陈济棠的第二位夫人所出的小女儿。广东军阀陈济棠一生共有18个孩子，第二任妻子莫五姑生了11个，其中一位在美国任教授的儿子20世纪80年代曾回国并受到邓小平的接见。20世纪30年代，陈济棠在治粤期间做过一些实事，广州海珠桥就是在他的主持下修建的。

陈梦娜祖籍广西防城港，在广州河南出生长大，丈夫是台山人，抗日战争时期是美国飞虎队轰炸机的驾驶员。老人说她16岁时就跟丈夫到了美国，先到洛杉矶，后转到圣安东尼奥，在这里已经居住了60年，丈夫也已经去世了。原本不敢奢望能实质性开展记音的工作，出乎意料的是，老人在圣安东尼奥出生、今年已60岁的二女儿（其丈夫祖籍广东开平），一位退休的英语教师，却临时充当了台山话称职的发音人。当天的战绩可观，完成了词汇表的一小半。

这样，得州的田野作业就正式开始了。

2月3日，一天没有工作安排，老同学夫妇带我到一处奥特莱斯购物。回国要有手信，我也不能免俗。

2月4日，到圣安东尼奥市文化中心参加该市2017年的亚洲文化节，参加活动的有华人、印度人、日本人、韩国人、菲律宾人等亚裔。大家通过介绍族群在该地的历史、文艺演出、各种工艺品、各种小吃来展示自己的民族文化。我拍摄了一些有关当地华人历史的照片，随机得到3份华人语言取向问卷。

2月5日上午，老同学儿子的一位祖籍南宁、父母出生于越南、本人出生于休斯敦的博士同学应约而来，做了一份语言取向问卷。接着，按原先的约定到一家售卖亚洲食品的商店拜访老板娘，但没有见到人，之后留言希望再约也没有成功。

2月6日和7日，连续两天都随老同学夫妇到当地的一个老人活动中心，记录祖籍广东台山、祖父与父亲都各自在很小的时候就到了美国、本人也是小时就转道香港来美国的 74 岁老华人伍先生及其太太（伍先生的太太是祖籍广东台山、在美国出生的第二代华人）的台山话。伍先生夫妇俩非常热心，配合得很好，记录工作除了中间约两个小时的暂停，吃午饭，伍先生夫妇教其他老人一个小时拉丁舞（老人中心有只需交 50 美分就可以享用的午餐，那里的活动丰富，老同学刘纪元也在那里教其他老人八段锦。当然，这些都是志愿的）外，6 日一直记到下午 4 点多工作人员清场，7 日则在下午 3 点前完成了所有记录，旋即马不停蹄地赶赴休斯敦。

老同学连续开车 3 小时，他太太也随行。这创下了他在美国长途开车的记录，真是不容易。虽说有导航，但在美国开车，还得多少懂些英语呢。2 月 7 日傍晚抵达美国第四大城市——休斯敦。这里有 600 多万人口，华人数量也有 20 多万。国人因为 NBA 火箭队、因为姚明而对其倍感亲切。说起来，圣安东尼奥的马刺队也相当有实力。我来的那天在达拉斯转机，同机就有一队从新疆千里迢迢去打球的年轻人。但国人对马刺队的了解却远不如对火箭队的了解，许是因为姚明吧。这就是明星效应。

与圣安东尼奥不一样（圣安东尼奥没有唐人街，只有三两家售卖中国人口味食品的商店），休斯敦唐人街的规模不小，但不像三藩市和纽约等地那么集中，有些松散。休斯敦中国餐馆的食品比圣安东尼奥的好吃，售卖中国商品的超市货物琳琅满目。与三藩市、纽约等地不同的是，在这里的中餐馆和中国超市，无论是买东西还是卖东西的华人，讲普通话的都比讲汉语方言的多。就说餐馆，放眼望去，专营川菜、东北菜，店名叫"小成都""小沈阳"之类的也都座无虚席。这说明中国改革开放后，从内陆地区去那里的华人不少。

经由老同学儿子在休斯敦的同学牵线联系上的休斯敦美国得州广东总会商会长非常热情。见面后才知道，商先生是毕业于暨大化学系的校友——又见暨大校友！（老同学的儿子、儿媳也是暨大校友，难怪去年暨大 110 周年校庆时的一句宣传口号是，"有海水的地方就有暨南人"）商先生除了给我们安排好住宿，7 日晚在宴请我们时，又请来了几位在休斯敦的华人（如广东总会的主席），一起给我们介绍当地华人的情况，另外还安排了他在休斯敦出生、在读大学的一个侄女和一个外甥女做广府话的发音人。广府话的记录于是不成问题。而最让我没有料到的是，商会长还联系了当地华人的电视台，让我做了一期半个小时的粤语节目。

　　美南国际电视台，节目主要辐射美国南方的几个州，除了电视，美南新闻也有报纸。安排我上的节目叫《粤语天地》，我趁机宣讲了汉语的海外方言，尤其是在美国华人社区主要流行的粤方言台山话和广府话，宣传了一下正在进行的国家社科基金重点项目和重大项目，希望有更多的海外华人知道海外汉语方言研究和保护的重要性，更多地关心、支持这个工作。节目录制得非常顺畅，自自然然地一次而过。之前制作方还提醒过我，可能会因为重录而耽误一些时间。可谈的是我每时每日都在思索、都在做的工作，有什么理由会打结？这个节目后来被上传到网上，收获了不少好评。

　　2月9日下午，从休斯敦返回圣安东尼奥。10日又到得州大学圣安东尼奥分校取姚院长收集到的十几份调查问卷，中午随姚院长到他们学校的自助餐厅，尝试了该校5美元50美分一人的午餐。

　　2月11日清晨，乘坐6：30的飞机从圣安东尼奥转达拉斯飞香港。老同学父子俩4点前就起来送我。14小时的时差，一路在迷迷糊糊中度过。12日晚在香港坐小巴转大巴，回到家时已接近深夜12点。

　　得州10日，让我终于了解了这个与墨西哥接壤，全美第二大，原属于墨西哥，1845年才加入美国，在美国南边的州。与中国的南方不一样，冬日里那些树叶落光、枝丫黑黝黝的树，遍地枯黄的草，哪似姹紫嫣红的广州？同样在冬天，广州的口号是：花城过年看花。不过，我离开前的三两天，天气暖和，圣安东尼奥那大片大片黄黄的草地就又开始返青了。真是给点阳光就灿烂。听说，4月的得州将会异常美丽，大片大片蓝色的小花——得州的州花蓝帽花会在人们不经意间，突然从地底下冒出来。可惜我没有眼福了。

　　得州之行，全赖老同学刘纪元一家的鼎力相助，不由得想起了微信上一篇文章中的一句话：什么叫作老同学？老同学就是几十年没见面，见面一切如故。

　　心存感激。

2017年2月15日

得州回来，倒时差中

记于华景新城寓所

感知英伦（之一）

敲下标题几个字时，已经和外子从英国这个老牌发达国家回来三四天了，只是不仅人还在昏昏沉沉的倒时差中，思绪也还沉浸在英伦间。

"英美、美英"，从记事起，这两个国家就是常被连在一起评说的。事实上，这也是两个牢固的铁杆联盟。英国从头顶"日不落帝国"之名，到如今虽然不再位居榜首，却仍然是世界上举足轻重的国家。第一次去英国，十几天之行，大部分时间在伦敦，再就是曼彻斯特，其间也匆匆地看了看牛津、剑桥、巴斯、利物浦，就说说浮光一掠所得的一点点感受吧。

每到一个陌生的地方，人们马上切身感受到的当然就是天气和环境。今年夏天，全中国都在热浪的裹挟中，人从早到晚的感觉除了热还是热。有意思的是，北方更热，地处南边的广州，反倒相对好些。可是从飞机落地伦敦的那一刻起，我们就实实在在地感受到英国的凉爽了，原来英国的夏天常常只有十几度！要是雨一下，风一吹，那就更是凉飕飕了。而这种情况几乎每天都会在这个海岛国家发生，天气一天几变，刚刚还是好好的，转眼就是一阵小雨，伦敦是这样，有太阳的时候不多、地理位置稍北的曼彻斯特就更清寒。所以街头的行人穿什么的都有：短裤夏衣、长裤秋衣、皮衣羽绒衣……就像广州话说的，"二八天乱穿衣"，大家都见怪不怪。

许是因为气候寒凉，英国的酒店通常是不设空调的。当地人说，我们现在到英国是最明智的选择，因为这是英国一年之中最好的季节，早上五六点钟天亮，晚上八九点天还不愿黑，人们可以在晚间狂欢。要是冬天，下午两三点天就大黑了。英国在西欧，这种状况北欧就更甚，这才彻底明白为什么欧洲人那么喜欢晒太阳，一有阳光一有空闲就赶紧趴到草地上。街上、旅游点熙熙攘攘的游人真多，很多是中国团，尤其是那些游学的孩子团。

见到的英国城乡，环境都不错，特别是坐火车经过看到的城市之外那大片大片金黄色的、修整得有条有理的麦田，绿油油的、马牛羊懒散地啃着草的牧场，全都那么赏心悦目。就是伦敦街道不怎么干净，街上所见，抽烟的人不少。每天从街上回到旅店洗脸，总会发现鼻孔黑黑的。不过绿化很好，尤其是伦敦，极目所见，那些已有年代的，高达八九层、十来层楼，两三个人才能合围的树木比比皆是，可见，英国人早就有了绿化意识。更令人感叹的是，寸土寸金的伦敦市中心居然有一个大大的，占地面积160万平方米，能够与美国纽约中央公园媲美的海德公园。因为在伦敦居住的旅店离公园只有大约10分钟的路程，所以海德公园成了我们在伦敦时去得最多的地方。公园里的绿地、树木、花草自不用说，最令人不能忘怀的是那些与游人和谐共处的小动物——松鼠、鸽子、鹦鹉、野鸭、大雁，还有满湖如云朵般漂浮的白天鹅。

英国的很多旧建筑大门前，都有一个或两个分列在左右两边的矮铁栓，不知当年是否用于拴马。伦敦的街道大都窄窄小小、弯弯曲曲。而大街小路上那些略显陈旧、高梁大柱、满嵌各种雕塑图案的建筑物，还有街头的雕塑，则都充溢着历史的厚重感。在美国的城市，你是无论如何都找不到这种感觉的（当然，那些旧房子的内部不能与新式建筑的舒适相比，我们住的旅店就是旧房子，价格自然也适中些）。我们到过的伦敦、曼彻斯特、利物浦、巴斯、牛津、剑桥，城市里那些几层高的楼房全都承载着满满的沧桑。

伦敦的白金汉宫、大英博物馆、大本钟、可以开启的伦敦桥，牛津的叹息桥、考试院，剑桥的国王学院、三一学院等就都不用多说了，前人的著述不知早已有多少相关的描述。那些地方，人们都是怀着朝圣般的心情去游览的。我只想说说参观大英博物馆的感受。

作为世界上最著名的几大博物馆之一，大英博物馆的馆藏自然丰富，但是我与外子最想看的是当年这个老牌帝国主义国家从中国掠夺去的宝贝。据说，从中国流失海外的文物多达164万件，分散于世界上的47家博物馆，而大英博物馆的收藏最多，有23000多件。在大英博物馆中，有一句介绍中国的话："中国人创造了世界上最博大和悠久的文明。"其收藏的中国文物不仅跨越了整个中国历史，且囊括了中国的整个艺术类别，有各种刻本、书画、玉器、青铜器、陶器、饰品。在那些中国历代的稀世珍宝里，东晋顾恺之《女史箴图》的唐代摹本和敦煌壁画是中国的顶级国宝。

可惜在博物馆仔仔细细地搜寻了几遍，都没能看到多少来自中国的展品（现今在美国纽约的大都会博物馆也是如此）。后来才知道，来自中国的珍品，都是放在一个特别的密室中，不轻易示人的。

游人觉得最不舒适，也是伦敦最为人诟病的，就是缺少公共厕所。不像国内，也不像美国，伦敦的公共场所厕所少之又少，商场、酒店、餐馆等的厕所绝大多数都不对游人开放。偶尔在地图上发现某个地方有公厕，好不容易找到，则常要付费，就连火车站内的也一样。出门的时候，你千万得有 20 便士或 30 便士的硬币，否则就是找到了厕所，也只好"望厕兴叹"。因为公厕少，街上的犄角旮旯不难见到摊摊污迹，闻到难闻的骚味。也试过正在焦急地翻找钱包，正要从厕所闸门里面出来的陌生金发美女见状友好地招呼：赶快趁机进来。不知是否她也遇到过类似的情况。

不过相对于美国，英国的公共交通系统则可以算是很不错的了，在位居英国第一、第二大的伦敦、曼彻斯特这样的大城市，地铁、公共汽车、出租车都很方便，曼彻斯特还有有轨电车。那十几天，我们除了走路，这些车都坐过。城市之间的火车也很方便，只是非常慢，"哐当、哐当"地走得比汽车还慢。从伦敦出发到周边的火车基本上都是每小时一班，直到深夜。火车分等级，高峰时一般的车厢常找不到座位。一等车厢就不同了，里面除了没有电视，座椅不能调动外，不逊色于飞机的头等舱。服务也好，有免费的酒水饮料咖啡，免费的水果零食汉堡包，虽然那种汉堡包极难吃。在从曼彻斯特回伦敦的火车上，我们尝试了一次。说来有意思，那一趟的票价 30 镑，居然比我们从伦敦去曼彻斯特的二等车票便宜了 8 镑，原因是从伦敦去的票是临时买的，而回程的票却是提前几天预订的，有优惠。

在伦敦的日子，我们出行主要搭乘地铁，买的是专门针对旅游者、一周内有效的票。这种票有优惠，加钱也可以再延续时间，游客离开时还可以退回工本费。伦敦的地铁虽然车厢窄小，地铁站也不现代化，不能与国内宽大敞亮的新式地铁相比，不过，要知道地铁的发源地就在这里，英国的地铁已有 100 多年的历史了。1863 年 1 月 10 日，伦敦就建成了世界上第一条全长 6000 米、有 61 个车站的地下铁道。其实，当时最早提出修地铁的人并不是铁道专家，而是一位律师。当时，伦敦的地上交通非常拥挤，经常发生事故。他预感到这种状况将随着城市的发展而日趋严重，又注意到当时刚刚崭露头角的铁路有时速高、运量大的特点。于是，向伦敦政府提出了把铁路修建在城市街道下面的设想，提议经论证后被采纳。知道吗？英语中表达地铁有"subway""metro""underground"3个词，而英国用的是最后一个。

英国的物价不菲，我们也没有能力去吃大餐，吃的方面没有什么可以介绍的。甫到伦敦时，就有华人告诉我们，那里的水质不怎么好。那些天，我们基本上都是买瓶装的饮用水喝，一大瓶水就要2镑50便士呢。都知道英镑的币值大，结果这竟成了我们旅英期间食物中的一项重要支出。

2017年8月初酷暑中

英国归来后即将赴阿根廷之前

记于广州华景新城寓所

感知英伦（之二）

　　小文《感知英伦（之一）》谈了英国的天气、环境、建筑、交通等，这篇就谈谈在英国见到的、接触到的人，谈谈在英国的调查吧。

　　以往的教育告诉我们，英国的绅士都是衣冠楚楚、彬彬有礼的。在英伦接触到的各类人士，无论是买东西遇到的售货员、售票员，迷路时在路上询问的路人、警察，还是素不相识、协助我调查的华人，虽然并非都西装笔挺，可也的确都热心和善。就说英国本土的人士吧，那十几天接触最多的是服务行业人士，如车站、旅店、商场的，尽管我的英语不是很地道，但不管如何咨询，收获到的都是耐心的、详细的解说。在街头迷路的时候，手持一个地址，遇到的陌生人总会热心地为你解答。有时被询问者也不熟悉那个地方，但通常并不推诿，而是一句"Wait a minute"（请稍等），旋即迅速摸出手机，找出地图（得益于网络时代），再为你详细解说。也曾试过询问看起来高大威猛的警察，回应时也是脸带笑容，详详细细的。

　　在伦敦的问路经历中，印象最为深刻的是到达的第二天去位于市中心、皮卡迪利广场（其地位在该国宛如美国纽约的时代广场）附近的唐人街调查，回来的路上却在地铁中转站迷糊了，坐错了车。正面对几条不同的线路不知所措时，看到旁边有一位亚洲面孔的年轻女士，开口用英语询问，却听到对方回答："中国人吧？我也是中国人。我是来短期学习的，你们说的那个地方，我想应该是坐那条线，但是我也不确定。这样吧，我陪你们坐一段。"尽管我们一直说我们自己去坐就好了，她还是坚持，并告诉我们说，这样的经历她也有过，刚到这里时，在地铁站面对着川流不息的人流和五花八门的地铁线路，几乎要哭了。就这样，直到我们确认没错，她才在我们的一再致谢中离开。

　　英国国家不大，总人口大约6400万，华人约有40万。伦敦是华人的主要聚居地，据说仅伦敦就有十几万华人，曼彻斯特有四五万。伦敦、曼彻斯特、利物浦三地都有唐人街，唐人街也都有漂亮的牌坊，但是面积都是小小的，不能与美国三藩市、纽约的相比，繁华程度自然也无法与之相提并论。其实，早在100多年前，清末民初时，就有在轮船上做仆役，随着大海轮踏足英国的华人了，港口城市利物浦就是华人最早踏足英伦的地方。而第一次世界大战期间在中国招募的为英军服务的中国劳工旅，则应算是最早成批的中国移民。20世纪五六十年代，来自香港新界一带，使用粤方言广府话、围头话（一种很特别的粤方言）、客家话的原住民不少到了英国；70年代前后也有一些辗转来自东南亚的马来西亚、越南等国的华人。

此后，大约20年前，随着中国的改革开放，国内天南地北都有人来英国。在英国唐人街的商铺饭店，无论是伦敦的、曼彻斯特的，还是利物浦的，与在美国三藩市、纽约唐人街通常说粤语广府话不一样的是，服务生见到华人开口总是先说普通话（当地华人称之为"华语"），可见使用华语的华人不少。华人也普遍认为学习华语很重要，注重督促孩子们学习。调查期间，一位中文补习学校的李校长带了十几个10来岁的BBC（Britain born Chinese，英国出生长大的华人，也被称作"香蕉人"）学生来协助调查。令人惊讶的是，除了英语，每个孩子的广府话、华语都非常棒。

我在英国原没有什么认识的朋友，调查主要是通过英国一个类似中介的华人公司帮助联系的，在伦敦主要找了华人社区中心，在曼彻斯特则找了华人社团联合会。伦敦华人社区中心的经理黄香君、曼城（华人对曼彻斯特的简称）华人社团联合会的会长任洁仪，两位女士都给了我很大的帮助，故伦敦广府话（接触到的英国华人都将广府话叫"广东话"）、客家话，曼城广府话的调查都颇顺利。只是原来想调查香港围头话的愿望没有实现，因为少有发音人，特别是土生土长的年轻华人都不说了。话说回来，目前围头话在香港本土说的人也非常少。在曼彻斯特时，亦尝试过直接到唐人街找华人，结果也得到了帮助。这却是在美国调查时没经历过的。这一趟还收获了40多份语言取向调查问卷，也是一个不小的成绩。

这一趟的成绩，还有绝不能忽略的，就是结交了一些热心肠的华人朋友。感谢英国华人！

年初在美国得州休斯敦调查时，我曾接受过当地一个华人电视台美南新闻的粤语采访，介绍了海外华人汉语方言与文化研究，希望这项工作能够引起世界各国华人的关注、支持和帮助。后来这个采访的视频在网上颇受好评。这次的曼彻斯特之行，应被调查对象、BBC 电台一位工作人员（祖籍香港的英国土生华人）的要求，也接受了一个采访。一开始，因为希望对方能充当我的发音人，我对被采访的应允是爽快的，只要是有益于传扬海外华人汉语方言与文化研究的事，我都愿意做，而且这是对等服务。可是直到坐进录音工作室要做节目时，我才猛然醒悟，采访的用语是英语，英语问，英语答，这可不是日常的汉语对话啊。

可能对于 BBC 的采访方来说，这是天经地义的，所以事先并没有与我做这方面的解说。而在我的潜意识里，则完全没有用英语接受采访的任何准备，因为我与这个发音人，之前的交流一直都是使用粤方言。但是现在角色对换了，我成了被采访者。要知道，虽然是电台采访，不出头像，但是像在休斯敦的电视采访一样，提问也是即兴的。坐在录音室里，其时已别无选择，只好说试试看，硬着头皮上。幸而这第一次也居然过了！

心里不禁暗自窃喜，也很是感慨人生总要接受种种考试，此又是一例。

这个节目大概 9 月份就可以听到，到时就可以检验检验了。

2017 年 8 月初酷暑中
英国归来后即将赴阿根廷之前
记于广州华景新城寓所

在世界最南端的国家阿根廷（之一）

打开世界地图，在南半球搜索一下，你会看到，世界最南端的国家是紧贴着南极洲的阿根廷。做梦也没有想到，我会去这个远在天边的国家。

可是我真的去了，真的去做田野调查了，并且已经回来坐在电脑前敲打这篇小文章了。

其实，包括之前的英伦之行，都是在预想之外的。5 月份的时候，暨大受国家侨办的委托，举办了一个有关海外华人传媒的学习班，我去拜见一位从美国洛杉矶来的朋友陈清。交谈中，陈清问及我的项目进展，我表示正在为寻找不同国家的联系人而伤脑筋。陈清闻言，问："此学习班来了几十个不同国家的华人，何不试试询问？"陈清非常能干，面对原先并不认识的参会者，拿着学习班的通信录，在学员搭乘的大巴上，大声说，海外华人汉语方言与文化研究项目需要协助，问谁愿意提供帮助。没想到这一声招呼居然得到了回应，其中，英国和阿根廷的两位先生最是热情。于是，就这么简单，有了暑假 7 月和 8 月的出行。

本来想分两次，暑假先去英国，寒假再去阿根廷，可是阿根廷联系方表示寒假期间另有安排，为了不失去这来之不易的机会，只好决定暑假接连去两个国家。因为按规定每一次外出的时间都应在一个月之内（退休人士比在职行政人员只能外出三五天的出国政策优越多了），不可能在去了一个国家之后紧接着就去另一个国家（其实这样省时间，也省经费），只能出去，回来后再去，这样两次出行相隔的时间就只有大约 10 天。不难想象，这个假期，我是在什么状态下度过的：北半球是酷暑，南半球是寒冬；然后就是倒时差，倒时差，再倒时差……

之前曾想过从秘鲁或者巴西突破南美洲的调查，可是都没能成功，心中的焦虑难以言说。所以，阿根廷之行就是项目涉及的第一个南美国家。不经历不知道，不算待机转机的时间，二三十个小时的飞行使人全身酸痛，而当双脚终于踏上这个国家时，我心里怀着一种怎样的期盼！整个人还是恍恍惚惚的也不顾了，一下飞机，我马上就随着来接机的阿根廷门多萨中华商会会长刘芳勇先生去拜访华人，开始工作。

许是阿根廷与中国的距离实在遥远，从世界范围来看，阿根廷华人社区形成的历史比起东南亚、北美洲、欧洲等很多国家的华人社区要迟得多，华人踏足这个世界最南端国家的时间不算太长，华人的人数也不算很多。流传的一种说法是，20世纪40年代，有一批在"二战"时被抓到北美、来自广东的劳工，其中的一部分人辗转到了阿根廷，当时他们集中居住在 Salta 省，在当地娶妻生子。据说，他们的后裔西班牙语流利，但都不会说祖辈的广东话（当地华人称粤方言为广东话）。五六十年代也有一些为数不多的华人来到阿根廷。70 年代台湾地区有一股移民潮，当时台湾地区有钱的人移民美国，中等的移民澳大利亚，一般条件的就移民巴拉圭、阿根廷等南美国家。到了 80 年代，一些广东人、上海人和浙江人，甚至江西、东北等内陆省份的人也陆陆续续来了，但其时，仍以粤籍华人为最多，粤籍华人中来自广州白云区的不少。90 年代，大批以福清人为主的福建人开始呼朋携友地来到这里（与美国纽约等地的情况类似，部分没有该国身份），福建人的到来逐渐改变了阿根廷侨界的结构。

阿根廷全国人口 4000 多万，与其他美洲国家不同，主要为西班牙、意大利等白种人的后裔，其中约 1/3 的人口聚集在首都布宜诺斯艾利斯。当地华人估计，目前在阿根廷大约 18 万华人中，祖籍福建的最多。华人也是主要聚居在阿根廷首都，门多萨等 3 个省也有一些，主要经营超市、批发零售、餐馆、洗衣店等业务，华人开的超市据说已有一万多家。不止一次听到华人说，中国人在布市（华人对布宜诺斯艾利斯的简称）不用担心迷路，就算不会说西班牙语也没问题，因为每隔几条街，就一定会有一家华人开的超市，一定可以在那里得到帮助。

至于中餐馆，虽然没有美国那么多，但对比阿根廷华人的数量，也相当可观。最令人忘不了的是，在阿根廷最南部、世界最南端的小岛乌斯怀亚（人称"火地岛"）的一个小小的海滨城镇里，居然也有一家名为"翠竹"的自助式中餐馆。餐馆的招牌上赫然写着"世界尽头，中国餐厅"8 个汉字。记得那天，早已过了午餐时间，天上飘着小雪，我和外子饥肠辘辘地在小城铺满白雪的街道上深一脚浅一脚地搜索着。当我们看到这个招牌时，那种震撼可想而知，心里立马就涌起了一股暖流。来自大连的老板得知我们还没吃饭，连忙招呼正在忙着收拾、准备打烊的老板娘：有两个老乡还没吃饭呢！然后就是忙不迭地端来各种在异国他乡让人食指大动的中国饭菜。

阿根廷的华人社会有别于东南亚、欧美等地的华人社会，社区的交际用语主要是普通话，使用不同汉语方言的华人一般都会讲普通话，而方言只在亲朋好友和家庭中流通。布市的唐人街起初是来自台湾地区的华人建起来的，原先就称"台湾街"，现在则叫"中国城"。来自中国的华人在阿根廷建国 200 年时集资建起了"中国城"的牌坊，并一步一步将其扩大。唐人街的面积虽然不能与美国三藩市、纽约的相比，但也熙熙攘攘，热闹无比。权衡之下，我决定阿根廷的方言调查还是主要针对较早抵阿、原先数量也最多的粤籍华人展开。于是，在刘芳勇会长和广东商会会长余永辉先生的帮助下，开展了粤方言白云区人和白话，以及广府话的调查。

这回，认识的几位发音人主要都是在阿根廷出生长大的年轻人（有的曾在很小的时候被父母送回国内，在祖父母身边生活了几年），且都还是学生，除了一位高中生以外，其他的是边打工边读书的大学生。

我很是惊异那些年轻人的语言能力，西班牙语自然流利，此外懂英语，会说普通话，能说自己祖籍地的汉语方言，还通过补习班或自学认得汉字，有的还会一些日语、法语、德语等语言。重要的是，他们都明白掌握汉语汉字的重要性，对汉语学习不抵触，明白中国强大了，中国的语言将会越来越有用。这实在与美国的青年华人不一样，倒与东南亚华人很相似——东南亚华人普遍是掌握好几种语言、方言的天才。

非常感激阿根廷的华人，对海外汉语方言调查，他们从不了解到理解，再到充分支持，我们也从最初的陌生人到最后成为朋友。我会小心地呵护这份友谊的。

> 2017 年 8 月底台风帕卡肆虐时
> 记于广州华景新城寓所

在世界最南端的国家阿根廷（之二）

　　说起阿根廷，人们大概马上就会想到足球、马拉多纳、梅西……还有那热力如火、叫人血脉偾张的探戈。这篇小文不想过多地探讨这些，只想谈谈阿根廷的城市景观和自然景观。当然，十几天的阿根廷之行，完成调查之后、紧张工作之余的浮水一掠，我所获知的可能不过是一些皮毛。

　　远在天边的阿根廷并非国人普选的旅游目的地。可能很多人都不知道，现在除了足球和探戈，其他似乎都默默无闻的这个南美大国，百年前曾经是世界第七大经济体，它曾经有过傲人的历史。此次的调查地点是阿根廷的首都、被华人简称为"布市"的布宜诺斯艾利斯，阿根廷人口 4000 多万，布市就聚集了约 1/3。只要行走在布市的街道上，你就会不由自主地赞叹这座百年前就规划得非常好的城市。街道方方正正，每隔几条小街就有一条大路，大马路很宽敞，市中心的七月九日大道①号称是世界上最宽的马路——但我总觉得比不过北京的长安大街，不少人行道以黑白两色的马赛克铺就。街道上略显破旧的欧式建筑，精美的雕塑，已有百年历史的地铁，存在过百年、修饰精细的咖啡馆，颇具沧桑感的贵族墓地，所有的城市基础设施，这一切的一切，都在无声地向你诉说着它之前的辉煌……

　　只是岁月无情，在这座百年前就建造得无比精致的城市里，没有得到及时修缮保养的欧式老建筑已经破败，到处有令人扫兴的涂鸦，就连大马路旁临街漂亮的高大建筑物上都被无情地胡乱涂抹。而街道的不洁有点出乎意料，垃圾、杂物、狗屎，甚至有的地方充斥着刺鼻的骚味。

　　这座昔日美丽城市的现状叫人多少有些扼腕。

　　不过，假如去阿根廷只看大城市，那就大亏特亏了！阿根廷最值得领略的是它

---

　　①　简称"七九大道"，因纪念阿根廷 1816 年 7 月 9 日独立而得名。

那无可取代的自然景观。南有莫雷诺大冰川、世界最南端的灯塔、淡水湖、公路，北有天下第一宽的伊瓜苏大瀑布，哪一样都不能错过。要知道，这些景点名称前面都毫不含糊地带上了"世界最"的字样，这是阿根廷景区被用得最频繁的修饰语。

阿根廷与巴西共享的伊瓜苏大瀑布位于巴拉那河流域，那是阿根廷、巴西、巴拉圭三国交界的地方。曾经在加拿大多伦多见识过世界第三的尼加拉亚大瀑布，那震耳欲聋的响声、水花喷射的场景至今未能忘怀。直到与伊瓜苏大瀑布亲密接触，才明白那仍是小巫见大巫。身在阿根廷伊瓜苏瀑布国家公园，你才知道什么叫作世界最宽的大瀑布！那里拥有的是一个硕大无比的瀑布群。完全可以这么说，公园里简直就是"无处不瀑布"。你可以在山的高处俯视瀑布，可以在山的低处仰视瀑布，当然也可以将自己置身于瀑布群中，感受个人之渺小。看着白花花奔腾而来的泉水或者怒吼着一泻而下，溅起的阵阵水雾在阳光的照射下升腾起一弯横跨山峰和瀑布的彩虹；或者涓涓流落，欢快地冲过一切阻挡，一路向前。

到过伊瓜苏以后，真不知道我还会不会再去看其他瀑布。

可阿根廷更令人震撼的是大冰川！

人都难免有审美疲劳。实话实说，生长在四季繁花似锦的南国广州，除了世界第一宽的大瀑布，对在南半球的冬季里依旧草木青翠欲滴、洋溢着热带风情的伊瓜苏，我似乎有点麻木，而大冰川却令我耳目一新，令我那在高度紧张的田野工作中绷得紧紧的神经充分松弛。

从位于阿根廷东部熙攘纷繁的布宜诺斯艾丽斯，到只有一万多人的南部小镇Calafate，一下飞机，看到蓝蓝的天空下，远处的安第斯山脉白雪皑皑，近处的山顶铺撒着一层面粉般的白雪，山脚下大片大片长着一簇簇类似骆驼草的原野，马、牛、羊懒散地低着头啃草，心头就不免一颤。那远山、那原野，叫我想起了曾经邂逅过的天山脚下，又疑是只在影视片里见到过的青藏高原，整个人似乎立马就随着清冷的空气变得空灵了。但是，更大的震撼还在后头，那是在莫雷诺大冰川国家公园。

莫雷诺冰川占地约 250 平方千米，绵延 29 千米，这块冰雪庞然大物每年都会在阿根廷湖中向前移动一点，是世界上少数几个仍在前进而非后退的冰川之一。据说科学家们也不确定为什么全球大多数冰川都在消融，而这座冰川的体积却在不断增长。一种说法认为，由于南巴塔哥尼亚冰原（世界第三大淡水储备）不断为莫雷诺冰川供水，因此冰雪凝结的速度快于冰川消融的速度。这座巨大的冰川和其他许多冰川都位于阿根廷南部的冰川国家公园中，这座公园可谓名副其实。

几乎还只是在半道，在 Calafate 乘车去大冰川国家公园的路上，车上乘客的赞叹声就开始纷纷不断了。你只能努力地睁大眼睛，一刻也舍不得错过地盯着远方的美景。当你坐着船慢慢地接近大冰川，直至离大冰川只有区区 100 米，感觉大冰川正以排山倒海之势压过来时，当你在国家公园的栈道上近距离地欣赏着就在身旁的大冰川时，你会看到一望无际的大冰川形态各异，高低起伏。冰川不仅仅是纯白色的，还有掺带着土壤色的棕褐色，还有湛蓝色——那是白到极点的裂变。冰川也不是静止的，静静地用心倾听，你能听到它在"呼吸"，听到冰块那或大或小的爆裂发出的或沉闷或清脆的咔嚓撕裂声，间或还能看到断裂后轰然跌落的大小冰块漂浮在海水中，大的冰块宛如一个小山包，在水中慢慢地浮沉，慢慢地消融。

置身于那个清灵的空间，你会觉得整个人似乎都变得与冰雪一样冰清玉洁。

那天，踏上与 Calafate 相隔个把小时飞行路程、与布宜诺斯艾利斯相隔约 5 个小时飞行路程的世界最南端小岛乌斯怀亚（也称"火地岛"）时，小岛的天空正飘撒着零散的雪粒，远山覆盖着白雪，脚下的马路覆盖着白雪，街道两旁的屋顶上也覆盖着厚厚的白雪。双脚踏在湿湿的白雪上，凉凉的小雪粒落在脸上，我的思绪一下子便被拉回到 20 多年前到过的美国威斯康星的欧克莱尔小镇——那个一年中有半年寒冬，那个我度过了一学年访问学者生涯的地方。真的有点似曾相识……

乌斯怀亚值得一看的是海边的港口，海鸥飞翔，蓝蓝的海港上漆成红白两色的轮船显得分外醒目。这里有世界最南端的灯塔——尽管那得乘船前往，尽管最终只能远远地望到一个就像你以前在画片上看到过的、在风浪中摇晃着的红白相间的小灯塔。不过，在航程中，你还可以欣赏到满是小鸟的小岛和满是海狮的小岛，还有世界最南端的阿根廷三号公路，以及我想推荐的世界最南端的淡水湖。听说那个四周被静静的山脉环绕、清澈得叫人难以置信的湖，水是可以喝的。我毫不犹豫地试了试：水确实是甜甜的。

湖的尽头，隔着雪山，翻过去就是另一个南美国家智利了。

2017 年 8 月底 9 月初开学前

记于广州华景新城寓所

与 己 斗

2017 年已过去，就是 2018 年也已经过去了十几天，在这段不算太长的时间里，从去年 11 月起就"黏上"我的病痛还没有好利索，两个多月了……

说来有点蹊跷，先是家里搞了点小装修，我就过敏了。过敏未好，开始觉得心脏不舒服，喉咙、口腔疼痛。于是跑去校医室，那里的医生觉得心电图颇有问题，叮嘱一定要尽快去华侨医院。那两天正赶上早前和复旦大学的许宝华先生约好，要到中大看望黄家教先生 90 多岁的龙师母。然后又是周末，耽搁了几天才到华侨医院。华侨医院心脏专科的医生看了，说必须做 CT。CT 检查显示有两条主动脉严重堵塞。医生又建议做心脏造影，说这样才能准确诊断是否需要安放支架。按医嘱到医院住了几天，最终协和医科大学毕业的博士医生想办法以导管通过我那据说与常人不一样、弯弯扭扭的血管到达心脏（医生说，这是他从医生涯中第二次碰到与常人不一样的血管，前一例没有做成功，这样的血管可能是早前，年幼或年轻时，不断的高烧造成的①，医学界对此有个名词叫"高崎病"，是一位日本医生发现的），才算弄清楚了我暂不必放支架。

心放下了一大半。

可是喉咙和口腔的疼痛如故，慢慢影响到了吞咽，心脏专科的医生却一直说："没有发炎啊！"我终于不能忍受，跑去耳鼻喉科，华侨医院接诊的女医生惊呼："天啊，怎么有这么大面积的溃疡！"说是我的免疫系统出了问题。于是赶紧按医嘱用药，但是用药后情况不但没有好转，反而越发严重，嘴巴甚至不能张大，连喝水都痛苦万分。之前怎么想减肥都瘦不下来，这下几天工夫就掉了十几斤，原先不能穿的衣服又都能穿了。

---

① 我年轻时确实曾得过一场伤寒，连续十几天 40 度左右高烧。

家人急了，儿子建议去看中医，回来休假时带我们去泡温泉。外子承担了原先主要由我负责的买菜做饭、照顾孙女等活儿，并在网上查到一家位于西门口，说是专治疑难杂症的小医院，一趟诊治竟自费了6000多元，光一个月量，各种吃的中成药大药丸、小药丸，封好口喝的汤药和漱口的汤药等就5000多元，重重的几乎拎不动的一大包！于是，每天三餐加三顿药。几天后，喉咙部位的状况舒缓，可以慢慢喝点流质食物了，于是，欣喜地视那些药为宝贝，自觉自愿地视苦为甘，继续吃。

这药一吃就吃到现在，喉咙和口腔等部位逐渐好了，可舌头还是没好。想起西门口医院那位看病开药，并怀疑我是什么"白塞病"，眼睛很有可能在几年后瞎掉，甚至还会丢掉性命的医生的话——"不可能一两个星期好"，就还是耐着性子吃，也才更理解什么是"病来如山倒，病去如抽丝"。

其实不只病痛，这段时间心也痛。

我做海外汉语方言研究20多年，一直希望能培养出一些可以把这件于整个汉语方言事业、于汉语的海洋方言、于华侨华人研究、于我迄今服务了40年的侨校暨南大学、于汉语方言研究中心等都非常重要、都很有用的事业发扬光大的学生。这些年来，每逢新生入学，我都强调，跟我读研，就必须做海外汉语方言研究，而这些年的学生也基本都这样做了，有的还做得不错。没想到今年二年级的两位学生，却被一趟暑假调查的困难吓住了，不愿再做海外汉语方言研究，令人心痛……

汉语方言调查研究——本土的、海外的，科学研究——室内的、野外的，哪样没有困难？

我在难过的同时也反省自己。因为忙，因为国家社科基金的重点项目和重大项目，这几届的硕士生都是分别跟着我的博士生黄高飞和肖自辉下去调查的。或许我应该像前些年一样，再怎么难，都带他们下去。于是决定开启一直没舍得做，怕轻率的动作会毁掉的马来西亚东马砂拉越一带迄今仍然维护得比较好、汉语方言丰富的华人社区的调查，希望这次动作能在海外汉语方言研究方面有所突破，下定决心慢慢花几年的工夫，做一个比较大、比较完整的华人社区，包括语言方言、华人历史、华人社区文化等方方面面研究的项目，带领今年一年级的博士生、硕士生，还有嘉应学院来进修的教师，加上早前的学生、现在重大项目闽方言子项目的负责人——深圳大学的吴芳一起去马来西亚。

另外，2017年年中时，就决定2018年年初利用寒假到非洲小岛——法属留尼汪调查那里华人社区的粤方言顺德话和客家方言，弥补非洲的调查目前只有南非一个点的不足。做好的计划不能变。计划变化，将引起后续其他计划的连锁变化。12月中，正逢师妹——华南师范大学方小燕教授在留尼汪孔子学院任教的学生回国，机不可失，尽管其时我什么也吃不得，还是强撑着打出租车前去埋单请客，与师妹的学生詹俏依商量好，1月下旬赴留尼汪。席间见我难受的样子，在座的人都问："你这样怎么去？"我回答："会好的。"

会好的。

心里窝着一团火，却一直期盼着。我想，2018就要来了，我该转运了吧！

因为其实也担心到时实在难以成行，我"耐心地"等到过完元旦，吃得下流质食物了，才去处理申请签证、买机票、住宿等事宜。其间，在精神好些时，我还对着电脑整理完了阿根廷布宜诺斯艾利斯的广州白云区人和话的田野调查材料，写了一篇7000字左右的论文。只是手续都办好了，到写这篇小文章时，我还是只能吃软的且不冷不热的流质食物。

谁承想更倒霉的是，昨天去买转赴香港国际机场的汽车票（因为从广州直航的留尼汪航空公司没有加入中国的航空运输协会，机票只能以旅行社的方式出，财务认为那不能报销，不得已选择到香港搭乘前往毛里求斯的飞机转飞留尼汪），买好后去吃饭，一不留神磕碰了一下，竟然在商场摔了一跤！天昏地旋，待缓过神来发现，虽然其他还好，但是右眼眶乌黑，整个右脸颊包括右鼻腔麻痹肿痛——雪上加霜，屋漏偏逢连夜雨。

一夜没有睡好，心里一直在祈祷，一直在给自己加油：还有一个星期就要出发了，我不能这个样子出去，一定要好起来！不然，如何说服家人？

或许真是有些年纪了，或许是这些年来的辛劳的叠加，所有的东西找个借口来突破，但是我知道自己不能倒下。事不过三，轮也该轮到我好了。重点、重大项目都还未完成，今年暑假要在兰州召开第六届海外汉语国际研讨会，前几天刚刚与学生们处理完有关会议一号通知的一些问题，与兰州城市学院院长莫超老师做了对接，马上就要到留尼汪，还有3月初与学生们的马来西亚之行……

记得小时候若不慎磕碰得乌青，外婆、妈妈总会用白水煮一个鸡蛋，剥去壳，包在小手绢里热敷磕碰到的部位。于是依样画葫芦，一天3次用热鸡蛋敷。又据说，心理暗示非常重要，我就不断地鼓励自己，坚信能好。请上天给我力量，我现在需要与己斗——不是与天，不是与地，也不是与别人，是与自己斗，我一定要成功！①

2018 年 1 月 15 日

记于广州华景新城寓所

---

① 1 月 22 日，如期从香港飞留尼汪，当然是带着大包的药去的。临行前，外子硬拉着又去看了一次病，又是 6000 多元的药。

美丽祥和的小岛留尼汪

早就了解到非洲的法属留尼汪（英语：Reunion Island，法语：l'île de la Réunion）有不少华人向往它，想去做田野调查已经不是一天两天了。感谢师妹方小燕教授的学生，正在留尼汪孔子学院任教、能干的詹俏依和她先生谢源的帮助，1 月下旬，我终于踏上了印度洋上的这个小岛。头尾 10 天的行程既紧张又丰富，令人感叹，令人回味：这真是个美丽祥和的小岛。

说小岛美丽，说小岛祥和，离不开小岛的自然景观，也离不开小岛上的人，就先来说说这个已经被联合国列入世界自然文化遗产名录的小岛迷人的景色吧。

留尼汪是印度洋西部非洲马斯克林群岛中的一座火山岛。它曾是法国的殖民地，20 世纪 40 年代转为法国的一个海外大区，也是一个海外大省，远离欧盟版图，距离法国本土 1 万多千米，却离毛里求斯、马达加斯加很近。小岛只有冬季和夏季，但就是冬季，气温也在 20℃以上。全岛面积 2512 平方千米，海岸线长 207 千米。它真的不大，据说驾车绕岛一圈大概也就 4 个小时。除了沿岸有狭窄的平地之外，岛上就是山地和高原。面积虽不大，但这里也有美丽的海岸线。在艾米塔日潟湖区内，你可以借助浮潜面具，观赏水下多彩的热带小鱼、海龟和千姿百态的珊瑚，幸运的话，还能捕捞到海参。若在南半球的冬季，你还可以看到从南极如约而至的鲸鱼在此翩翩起舞，在海岛平静温暖的海岸演绎一段浪漫。

在这个火山造就的小岛上有好几座火山。其中，最著名的福尔奈斯活火山从 1640 年至今喷发了 100 多次。它最后一次喷发是在 2016 年 9 月。沿着它弯弯曲曲的盘山小路上山，你会依次看到山脚下高大茂密的火山树林；往上的半山腰，树木植被渐少渐矮，慢慢地，地表只爬满了大小不一、一簇簇像是戈壁滩上的骆驼草的植物；再往上，在火山口的周围，所有的植被都消失了，极目所见，就只剩大片大片棕褐色的泥石了。听说那是一种非常类似月球地表的地貌，美国的《星球大战》

等大片，都是来这里取景的呢。与我曾见过的印度尼西亚万隆附近的一座悠悠地冒着丝丝青烟、远远地在 10 来千米距离外就能闻到浓浓的硫黄味的活火山不一样，福尔奈斯火山只是静静地横卧于山顶，只有火山口不规则且颜色略深的泥土显示了它之前活动的痕迹。

小岛另一个独一无二的世界级景观是冰斗，在它的 3 个冰斗中，唯一的一个圆形环绕的冰斗，也是最著名的锡拉奥冰斗坐落在海拔 3071 米的内日峰脚下。我们被告知游览冰斗的最佳方式是徒步，因为沿途不但有让人惊喜的优美风光，有各种珍奇的植物，有盛产天然气泡水的温泉（天然气泡水是留尼汪的特产，餐馆商店都有售），还有当地土著克里奥尔人的村庄——那是殖民时代，不堪奴役的逃亡奴隶们建立起来的栖身之所。当年命运悲惨的奴隶们怎么也不会想到，他们拼了命地往深山老林、往人迹罕见的悬崖峭壁逃，所选择的艰辛活命之举，竟然造就了今日的无敌美景吧？可惜我们没有充裕的时间去仔细体验，只能从山峰上往下俯望，惊叹那四周郁郁葱葱、状如漏斗似直落的冰斗之近底部，那些红顶白墙、三五成群、冒着缕缕炊烟的星星点点的民居。

说到旅游观景，就免不了要谈谈当地的美食。尽管我们那些天外出就餐的机会不多，但是也知道小岛除了法国大餐、土著的克里奥尔菜，也有印度菜，当然还有不怎么地道的中餐。克里奥尔菜最能让人记住的是拌着煮豆子吃的白米饭，还有那叫人一试不忘的辣椒。说起吃辣，云南人、贵州人、江西人、湖南人、四川人，谁都自认是老大。当中国式的辣椒菜端上桌时，那轰轰烈烈、红通通、油汪汪的大盘确实令人震撼，可是你千万别胆怯，那其实是看着辣，吃起来还能忍受——起码我这个在广州长大的南方人都如此认为。可是当克里奥尔菜的小冷盘摆上桌——通常就是那么一小碟看似无任何配搭，除了蔬菜本身的颜色再无其他特别色彩，平常得不能再平常的腌黄瓜、腌茄子什么的，你毫无顾忌地挑上一点放入口中，立马就会跳起来，迫不及待地寻找冰水，猛灌一通——那种辣真是不动声色就要了命的。小岛的辣椒就如同在世界地图上难以寻到的小岛本身，毫不张扬，不亲历其中，难知它的惊艳。

小岛上白云蓝天、绿草红花，无处不景观。而岛上的人们，又何尝不是一道亮丽的风景线？虽然停留的时间不长，但他们的热情、善良、淳朴，从看到的服务业从业人员的笑脸上，从街上常遇到的、用不太标准的汉语"你好"向我们打招呼的陌生人身上，都能感受到。不过，此行接触得最多的还是岛上的华人。小岛面积小，人口总共 80 多万，除了白人、当地土著克里奥尔人、印度人，还有 4 万多华人。此行，我就是奔着聚居在小岛北部的首府圣丹尼、祖籍广东顺德的华人，以及聚居在小岛南部旅游城市圣皮埃尔、祖籍广东梅县的客籍华人去的。

记得那天甫下飞机到酒店放下行李，换下了从广州出来时穿着的厚厚的冬衣，就一刻也不敢停，马上随着俏侬和小谢到 downtown（城里）走访华人团体，随机寻找发音人。行程的头 5 天，一直在圣丹尼记录顺德话。如同每次的田野调查，开局总是不太顺畅，直到俏侬想方设法联系到了陈日朗夫妇、刘永任夫妇和陈国康、陈国尧两兄弟，顺德话的调查才总算拨云见日。

完成了顺德话的记录后，在俏侬和小谢的陪伴下，我又直奔南部的圣皮埃尔。两天一夜的时间，先是走访了当地的华人历史学家黄素珍，听她讲述留尼汪华人史，然后就是马不停蹄、头也不抬地记录客家话。终于在当地中华飞豹文体协会和华人的鼎力协助下，完成了梅县客家话的调查。其间，给了我最大帮助的是曾昭轩先生和黄桂芳女士，华南师范大学在那里的孔子学院教学点的一位老师也给了我们很大的帮助。而留尼汪这个南部旅游城市的美景，我却没有时间细细体会。

在岛上的那些日子，也是在俏侬的协助下，随机做了华人的问卷调查，收回了40 多份宝贵的问卷。最开心的是，小岛热心的华人还在闲谈中给我回忆了一些非常难得的、他们已多年少用的老方言自创词，给了我一个意想不到的"大礼包"。

此次调查寻找到的发音人，都是年纪早已不轻（最大的年已过八旬）的第二代、第三代的土生华人。从了解到的情况看，华人社区使用汉语方言，无论是顺德话还是客家话，虽然都比曾经去过的一些国家的华人社区情况好，但其实状况也不容乐观，因为比起接受过华校教育的老一辈，四五十岁以下的中青年华人通常都不说或只会说一点点祖籍地的方言了。且如顺德话，能保留原汁原味的青年人并不多，一些顺德籍的华人尽管会说粤方言，但说的是接近广府话的粤方言，广府话在世界华人圈中的强劲又见一例。

从心底里感激留尼汪所有帮助过我的华人。首先是所有辛苦地充当过发音人的华人（恕未一一具名），尤其是在圣皮埃尔短短的几天时间里，闻讯赶来接受调查的客籍华人之多之踊跃，大大超出了我的预料，以至于来自华南师范大学，正在留尼汪孔子学院圣皮埃尔支教点任教的梁老师感叹道："哇，中国总领事馆总领事来也没有这么多人到！"（在南部两天，热情的梁老师还为我们做了两顿可口的中国饭菜）

　　小岛的华人热情好客，我的发音人除了发音，还都热情地招待我们。比如，圣丹尼拥有 200 多年历史、已经被列为留尼汪历史遗产的古宅"霍氏文楼"的主人，担任过留尼汪中华商会会长十几年的霍明祥先生，还有他众多的兄弟姐妹们。除了充当被调查者，霍先生还在"霍氏文楼"设家宴，给我们介绍他那座传承自曾祖父、曾接待过很多中外政要的古宅。留尼汪孔子学院外方院长管美玲的父亲不仅做发音人，还在家中招待我们。就是在他家的院子里，我们还见到了稀奇的挂满果实的非洲面包果树。除了给我讲述留尼汪华人史，圣皮埃尔素昧平生的黄素珍教授还让我们在她家留宿了一夜。而华人丽子姐则利用我们最后剩下的一点时间，自告奋勇地带我们游览……

　　不知是否是小岛的"专利"，岛上的华人家庭还有一个共同现象——我们接触过的华人大都拥有一个名副其实的大家庭，有十几个兄弟姐妹一点都不稀奇。其中，兄弟姐妹最多的一个顺德话的发音人则直接刷新了我在这方面的知识。他告诉我，他的母亲十几岁结婚，总共生了 20 个兄弟姐妹，他是排在 20 个人中间的，当年从他开始，母亲生孩子就都是自己在家中接生了。不知这是否也算是一种海岛现象。这在其他地方确实都是不多见的。

　　1 月 30 日是我和外子结婚 40 周年纪念日。记得那天傍晚，调查忙活了一整天回到下榻的酒店，一人泡了一碗方便面权当庆祝。这些年来，每次外出，两人两个行李箱，工作所需的资料一定背在随身的背包里，行李箱一个装衣物等物品，另一个常常被用来装烧开水的电热壶、速食面、榨菜和一些小零食。不要笑我们老土，出门在外，方便面有时真是抚慰中国胃不可多得的美食，特别是在人生地不熟、一时难以找到合适的就餐点时。而且，从国内带去的食物还是大受华人欢迎的小礼品，对那些难得返回故土的老华人更是如此，那回在古巴，我对这点感触最深。

　　不大的留尼汪小岛，关于它的景物，关于它的华人，还有很多可写之处呢。

　　我只能更加努力地工作，来回报所有的华人朋友了！

2018 年 2 月中旬，寒冷的春节前①

记于广州华景新城寓所

---

　　① 今冬全国都遭遇了极冷天气，广州连续多日最低温度 4℃，刚从非洲归来，真可谓冰火两重天。

砂拉越的热

马来西亚东马的砂拉越（Sarawak），位于婆罗洲的北部，是大马最大的州，东北接马来西亚的沙巴和文莱，南面与印度尼西亚毗邻。其 2/3 的土地是热带雨林区，海岸线长达 500 英里①，拥有全马最长、被誉为"马来西亚母亲河"的拉让江（可惜此行我们看到的拉让江江水浑浊，那是常年无节制地砍伐热带雨林，导致水土流失的结果），总人口 170 万，由 23 个族群组成，首府古晋。砂拉越气候之热人皆知之，那是个位于东经 109°36′～115°40′，北纬 0°50′～5°赤道边缘的地方，全年只分旱季和雨季。

3 月 2 号，恰值农历正月十五元宵节，我带着一年级的一个博士生许婉虹、两个硕士生任士友和尤慧君，还有深圳大学的吴芳博士，嘉应学院来进修的吴忠伟老师一起奔赴砂拉越的泗里街、诗巫做田野调查。

记不清这是我第三次还是第四次到马来西亚做田野调查了。之所以会选择砂拉越，不是因为那里有丰富的自然生态，出产优质硬木和胡椒（马来西亚 95% 以上的胡椒都产自该处，以至于泗里街以"胡椒埠"闻名），而是因为那里有占人口比重相当大的华人。根据 2013 年马来西亚的官方统计数据，诗巫省的人口达 30 万，其中，华人有 11 万，约占总人口的 40%。小镇泗里街，总人口 6 万，华人就大约有 4 万。华人社区的汉语方言丰富：闽方言福州话、粤方言新会话、客家方言河婆话等，都在一个社区内和谐相处。还有一点就是，20 世纪 90 年代我教过的一位马来西亚学生吴翠美就在泗里街的一间华校——民立中学当校长，翠美多次邀请我去做方言调查，可是我一直腾不出空来，这回终于下定决心来了。

说到翠美，就不能不提马来西亚华人独资的中学（以下简称"独中"）。听说全马共有 60 多间独中，独中为马来西亚培养了一批批优秀的人才。翠美服务的民

---

① 1 英里约为 1.6 千米。

立中学是其中最小的一间，学生还不到100人。别小看这90多人，翠美4年前到任时，学校仅剩20多个学生，她向我形容说，其时校园满目荒草，人人都不知学校还能否撑下去。奋斗了4年，学校已渐有起色，师生面貌大变样。去年，她带领几位学生到西马各华校转了一圈，还为学校募得了80万马币的办学经费呢。此事在大马的华人圈中引起了不小的震动。可是，翠美却为民立中学，为马来西亚的华文教育操碎了心，以至于在我们去调查过后不多久，便查出患了癌症，所幸她现在又战胜了疾病，重返学校。此是后话。

虽然在我们的眼里，民立中学是一间普通得不能再普通的，类似中国西部乡村的简陋学校（其实由于国家的扶贫政策，西部的很多学校目前已大大改观）；校长与学生一样住极简陋的宿舍，区别只是学生宿舍大些，校长住的地方小些；宿舍很潮湿，常有各种蚊虫、癞蛤蟆，甚至蜈蚣、蝎子"入侵"；翠美每天除了学校的大事小事，还得管住校学生的日常生活。但是她对华人的教育事业甘之如饴。我也深为有这样的学生而骄傲。而我们为了节省经费，也在民立中学的宿舍借住，和翠美、学生们一起吃大锅饭。

我们的东马调查小分队除了吴忠伟留在诗巫联系客属会馆调查客家话以外，其余的人都到了泗里街。吴芳因为要上课，只工作了一个星期就离开了；我因为学校很多事情要处理，吴忠伟接下来马上要去毛里求斯调查，我俩都工作了10天；3个学生则准备留到月底。在泗里街的人先兵分两路，吴芳和婉虹记录福建闽南话，我带着士友、慧君记录新会话、揭西河婆客话。因为翠美的预先沟通，广肇惠会馆和漳泉会馆都通力支持，发音人个个工作认真。就在我在的那些天，我们分头完成了泗里街新会话的词表3000多个词条、字音表3000多个字音，以及语料的记录；福建闽南话、揭西河婆客话的词汇及字音表开头部分的记录；诗巫梅县客话的词表和字音表的记录。剩下的福建闽南话字音、河婆客话字音，以及诗巫潮州话的记录，则将由我的3个学生接力完成。

成绩可观。

收获这些成绩，功劳最大的应属当地的华人，尤其是我们的那些可敬可爱的发音人。他们可以说是我遇到过的最合作、最敬业的发音人之一。他们的热情和努力让我们不仅在身上，而且在心里感受到地处热带的砂拉越之热！我们记音累，但是发音工作更辛苦，可是不管要坐多久，就是喉咙说干了，他们也无怨，只要有可能，就尽量挤时间帮忙。以前每次做田野调查，都总有那么一些找不到人工作的时候，每次都有寻找发音人的烦恼，可是这次因为有翠美等华人的预先协助，基本上每天都安排得好好的。这让我们能够全副身心地彻底享受这样的田野调查！

众多的发音人，如广肇惠会馆的副主席冯华海先生、赵万鸿先生等都是多次帮助我们。最令人感动的是漳泉会馆馆长，也是民立中学的校董的陈国芬女士。她已经是70岁的人了，身患高血压、糖尿病，双腿膝盖严重病变，走路得扶着拐杖慢慢挪，可是依然天天为我们的调查奔上跑下。而且，每天还会有华人带来当地可口的小吃，让我们品尝，使我们在了解当地民俗特产的同时，紧张工作的神经也得到一点放松。

应该说，泗里街和诗巫华人社区的汉语方言和方言文化是维护得比较好的。这当然有整个东南亚、整个马来西亚华人社区语言文化维护得比较好的大背景，同时也是当地华人不懈努力的结果。老一辈的华人看到了年轻一辈的变化（当地很多年轻人都不会说祖籍地的方言而改说华语了），不愿意先辈留下的传统流失。面对那些为维护母语、为维护华人社区文化不怕辛劳的华人，我们工作辛苦一点又算得了什么？

让人感到欣慰的还有，3个学生在实战中得到了锻炼，特别是两位硕士生，对汉语方言调查，从不知到初知，他们一定会感激无论是在对人对事方面还是在学业上均给他们上了深刻一课的华人！但是我也不免担心：第一次出国，第一次参加田野调查，就遇到这么多好发音人，受到这么热情的招待，他们可千万别产生误会，以为海外汉语方言调查就是如此轻松顺当啊。

此次田野调查，在诗巫、泗里街这两个不大不小的地方引起的"轰动"可谓不小，除了很多华人知道我们的到来以外，那里的华人媒体，如《马来西亚日报》《国际时报》《诗华日报》也都跟进报道了我们的活动信息，《星洲日报》这份在世界华人圈中颇有分量的报纸还专门派出了一位采访主任和一位新闻编辑，在我离开东马候机时，赶到机场对我进行了专访，之后做出了整版的专访报道。

很是感激这些媒体朋友对海外汉语方言研究的宣传，希望借助他们的报道，能有更多的华人、更多的语言学工作者知道我们的工作，支持我们的工作，海外汉语方言研究能更加蓬勃地开展。

2018年3月13日，从东马回国后上班前

记于广州华景新城寓所

海外汉语国际学术研讨会走过了 10 年

7 月 21 日，我们在兰州城市学院又迎来了两年一次的海外汉语方言国际学术研讨会，这是第六届会议。时间过得真快，从 2008 年和张双庆先生一起在暨大倡议召开了首届海外汉语方言国际学术研讨会，到今年的第六届，会议已经走过了说长不长、说短不短的 10 周年。

实不相瞒，会议召开之前，我心里都不踏实，因为担心参会的人数少。我一直在与同为此次会议主办方——兰州城市学院的莫超老师沟通，也一直在与海内外的朋友沟通，可是陆陆续续收到的都不是好消息。不少原先参与过的朋友有的因为忙，无法抽身参加；海峰因为调职（从新疆大学调到新疆维吾尔自治区民族事务委员会任副主任），无法参加。还有的老师因为上了诈骗分子的当，退掉了订好的机票来不了了。谢谢同门甘于恩老师，被骗退了票，又再买票参会——他这个汉语方言研究中心主任可不能缺席。由于时局问题，台湾最终只来了一位老师。主办上届会议的美国旧金山大学的李智强教授也在最后时刻因为身体原因取消了行程……

囿于海外汉语方言研究的特殊性，海外汉语方言国际研讨会应该说是语言学类会议中参与人数不多、召开的届数也最少的一个小会。会议参与者本来就不多，故每每收到不能赴会的信息，我的心都要往下一沉。当初之所以会想到要折腾召开这么个会议，就是希望这能够成为开拓海外汉语方言事业的一个重要平台。我想通过这个会议来联络、鼓动同道们积极参与，也想通过这个会议给参与的同道们一个互相学习、共同提高的平台。婚姻有个"七年之痒"说，难道这个在艰难中坚持了 10 年的小小的学术会议就不能再延续下去了吗？而且，问题不仅仅在于会议本身，不怕笑话，我是把会议看作业界对待海外汉语方言研究的风向标的。

可是，担心归担心，在大家，尤其是莫超老师和他的团队的努力下，会议还是如期召开了，而且开得出乎意料地顺利。约 40 人在短短一天半的时间里畅所欲言、热烈讨论。德高望重的游汝杰先生和张振兴先生分别在开幕式和闭幕式上做了振奋人心的发言。他们认为，海外汉语方言研究是语言学科中最先走出国门的，海外汉语方言调查研究的开展是汉语方言学史上的重大事件，值得浓墨重彩大书一笔。他们振聋发聩的发言深深地感染了我，相信也深深地鼓舞了在座的每一个人。但是两位老师对我的褒扬却让我深感惭愧，游先生甚至还说应该找媒体宣传。

其实，这几年在海外调查时，也有媒体采访过我。而我之所以接受采访，只是为了借机宣传海外汉语方言调查研究，让更多的华人来参与我们的事业。有时，也因为对方给我提供了帮助而做相应的回报。例如，在美国得州接受美南传媒的粤语电视采访。而在英国曼彻斯特接受 BBC 电台的采访，则是因为采访我的华人正是我想要调查的英国第二代华人。

今年 3 月带学生到东马砂拉越调查，也接受了《星洲日报》的采访，同样是为了宣扬海外汉语方言。就在兰州会议期间，《星洲日报》7 月 20 日一整版的专访也出来了。但假如说要讲我自己，则没什么好说的了。

会议期间，我利用一个晚上召开了预备重大项目结项工作的讨论会，除了参加项目的老师，还有一些参加会议的老师参加了。各位老师积极提出意见和办法，张振兴老师还提供了他的"《汉语方言志》编写参考大纲和体例"给我参考。摸索着做这件事，有不少迷茫，而每每经过各位老师的点拨，都会顿时明朗不少。还是众人拾柴火焰高啊。

我准备利用 8 月 2 日出发到巴西前的这几天，以及在巴西调查时的空档，好好看看张老师发来的资料，整理出重大项目编写的参考大纲和体例。我负责的重点项目和重大项目都是 2014 年立项的，上学期就都收到了国家社科规划办的结项提醒，按要求，两个项目都应该在 2019 年年底结项。从前两个月开始，我就在着手重点项目的结项工作。我希望明年年底能把重点项目的成果交上去，但是重大项目关系到各个子项目，只能协商进行，看来延期是不可避免的了。

岭南师范学院的陈云龙老师代表他们学院接过了主办第七届会议的接力棒。下一次会议有着落了，真的非常感谢他们！下一届，我们将相聚于美丽的海滨城市湛江。

这次赴兰州开会，还有一个小插曲。时值暑假，兰州又是大西北重镇，就想到让外子带上孙女孙子一起去，让孩子们看看母亲河黄河，看看世界文化遗产敦煌。

行前外子做好了规划和准备，我们决定提前几天出发，乘坐比较省钱，且能欣赏沿途风景的高铁来回，在甘肃期间的出行也以火车为主。16 日那天一早我们就到了广州南站，结果却因两个孩子排长队上厕所误了车（广州南站的卫生间太少了）！

真真是起了个大早，赶了个晚集！

马上去改签。答复是几天内的高铁票都卖完了，火车只有一般快车的站票。

高铁 10 ～ 12 小时到兰州，一般快车则需 36 小时。但无论如何我是不能不去开会的，真的很难想象会议开幕时我不在场。只好拖着行李从南站转赴广州火车站，咬牙买下了 4 张当晚的站票。上车后赶紧去换票，还好，列车长看到我们老的老小的小，给我们补了几张卧铺。现在的孩子国际航班都坐过了，坐旧式火车睡卧铺却是第一遭，倒也很兴奋。不过，接下来的行程也全都被打乱了，只好重新规划。

这一趟，火车是都坐够了，因为旺季，敦煌无法订到门票（我和外子若干年前是看过的），孩子们只看了西千佛洞，看了鸣沙山、月牙泉。在兰州的那几天，赶上下大雨，这在干旱的西北很少见。浑浊的黄河水奔腾着流淌，在两岸留下了一层细细的黄泥沙。母亲河，不知会给孩子们留下什么印象？

2018 年 7 月 25 日，兰州会议后赴巴西调查前
记于广州华景新城寓所

巴西华人的"洋打工"

刚从南半球的巴西回来。

巴西与中国的时差十一二个小时，在巴西的前 10 天，先是被白天黑夜颠倒的时差折磨，然后是肠胃不好拉肚子，再就是直到现在依然猖獗的感冒咳嗽。尽管身体很不适，收获却是满满的。从 8 月 3 日凌晨出发去巴西，到昨天 19 日清晨回到广州，半个多月的巴西之行似乎一直到今天早上，在经过一夜沉睡醒来之后才结束——这是十几天来睡得最沉稳、最甜美的一觉。金窝银窝，不如自家的草窝啊。

此行了解了巴西华人的大致状况，完成了圣保罗和里约热内卢的粤方言台山话的调查，知晓了粤方言广府话在华人社区的情况，特别是交了些华人朋友，参加了首届巴西华人华侨中国移民日活动。这篇小文就讲讲与我之前接触过的其他国家不一样的巴西华人吧。

华人移民巴西，最早可上溯到 19 世纪的 1808 年、1810 年、1812—1819 年。其时，中国的澳门和广州，就有携带茶种茶苗到巴西指导巴西人茶业种植、修筑从里约热内卢到维多利亚铁路的中国人，算来应有 200 年历史了。不过，尽管中国人是除巴西原来的宗主国葡萄牙人之外第一个移民巴西的，但是人数很少。由于当时巴西对外国人入境的记录很不完整，据不完全统计，整个 19 世纪从中国移民到巴西的人数也就大概 2633 人。其后，一直到 20 世纪 60 年代，中国台湾地区陆陆续续有比较多的人移民巴西。而中国大陆虽然在 20 世纪五六十年代也有到巴西的，可比较大批、目前构成巴西华人社区主力的移民，则是发生在中国改革开放后、20世纪 80 年代左右的事。

现在的巴西华人社区，来自中国各处，比如福建、浙江、湖北及东北三省等地的华人都有，在当地的《南美侨报》8 月 11 日登载的一则贺巴西首届中国移民日活动、参加 2018 年华助中心全侨慈善捐赠仪式的消息上，署名的华人社团就多达 49 个，但还是以广东籍的华人，尤其是广东五邑（台山、鹤山、新会、恩平、开平）等地的华人为主。华人最多的是巴西第一大城市圣保罗，据说数量有 30 万左右，再就是曾经是巴西首都的里约热内卢（华人至今称其为"皇城"），数量有两三万。

原来只知道北美洲的一些国家，比如北美洲的美国、加拿大，广东台山一带的华人多，后来才知道其实在整个美洲，包括中美洲的古巴，南美洲的巴西、巴拉圭、巴拿马等，来自广东台山一带的华人都是华人社区中不可忽视的力量。只不过美洲各国台山籍华人移民的历史有长有短，美国台山籍华人的历史可以媲美美国国家的历史，巴西台山籍华人的历史则没有那么久远。到巴西的台山人中有一些当初就是因为无法到北美才转而选择巴西的。而大多数则是在家族中亲人在巴西站稳脚跟后，被呼朋唤友地带来的。与国内其他地方的人选择到北上广深打工不同，移民巴西肇始于"卖猪仔"，台山人从当年的被迫无奈远走他乡，到如今移民已渐成一种习惯，这个过程只经过了说长不长、说短不短的 200 年。问过一些华人为什么会去这么遥远的国家（不算中途转机的时间，乘飞机要飞 20 多个小时呢），一些人回答是，"个个都噉样（人人都这样）"，"做嘢，揾钱啊嘛（干活，赚钱嘛）"，"我母亲的那个村子都已经走空了"。

确实，这几年去过几次台山，所见之处，尤其是村庄，都是那么冷清，只有三几个老人和幼童，还有关闭的学校……

出洋打工，在广东台山就如同国内到北上广深打工一样简单、一样自然。在福建，状况也是如此。

在圣保罗，这个巴西，同时也是南美洲最大的城市里，虽然还没有一个正式命名的唐人街，但是华人主要聚居在占据了几条街道的日本街一带（现已改称"东方区"）。那几条街，原先都是日本人在经营的。街内有日本公园，街道的街灯全都是从日本运来，一色上宽下窄惹眼的大圆白灯。日本人在 20 世纪 60 年代左右就开始大批移民巴西，如今虽然不如在秘鲁那样出过日本血统的总统，但也有几位日本裔的部级官员。8 月 12 日是巴西总统签署的首个中国移民日，可在巴西的日本人早几年就有了移民日。但是这些年，圣保罗的日本街却慢慢被华人"占领"了。华人的社团、公司、大餐馆、角仔店①，还有街上的行人，人群中传出的话语声，无不是满满的中国风！

在圣保罗最乱的 25 街一带，则满街都是售卖中国轻工业品的超市和摊档，商户的经营者有华人，也有巴西人，街道很喧杂、很脏。我们甚至在那里碰到了一个可怜兮兮地用普通话说肚子饿、希望给他买碗饭吃的乞讨的年轻华人。带我们去参观的华人不忍地给了他几块钱。

都说巴西的治安不好，我们也一直被告诫出门小心，最好不要背包，不要带护照和太多的钱在身上。接触过的华人也都说，没有被抢过就不算在巴西生活过。一个年轻的女性华人跟我们说，她曾经一年被抢了 8 部手机。劫匪通常都是索要财物，所以华人出门，都会随身准备一些零钱，有的还会多备一部不常用的手机，以防被抢。万一被抢了，报案是没有用的，乖乖地给钱给物就是了。

与之前很多国家的华人移民急于取得移民国家公民身份不同，获得巴西籍的华人并不多，目前在巴西的台山籍华人大多只是满足于取得永久居留权，即他们所说的红卡（不是美国的绿卡，也不是加拿大的枫叶卡，是巴西的红卡），认为现在中国那么好，没人会去入籍。在巴西，入籍与红卡、公民与长居的区别是有选举权和无选举权。而他们到巴西，只是为了打工，为了赚钱。一旦觉得收获已经达标，或者有什么其他问题，抬脚拔腿就走。个别人二次移民到北美等地，也有的是到了一定的年龄，告老还乡，攥着钱回台山安享晚年。听说如今在巴西的台山籍华人若去世，一般会选择火葬的方式，为的也就是最终能叶落归根，将骨灰带回家乡安葬。

巴西法律规定，在巴西出生的就是巴西人。华人的新一代之前不少在巴西出生，因此不少华人家庭父母是中国籍，孩子是巴西籍。可是如今也出现了为了让孩子拥有中国国籍，怀孕后回家乡生孩子的现象。我的一位 18 岁的发音人告诉我，她父母是中国籍，本人是在圣保罗出生的巴西籍华人，可是才 1 岁左右的弟弟却是在家乡台山出生的地道中国人，为了这个寄养在台山姑妈家的小弟弟，妈妈每年得回几次国。

也有不少华人的孩子虽然在巴西出生，但是在巴西辛苦打工赚钱的父母却在他

---

① 供应油炸的角仔（一种长方形、手巴掌大、内含牛肉或鸡肉馅的油角）、炒面、快餐、饮料等的快餐店，是巴西华人创业时常做的生意。

们很小的时候就把他们送回老家，让年迈的祖父母或者亲戚照看，让孩子在中国读几年书，学几年台山话、汉语和英语，返回巴西后，稍大些再送到美国、加拿大等国留学。

接触过的年轻华人，我的那些发音人，都与他们饱经风霜的父辈不一样。他们充满朝气，令人眼前一亮。而与在美国、加拿大的很多年轻华人不同的是，他们对中国的认识不同，感情也不一样。问他们，假若可以选择，愿意在中国还是巴西。回答都是中国。认识的一位年轻发音人在回中国暨南大学读书后，找到自己的另一半—— 一位广东佛山姑娘，如今已在中国有了美满的家庭与事业。

巴西华人，确实令人耳目一新！

2018 年 8 月 20 日
记于广州华景新城寓所

期盼诸事顺利

2019 年，农历己亥年正月大年初一，猪年的第一天，户外出奇地安静。

每逢过大年，平日里喧闹的广州城总会一下子突然安静下来，城里虽然到处张灯结彩，但是大街上的商铺关门过节的很多，车辆少了，行人也不熙熙攘攘了，人们该回家过节的、该放假旅游的，全都哗啦哗啦涌出这座千年古城了。广州立马就如某些欧美城市一般安静，而且安静得叫人难免有些不习惯，安静得叫人难免羡慕那些拎着大包小袋、有老家可回的人。

要是一年 365 日，天天如此该多好！

这是我自 2018 年下半年开始国家社科基金重点项目"美国华人社区汉语方言与文化研究"结项工作以来，第二次非因为其他工作，关闭了书桌前的电脑半天，和家人出去与外子的兄弟、妹妹，以及他们的家人团年。而另一个半天，则是昨天的大年三十下午，和家人一起准备一年一次的年夜饭。今天下午回家，想起已有半年未为《方言那些事儿》"添砖加瓦"了，于是再放自己半天"非结项假"，在这猪年开始的第一天，梳理一下今年的思绪和工作。

其实不必细想，今年的首要任务依然是美国项目的结项。除了日常的其他工作，埋首电脑前约半年，美国项目的写作已过半，还得再继续努力争取如期完成，好为重大项目的结项探开一条路，铺开一条道。更重要的是，因为美国项目其实也是"海外华人社区汉语方言与文化研究"重大项目的一个部分，美国项目结项若能开个好头，重大项目的结项就添了一分能量，也就能早日开始。之所以这个寒假没有外出调查的计划，主要也是为了集中精力做结项工作。

日常的各项工作不能松懈，今年还希望能写出一两篇比较好的文章。年后，估计一年前投到香港中文大学《中国语文通讯》的文章就会发表，希望投到其他杂志的文章也能有个好结果。带好学生，和学生们一起努力学习，既为海外汉语方言事业多增添一些年轻有为的力量，也为海外汉语方言事业的推广努力工作。今年海内外都有来报考我的博士的学生，祝愿他们梦想成真，也祝愿自己和在学的学生都能在海外汉语方言事业上取得新的成绩。

家庭是我们每个人的港湾。祝愿全家人人平安；孩子工作勤奋，事业有成；孙女、孙子学习进步，学业一天十尺，十天百丈。

窗外一片艳阳。

广州从去年冬至前后至今，一直都是这么好的天气，温暖无雨。尽管这一段时间，美国中西部连报极寒，甚至冻死人，就连中国江南的很多地方都是白雪飘飘的天气，广州的气温却日日在20℃上下徘徊，花城的年轻人早就是潇潇洒洒的短衣短裤花裙子，一副酷酷的夏日打扮了。其实，说广州今年就根本没有冬天或许更确切些，媒体不是老嚷嚷入冬不成功吗，孩子们可能压根就没有机会换上冬衣。

天气好，羊城的鲜花竞相怒放，不但家家为迎春接福摆满了花，走出家门，街头也是处处姹紫嫣红。可是这天气也难为了辛劳了一年的花农，广州今年春节花市的鲜花价格便宜，甚至还有花农为了减省运输费用，不得不丢弃卖不出的鲜花。记得一条粤谚云："干冬湿年，禾谷满田。"只要冬至那天天气晴朗，过年就必遇连绵阴雨。去年立冬那天，天气也是出奇地好，本以为今年过年恐怕免不了阴冷了，可是现实却颠覆了千百年的老"规矩"，难道是"干冬湿年"之说要被破了吗？

无论如何，只是祈愿今年五谷丰登，事事顺利，个个喜乐健康，人人心想事成，美国项目如愿结项。还有，过节这几天，在继续码字的同时，抽个空儿，看完美籍华人张纯如自己本人都未能看到出版的著作——*The Chinese in America*（《美国华人史》）。

2019 年 2 月 5 日
记于广州华景新城新华花园寓所

欧洲三国调查记

昨日，刚从欧洲三国——西班牙、荷兰、法国调查归来。浑身的酸痛、恼人的时差，使人恍惚以为仍在旅途中。只有面对电脑，听着键盘的敲击声，才令人有一种实在感。

对欧洲华人社区汉语方言调查的谋划可追溯到大约 10 年前。其时，国家社科基金一般项目"东南亚华人社区汉语方言比较研究"尚未完成，但我已萌发了将海外华人社区汉语方言研究进一步做大的念头，当时觉得欧洲的国家比较小，可以一个一个地做，曾与中国社会科学院语言研究所已故研究员周磊商讨此事。周磊觉得此事可行，但是要慢慢联系。不过，还没等到联系有眉目，他就意外地走了⋯⋯

此后，由于国家社科基金重点项目"美国华人社区汉语方言与文化研究"获批，欧洲的事就暂时被搁置了。不过，这之后国家社科基金重大项目"海外华人社区汉语方言与文化研究"申请成功，欧洲的事于是再不能延缓。前年暑假，我调查了英国伦敦和曼彻斯特的广府话。可是欧洲的调查不能只有英国，于是今年 3 月，由时任广州市委统战部（市侨办）陈处长热心牵线，我联系到了西班牙、荷兰、法国的 3 位侨领，与他们商量好暑假成行，5 月就预订了往返的机票。

欧洲华人社区的汉语方言主要是粤方言广府话、闽方言潮州话、吴方言温州话，我的目标是广府话。3 个国家，每个国家逗留的时间都是一个星期。因为时间紧，此次调查的一个特点是，每到一个地方，还没来得及倒时差、擦把汗，就在抵达的当天马上开始工作。可是，行前的联系却颇有波折。7 月中旬，荷兰的联系人突然告知说无法找到发音人，于是心急火燎地通过现为暨大华文学院院长的师弟邵宜联系了在荷兰的校友，校友又再介绍了荷兰的一位广州籍的侨领，这才在 8 月初，怀着忐忑的心情出发。外子再次陪伴我前往。

因为预定以西班牙为首站，而广州没有国内的航空公司直达西班牙的航班，来回的机票都是国泰航空的。没承想，这段时间香港不太平，就在我们 8 月 5 号出发那天，香港机场发生了严重的骚乱。所幸我们是从广州白云机场直接飞到香港机场转机，没出机场，故在外面发生的情况我们都不知道。直到抵达马德里，才从微信、从亲友关切的询问中得知消息。对香港情况的担忧在整个调查期间有增无减，特别是当暴徒大肆扰乱香港机场时。香港这颗东方明珠何时能再焕发辉煌？

马德里时间 8 月 5 日上午抵达，中午到西班牙粤港澳同乡会拜会 3 位正副会长，当天下午就在他们的帮助下开始工作。接下来的几天，马德里育才现代汉语学校提供场地，帮助寻找发音人，为调查出了很大力。据华人说，西班牙约有 30 万华人，其中马德里就有十几万。这里的华人主要从事零售业，经营着被他们称作"糖果铺"的杂货铺或"百元店"的百货店，还有开餐馆。使用粤方言的华人到马德里的历史没有来自浙江的华人长，人数也比来自浙江的华人少得多。广府话的发音人基本上都是第二代的，各位发音人也尽心尽力，尤其是一位正在大学法律系读书的姑娘。这样从 5 日到 9 日，完成了《词汇调查表》3000 多词条的记录。其间，还与粤港澳同乡会的会长、一些华人、马德里育才现代汉语学校及西华联中文学校的校长、老师们举行了一场座谈会。除了介绍在西班牙的工作，我当然也不忘趁机宣传汉语的海洋方言，宣传海外华人社区汉语方言的调查研究。当地的中文报纸《西班牙联合时报》对这次座谈做了报道。

8 月 11 日结束了西班牙之行，从马德里飞到荷兰的阿姆斯特丹。荷兰之行比较特殊，因为之前联系好的华人说无法找到发音人，直到 7 月 18 日，我才又联系上承诺帮助我调查、"临危受命"的荷兰广州同乡会的执行会长。又由于在荷兰的时间只有短短的一周，加上黄会长又须在 8 月 16 日飞回广州参加省侨联在华南理工大学举办的一个学习班，故在下午 3 点多接到我们，送我们到酒店放下行李后，就马上带我们去他家参加一个事先准备好的聚会。这次聚会邀请了 3 家华人参加，其中还有一家找来了 4 个第二代和一个第三代孩子。在第一代华人齐动手准备晚餐的同时，第二代华人就充当了发音人。于是马上抓紧时间调查，记录了两个多小时，晚饭后又记了一会儿音。此后几天，每天都是等黄会长的通知，配合发音人的时间工作，一直到完成记录。

与世界上其他地方的华人一样，荷兰和法国的华人也是主要从事餐饮业、百货业和制衣业等行当。但是有一个有趣的现象，就是在欧洲这 3 个国家中，马德里的中餐馆不多，荷兰的中餐最地道，法国的中餐则可以说是被来自东南亚越南、柬埔寨、老挝三国华人的东南亚菜盖过了，在巴黎华人最多的十三区，所能见到的几乎都是越南餐馆。

法国的调查，虽然与我联络的彭会长起初不在法国而在中国，但是他拉了一个群，对所有的事都做了很好的安排。调查也是从抵达巴黎当天就开始的，当 23 日彭会长从中国回到巴黎时，我的调查已经顺利完成了。其间，彭会长一直与我、与其他华人保持微信联系，真是要感激如今发达的互联网。

8 月 18 日一早，搭乘阿姆斯特丹最早的一班到法国巴黎的火车，4 个小时后，在中午 12 点多抵达预订的酒店，2 点半即跟随来接我们的华人到一个活动中心与前来接受调查的华人聚合。那天下午来了十几位华人，大家都帮忙做了问卷调查（欧洲行三国共做了 60 多份问卷，成绩可喜）。几位年轻的第二代华人还接受了两个多小时的词汇调查。难得的是，他们对调查并不抗拒，当中甚至还有人觉得这挺有趣。之后的几天，除了记录了一位母亲是广东籍第一代华人，父亲有法国和挪威血统的混血姑娘那令人惊异的、发音颇为纯正的广府话以外，主要由一位 30 出头、正在休假的第二代女性华人帮忙。那位林姓的华人与她父亲对调查倾注了万分热情，来了 3 次，协助完成了词表的一大半调查。我在记录她的话时，外子一直与她父亲闲聊，结果他们成了不错的朋友。

调查中，为了启发那位词汇量有限的巴黎混血姑娘，陪同她一起来的母亲与她有一些让人听了忍俊不禁的对话，特辑录几句如下：

①母：你最中意食乜嘢（你最喜欢吃什么）？

女：豉油捞饭（酱油拌饭）。

②母：件衫如果烂咗个窿嘅，你点讲啊（询问形容词"新""旧"，女儿答出了"新"，说不出"旧"，于是母亲问：衣服如果破了个洞，你怎么说〈那件衣服〉）？

女：快啲补返渠喇（赶快补好它啊）。

③母：爸爸嘅鼻尖，妈妈嘅鼻点啊（询问形容词"圆""扁"，女儿答出了"圆"，说不出"扁"，于是母亲问：爸爸的鼻子尖，妈妈的鼻子怎么样啊）？

女：妈妈嘅鼻靓啲啰（妈妈的鼻子漂亮点啊）。

　　经历了 8 月的欧洲三国行，才知道 7、8 月是欧洲的休假月、旅游月。这个时间到欧洲，你在城市里看到的很多是关了门的商铺。华人都说街道上的车辆行人明显稀疏了，忙于休假旅游的人们很多都无暇顾及工作。可是对我来说，不利用暑假或寒假出去调查，又能在什么时候出去呢？

2019 年 8 月 28 日

记于华景新城寓所

欧洲三国一瞥

　　去了欧洲三国西班牙、荷兰、法国，虽然每个国家都只是待了短短的一个星期，但回来总得写点什么，那就写写"一瞥"的所见吧。

　　这3个国家都是第一次去，去了才切实地感知到，3个国家间的距离都不远，从南欧西班牙的马德里乘飞机到西欧荷兰阿姆斯特丹，不过两个来小时，宛如从广州飞了一趟北京。从荷兰阿姆斯特丹坐慢慢行走的火车到法国巴黎，也不过4个小时。或许，欧洲国家间的距离可与中国省与省间的距离相比。3个国家中，西班牙在欧洲的位置偏南，且多山。从马德里飞荷兰的飞机上看，除了城市周边外，地面都是黄黄的小山包，鲜见植被，可是一进入荷兰这个低地国家，则可见河流纵横，大小河道上漂浮着大小船只，大地满目葱茏。不过，在从阿姆斯特丹到法国巴黎的火车上，一路也少见到曾叫我惊叹不已的英国伦敦郊外那些耕种得精细漂亮的农田。

　　惊异于国土面积不大，总面积只有4.18万平方千米的荷兰却是世界上除美国以外，第二大农产品出口国。之前除了对荷兰的花卉出口有所听闻外，并不了解荷兰的农业。在荷兰，能见到的田地也大都是牛、羊、马等在懒洋洋地啃着草的大片大片的草场，种植农作物的极少。华人告诉我们，在国外租种田地生产农作物再出口，是荷兰农业的一大特色，全球第二大农产品出口国就是这样造就的。这种耕种方式是否也适合人多耕地少的中国？

　　要说气候，欧洲的夏天再怎么说也比中国南方的夏天好过。8月，三国中最热的是西班牙，西班牙不但热，还比较干燥。马德里的华人说，无须担心东西会发霉，那里一年到头都没有什么雨，要是有，哪怕是电闪雷鸣，乌天暗地，临了也不过只是洒下那么几滴，且下的时间绝对不会超过5分钟。故下雨时，你是不会看到西班牙人打伞的。我将信将疑，直到那天真的遇到下雨，雨点也真的落了几滴就停，大街上的西班牙人都是不紧不慢地踱着方步，才相信了。在法国的那个星期，每天睁开眼睛，都见灿烂的阳光，巴黎正午的阳光也烤人，但是早晚都比较凉快。荷兰有点凉意，尤其是我们在的那一周，每天都下几阵小雨，风雨常常是说来就来，说停也就停了。当地风多风大（"风车之国"荷兰到处都是利用风力发电的设备），荷兰的华人说，下雨他们也不打伞，而我们那个星期的感觉就是长袖衣服带得有点儿少了。

谈到城市建设，3个国家我们去过的地方都很有欧洲建筑的韵味，但城市之间也各有不同。比如荷兰的港口城市鹿特丹，城市的风格就与欧洲的不少城市不一样，建筑物都很现代化，因为旧鹿特丹城在第二次世界大战中被炸毁了，如今的城市是新建的。荷兰的莱顿则很有书卷气，因为那是一座大学城，成立于公元1575年，荷兰最古老的大学——莱顿大学就在此处。说起来，人们都知道纽约的股票交易很厉害，却未必知道荷兰还是世界上股票交易的发源地，1609年荷兰就成立了世界上第一个股票交易所。如今，荷兰也是欧洲经济发展得较好的国家之一。

3个国家比较，法国应该是最有文化底蕴的，先不谈满大街各有神韵的雕塑，光巴黎的古建筑就看不过来。虽说我们只能利用一两天的时间走马观花，凯旋门、埃菲尔铁塔、罗浮宫、凡尔赛宫等，我们没有时间细细观赏，基本上都只能远眺，但是也都被其外观深深地震撼了。巴黎圣母院早前被烧过，但剩下的部分远望依然雄伟，听说在世界范围内征集重建的设计时，第一名还被一位中国的设计者夺得了。

3个国家的城市交通都不错，巴士、有轨电车、地铁、轻轨、火车等都比美国等北美国家方便多了，尽管设施都比较旧，都是有年头的。要知道，荷兰也是最先使用地铁的国家之一。若谈到城市卫生，比较起来，总体上还是荷兰干净，去过几个地方，阿姆斯特丹、海牙、莱顿、乌特勒斯、鹿特丹都一样。西班牙的马德里、托莱多可以排在其后。巴黎也许因为是旅游城市，每日游人如鲫，城市的卫生状况不怎么样，街道上垃圾、尿迹不难看见。造成这种状况的一个原因，我想，与欧洲国家的公共卫生设施太少不无关系。

民以食为天，谈到三国的饮食我没有太多的发言权，但尝试过一些有特色的食品，比如西班牙的火腿、海鲜饭。西班牙火腿出名，在马德里不难见到挂满火腿的商店，西班牙人吃火腿都是生吃的，刨得薄薄的火腿片用手拈着吃，或是夹在面包中吃。用于制作火腿的则是一种吃橡树子实、腿比国内常见的猪长、体长黑毛的猪，听说西班牙火腿在出售时，通常会注明用于制作火腿的猪是散养在橡树林里吃了多长时间橡子的。西班牙的海鲜饭也很出名，黄色的海鲜饭用西班牙藏红花染成，通常煮得有点生，加上橄榄油、洋葱、蒜蓉，还有青口、虾、鱿鱼等海鲜。

每年的7、8月都是欧洲的旅游月。这个时候，留在城里的人们，走在大街上也都是慵懒的，人们忙于外出晒太阳。西班牙的华人说，就是不得不留下来工作的，也都会享受比平日里短的工作时间。法国的华人则告诉我，人们往往在刚刚享受完夏季的休假旅游后，就又开始盘算冬季假期的安排了。比较起来，荷兰似乎更加开放，同性恋婚姻合法，抽大麻合法，但个头普遍高大、喜骑自行车的荷兰人工作是努力的。

尽管无暇进入巴黎的罗浮宫、凡尔赛宫欣赏，但是依然被它们的外表震撼，特别是凡尔赛宫漂亮的皇家花园，那里也有宛如圆明园的"大水法"。假如我们的圆明园还在，那又会是一番怎样的美景？

非常喜欢巴黎的塞纳河，喜欢美丽的塞纳河畔。很自然地，它让我想起了广州的珠江，珠江边的白鹅潭、沙面，那个我们家曾居住了几十年的地方。塞纳河上的游船很多，两岸都有高低两道河堤，高的一层河堤连接马路。马路边的人行道上满是漆成墨绿色、售卖各种工艺美术品的小摊位，只是因为是旅游季，很多摊主也都放着可观的生意不做，将小摊上锁休假了。塞纳河边，低的一层河堤有的延续着巴黎的咖啡店文化①，摆放着供游客喝咖啡、欣赏两岸风光的桌椅，听说在有的地段，政府还会在夏日时专门在第一层的河堤上铺上沙子，为不能远行度假的人们提供一个人造沙滩晒太阳呢。

2019 年 8 月 29 日

记于华景新城寓所

---

① 巴黎的咖啡店真多，往往一条街就有好几家，且连店铺门口都摆满桌椅坐满人。

会议闭幕迎新年

第七届海外汉语方言国际学术研讨会刚闭幕，刚刚从美丽的海滨城市湛江回到家。

本届由暨大汉语方言研究中心主办、岭南师范学院承办的会议虽然人数也不太多，尽管游汝杰先生等国内的几位老师临时因身体或其他缘故不能赴会，台湾地区有几位老师最后也到不了湛江，但是北京的张振兴先生和张惠英先生、银川的林涛先生、甘肃的莫超教授、台湾地区的陈淑娟教授等老师来了，香港地区，以及马来西亚、印度尼西亚也都有学者参会，以年轻人为主的四五十个人把会议开得热烈活跃。这回，光是暨大参会的研究生就有 9 个，还有厦门大学、集美大学等高校的研究生。年轻人的踊跃参加，让大家看到了海外汉语方言研究事业的希望。

尤其令我感到欣慰的是，我的 6 位在读的学生共提交了 5 篇论文，他们在会议上的发言虽然还有些稚嫩，却也有板有眼，赢得了各位老师的好评。还有参会的老师对我说，会议开得热烈有生气。这说明，我们大家为参会所做的努力有了好的回报，虽然在之前为了论文，学生少不了受到我的批评，有的同学的文章修改了多次。但要成功，首先得有付出，这是不变的真理。我提供给大会的发言是《东南亚、北美华人社区汉语方言比较与思考》，另外，在闭幕式上也做了发言。

短短的 3 天会议，暂离电脑，暂离日常事务，与学生们一起学习，与慧君、颖慧两个学生共居一室，与新朋旧友叙旧、探讨学术问题。最高兴的是，经由汉语方言中心甘于恩主任的介绍，结识了泉州师范学院人文学院的王院长、陈老师、曾老师等人。泉州师院欣然决定接手举办下一届的会议。两年后，我们将在闽南泉州再会。

会议能够取得成功，岭南师范学院的陈云龙、陈李茂、黄高飞等老师付出了很多辛劳。云龙老师这段时间身体都不怎么好，但还是关心着会议的每件事情，实践了他在第六届甘肃会议上的允诺，让大家"吹着海风，吃着海鲜，讨论着海外汉语方言"。我的学生高飞更几乎是独自完成了会议的大小事务。为了减轻高飞的负担，我带几位在读的学生特地提前一天到了湛江，协助处理各种事务。尽管会议结束时发生了一个小插曲，陈淑娟老师的电脑不慎遗落在机场的安检处。待她发现时，人已到了广州转机。还好，高飞在第二天，新年伊始时，就通过他当刑警的学生找到了遗失的电脑。这样，会议就圆满了。

欢乐的时光总是过得飞快，短暂的会议很快就结束了，相信参会的老师们都是带着愉悦的心情离会的。而我也应该在 2019 年的最后一天，在 2020 年开始之际，梳理心情，开始新的一年工作了。翻看之前写的《期盼诸事顺利》一文，2019 年最大的心愿就是完成国家社基金重点项目"美国华人社区汉语方言与文化研究"的结项工作。现在这个从 2018 年下半年开始的工作已完成，这个心愿已算了了，项目已经如愿地按期在今年 11 月交了稿。不仅重点项目在年底结了项，第七届海外汉语方言会也顺利地召开了，今年的大事可以说就算过去了。接下来则是 2020 年的计划了。

其实 2020 年工作上的头等大事也很明确，就是国家社科基金重大项目"海外华人社区汉语方言与文化研究"的冲刺。这个重大项目与重点项目都是在 2014 年获批的，相隔只是半年（重点项目年中、重大项目年底获批），之前的调查等工作也一直与重点项目同步进行着。但是去年，我把更多的精力放到了重点项目的结项上。在上交了美国的重点项目结项报告后，我向国家社科基金规划办递交了重大项目延期两年的申请。前些日子，延期申请获准，利用这次湛江会议的机会，我召开了重大项目子项目负责人的碰头会（有的子项目负责人因故没有参加），重申 2020 年年中——是年中，不是年终——上交各子项目专著稿件的要求。

因而，今后两年，我都必须在一边抓紧进行粤方言子项目结项写作的同时，一边审阅其他 4 个子项目的书稿，进而写出全书的总序，努力争取项目能在两年后结项。

有计划，有安排，还必须要有行动，要有恒心。

2020 年，看行动！

2019 年 12 月 31 日

湛江会议返家后

记于华景新城寓所

《美国华人社区粤方言与文化研究》
完成感想

2019 年年底，当国家社科基金重点项目成果《美国华人社区粤方言与文化研究》通过国家社科规划办的结项审查时，心头终于松了半口气。

为什么会有"松了半口气"之说？因为国家社科基金重点项目"美国华人社区汉语方言与文化研究"与国家社科基金重大项目"海外华人社区汉语方言与文化研究"获准立项的时间都是 2014 年，前者年中，后者年底，两者仅差半年。2014 年是我肩负压力的开始，从此，心头憋着一口气。

从美国项目获批伊始，就倍觉担子沉重。这两个项目研究的都是海外汉语方言，互有关联，都必须到境外进行田野作业。在咨询了学校国际交流处等部门的老师后，我当即决定办理退休手续，因为这对我将要面临的频繁外出少受不必要的阻滞非常有帮助。而当时，我距离学校规定的博士研究生导师退休的正常年龄还有一年。

一切都以完成项目为重。

之后的工作紧锣密鼓地进行。先是经过学校特批，我又重新开始招收硕士、博士研究生，为了海外汉语方言事业后继有人，立下"做我名下的学生，就要做海外汉语方言研究"的规矩。这几年，每年的寒暑假我基本上都是在世界五大洲不同的国家奔波做调查。每个学期则除了边整理收集到的调查材料，指导学生的学业，还边进行项目的结项写作。比起重大项目，美国项目的工作范围只是美国一个国家，无论是工作开展还是书稿写作，都会轻松一些。我希望能在预定的时间里，先对美国项目倾斜，争取先完成美国项目，同时为下一步重大项目的结项积累一些必要的经验。

话是这么说，可调查工作的开展却无法划分得那么清楚。海外汉语方言的调查，总是哪里有机会，有可以找得到的联系人，可以得到帮助，就得赶快抓住机会去哪里调查。所以，特别是在工作开展的前期，尽管心里有所倾斜，但两个项目的调查和资料的整理，还是经常无法做到谁先谁后，而总会同步错开进行。直到 2018 年下半年，在完成了美国 7 个华人聚居城市的 12 个方言点，包括华人社区 6 个粤方言台山话点和 6 个粤方言广府话点的调查和资料梳理后，我决定尽可能暂停手头的其他事务，开始这个重点项目的结项写作。

一年来，不断检视历经艰难收集到的调查材料，翻找各种资料，借鉴各种已有成果，不断地伏案敲打键盘，我终于在 2019 年的下半年完成了这本 80 多万字的专著，并在 2019 年 11 月完成了修改，正式提交国家社科规划办。项目最终在 2019 年 12 月顺利通过结项审查。

美国是世界第一的超级大国，美国华人社区的开埠时间可以媲美美国的建国史，华人在美国的人数已经超过 500 万。粤方言，这个随着筚路蓝缕的先辈华人，在大洋彼岸开辟了几近两百年的华人社区里也已流通了几近两百年的汉语方言，亦是迄今为止美国华人社区最主要的交际用语。其影响力还扩大到华人社区之外，因为美国也有一些学习粤方言的本土人士。粤方言的一些词语甚至作为外来词，进入了美式英语，为全世界学习英语的人士所熟知。

遗憾的是，此前学界一直没有关于这个汉语方言的系统研究。

虽然还有很长很长的路要走，虽然美国华人社区的汉语方言连普查都未能做到，但与我以往的一些著作相比，《美国华人社区粤方言与文化研究》除了研究方言的著作应有的（包括对美国华人社区台山话和广府话 12 个点语音、词汇、语法各语言要素翔实资料的披露，方言特点的详细研究，与长期脱离的祖籍地方言的比较），还特别增加了有关美国华人社区形成史的探讨，有关美国华人社区的教育、传媒与文化等现象的一些探讨。

祈望通过这样增改，能增添读者对这本书、对美国华人社区、对在社区内流通的主要汉语方言粤方言台山话和广府话的进一步认识，得到大家的批评。亦祈望本书的出版能激起学界对美国华人社区汉语方言研究的关注和热情，祈望引起更多有志学人的加入。

衷心感谢美国项目的合作伙伴——我的硕士同门林柏松教授、美国旧金山大学现代与古典语言学系主任李智强教授的帮助，感谢林柏松教授提供的有关美国华文教育的资料，感谢暨南大学汉语方言研究中心主任甘于恩教授以及中心各位同人的支持，感谢我所有可爱的学生们，感谢一直陪伴在我身旁的家人。

按照原先的要求，2019 年应是我所主持的国家社科基金重点项目和重大项目两个项目结项的时间，现在，美国的重点项目已经结项了，重大项目的延期申请也顺利获批。不过，不仅心里还憋着的半口气得忍着，就是心头刚刚轻舒出的半口气，看来也还得再憋回去，因为，重大项目的结项紧接着要开始了，这是另一场更加艰巨的攻坚战。

2020 年，加油！

2020 年元月伊始

记于广州天河区寓所内

疫情之下的征战

多年来，寒暑假都是我背起背包外出田野作业的时间。今年寒假的调查，也在去年5月份就已确定，机票早就订好了，1月28日农历大年初四出发，经美国洛杉矶转中美洲的巴拿马，2月6日再从巴拿马飞邻近的哥斯达黎加，2月13日返回。我名下两位研一的学生，也计划好在1月29日到马来西亚的东马调查，为她们的毕业论文做准备。

一切准备就绪，就等那一天了。谁承想，正当全国人民兴高采烈地准备迎接春节之时，一场叫人猝不及防的疫情从天而降。

大家都不出门了，研一的学生也退了票取消了行程。而我，尽管那些天有些感冒，一直在流清鼻涕——不是新冠肺炎的表现，面对学生的劝阻，还是决定按计划出发。我对他们说，假如被拦住了，我就回来，因为每个人都应该做好自己的事。除了项目完成的时间要求摆在那儿，不想浪费订好的机票（去程从洛杉矶到巴拿马、巴拿马到哥斯达黎加，以及回程从哥斯达黎加飞洛杉矶的票均为不能退票的国外航空公司）以外，最重要的是，已经联系好巴拿马的华人了，能否得到华人的帮助是海外汉语方言调查成败的关键，我不想轻易失去这个好不容易才得来的机会。

外子一如既往地决定陪我前行。

位于中美洲地峡的巴拿马，全国人口400万左右，华人大约20万，华人社区已经存在了180多年。但对这个以巴拿马运河名扬天下的国家，国人的了解并不多，也许是因为其早前与中国没有建交，直到2017年6月12日，巴拿马才正式向全世界宣布与中华人民共和国建立外交关系。

巴拿马的华人以祖籍广州花都、使用客家方言和粤方言的为多。据说，花都籍的华人占了华人总数的60%左右，再就是祖籍广东恩平、使用四邑方言的。华人社区的汉语方言现状叫人惊喜，这应该是我所见到的在亚洲东南亚之外汉语方言保留得比较好的地方。日常所见，只要有华人聚集的场合，大家见面都是讲方言。不少年轻人更是除了西班牙语、英语、传自父母的方言，还会说华语。亲眼所见，就连在华人开的餐馆打工的巴拿马人，也会用汉语客家方言给来就餐的食客报出各种点心和菜品的名称。

有巴拿马华人工商总会前任会长张德泉先生和现任会长罗炳年先生等众多华人的鼎力相助，从一开始，在巴拿马的工作就进行得颇为顺利。调查先是从华人社区使用人数相对多的广州花都客家话、广府话开始，在记录这两个方言的同时，我还通过罗炳年会长联系了哥斯达黎加的华人，准备按计划 2 月 6 日转赴圣何塞（哥斯达黎加首都）调查。

起初，与哥斯达黎加的联系也顺畅，不幸的是，随着疫情的扩散，各种防疫的手段不仅在国内越来越多，就是在国外，在远离中国的亚洲、欧洲、大洋洲、美洲各国，措施也越来越严格了。

每天都有一些飞中国的国际航班停航，各国都对来自中国的访客有了各种不同的要求和限制，中国各驻外使馆亦向各国华人社区的华人社团提出了种种防疫要求，新近从中国返回巴拿马的华人亦被要求隔离 14 天。

之后与哥斯达黎加联系，对方就希望我按要求，在离开中国 14 天后再去了。

合情合理，但听到时一时间还是有点茫然。

我没有办法在巴拿马待 14 天后再去哥斯达黎加，因为整个行程的机票是预订好的，国内的事情一大堆。虽然巴拿马的华人自始至终非常友好，一直在不断地帮助我，但是疫情不知道会如何发展，综合国内、国际各方面的情况，权衡再三后，我决定忍痛取消哥斯达黎加的行程。

从巴拿马到哥斯达黎加的机票，以及回程从哥斯达黎加圣何塞飞美国洛杉矶的机票都只能作废了。万幸的是，美国虽然关闭了一些口岸，但还是保留了 7 个中国航班进入的港口，洛杉矶就是其中之一。于是，我请学生李颖慧帮忙与旅行社商谈机票改签事宜。

巴拿马与中国的时差 13 个小时，日夜颠倒。非常时期，白天我继续埋头给联系好的发音人记音，晚上时睡时醒，三更半夜火急火燎地通过微信与国内联系，向学生们转达学校、学院的各种规定和要求，与学生联系机票改签事宜。那些天真的是难为颖慧了，经过她不断地与旅行社沟通，考虑到美国及很多国家都有从中国来的人必须隔离 14 天才能入境的要求，最终将我们原本 2 月 13 日从洛杉矶飞广州的机票改为 2 月 12 日。12 日是我们从中国出来的第 15 天。还有一点也非常重要：因为疫情，那天的航班是 2 月份中国南方航空从洛杉矶起飞的最后一个，错过了，就不知道要到 3 月份或者什么时候再有了。

因为疫情，那些日子巴拿马的华人本身有很多事情要处理，比如取消侨社每年都有的春宴，比如年前他们组织了 100 多个华人青少年回国参加冬令营，结果因为国航飞巴拿马的航班停航，有六七十个孩子被阻未能返回。尽管如此，但对我们的滞留他们却毫无二话，一如既往地热情帮助。考虑到这多出来的 6 天不能白白浪费，我又提出了想再记录巴拿马华人社区的一个汉语方言、调查华人社区中使用人口排第三的恩平话的要求。张会长、罗会长又是积极联系，发音人也努力配合。结果，恩平话的调查也如愿完成了。

调查完成了，但我心里一直是沉甸甸的。那些日子，最放不下的就是国内的疫情、学生、家里的情况。连日来消息不断，其中很重要的一条是国内的防疫用品告急，口罩等都脱销了。很多人都在提醒我们，争取买些口罩回去。但是在巴拿马，口罩也不容易买到了，因为那里的很多物品本来就是从中国进口的。此刻，华人纷纷捐钱捐物支援祖籍国抗灾，巴拿马及周边中美洲的几个国家，哥斯达黎加、哥伦比亚、危地马拉等国的防疫用品消毒水、口罩、手套、防护服等，就基本上都被华人搜罗一空，捐回了中国。在巴拿马城求购不顺，大的医药公司绝对没有货了。我们只碰巧买到了几包，但颇觉不够，结果在一个周末，张会长和他的表妹阿玲热心地开着车，带我们出城，到巴拿马城周边的水埠（当地华人指称小城镇的说法），一个一个超市的药房询问，这间两包、那间一包地采购。

终于到了 2 月 12 日，巴拿马时间清早 4 点多，天色依然漆黑，我们携带行李随来送行的张会长和另一位来自广州的华人阿青，一起向机场出发，准备搭乘 7：40 巴拿马航空的飞机飞美国洛杉矶。心里一直在祈祷能顺利登机，但是担心的事最终还是发生了。

负责为我们办理登记手续的巴拿马航空公司的一位小姐，拿着计算器把我们从中国出来的时间 1 月 28 日到 2 月 12 日，反过来，又从 2 月 12 日前推到 1 月 28 日，反反复复地算了好几遍。后又找来了一位年长一些女工作人员，两人嘀咕了半天，还是决定不了是否能让我们乘机，于是又叫来了一位看似比较负责的男工作人员。

那人将我们的护照拍了照，告诉我们，将请示上级。耐着性子等了一阵子，又去查询，答复是上级要6点钟才上班，再等等吧。好不容易到了6点，出来了一男一女两位负责的工作人员，用英语（这回不是西班牙语了）询问了我一番，最终说："你们已经从中国出来超过14天，可以旅行了。"

天亮了。

于是赶紧再去办理登机手续，这回没有阻滞了。在进入机场安检的入口处，我们对着张会长和阿青连连挥手，鞠躬致意：感谢你们，可敬可亲的巴拿马华人！我会记住疫情之下的特殊情谊的。

登上了飞往洛杉矶的班机，在7个小时的航程中，我们对将要面对的美国海关盘查，做了一番思想准备。结果，该面对的不仅来了，而且远超我们的想象。

我们是在美国当地时间中午12点抵达洛杉矶的（洛杉矶与巴拿马之间也有大约3个小时的时差），但是仅过海关就用了两个多小时。首先是每个人都必须做的自助通关，然后面对海关的查询。第一位关员在详细询问了各种情况后，让我们跟一位汉语说得还行的女关员走。女关员带我们到一个房间量了体温，体温都正常，于是又带我们到另一位关员处再详细登记一番。在确认我们不逗留，当天晚上就要离开美国后，又让人把我们带到了一个已有不少人在等待的房间，让我们等待叫名查询。

也许明白这回是因为新冠病毒，也许是外子也在，我感觉那个房间没有几年前我被三藩市海关拦住的那间那么让人恐惧。在几乎坐满人的房间里等了好一会儿，终于叫我们了。一位上了年纪的女关员只是问了问我们从中国出来后的旅程，就径直进入办公室，让我们等着。又过了一阵，那位关员终于走出来了，交还了我们的护照，说："你们可以出去了。"欣喜若狂地接过护照，赶快冲出去找行李，还好，尽管距离我们抵达已经过去了两三个小时，一番咨询后，还是找到了被放在一旁的行李。

我们在洛杉矶机场中转的时间，有10多个小时。你都不知道，在南方航空柜台办理登机手续，工作人员检查后交还我们的护照，随意的一句粤方言招呼语"返广州吖（回广州吗）？"有多么亲切！

洛杉矶时间12日晚上22：40，来自祖国的飞机终于起飞。南方航空2月份的最后一班从洛杉矶飞广州的飞机，有百分之八九十的满座率。尽管按要求，全程人人都必须戴口罩，但大家似乎都很安心，乘客中还有 3 位小宝宝呢，听说最小的一位刚刚来到人世间 20 天。机上的空姐好像比我所接触过的都要和善，全程的服务让人称赞，洗手间的整洁度超乎寻常，餐饮也好像比我以往乘坐过的飞机都要好，晚餐有熏三文鱼，早餐有海鲜粥，味道都不错。

　　北京时间 2 月 14 日清晨 5 点多，飞机安抵阴雨蒙蒙的广州，我们回来了！

　　更幸运的是，我带回了巴拿马 3 个点的调查资料。

2020 年 2 月 16 日，时差严重倒换中

记于广州华景新城寓所

巴拿马印象

巴拿马共和国（英语 The Republic of Panama，西班牙语 La República de Panamá）位于中美洲地峡。东连哥伦比亚，南濒太平洋，西接哥斯达黎加，北临加勒比海。总面积 7.55 万平方千米。地近赤道，属热带海洋性气候，年平均气温 23℃～27℃。全年分旱（1—4 月）、雨（5—12 月）两季，年均降水量 1500～2500 毫米。巴拿马原为印第安人的居住地，1501 年，沦为西班牙殖民地。1821 年，独立并加入大哥伦比亚共和国。1903 年，又在美国的支持下"第二次独立"。

1903 年，巴美签订《运河条约》，美国取得修建和经营巴拿马运河的永久垄断权，以及运河区的永久占领和使用权。1914 年，运河开通。1977 年，巴美又签署《新运河条约》，规定两国共同管理运河，条约期满后巴拿马收回运河主权。1999 年，巴拿马收回运河主权。2017 年 6 月 12 日，巴拿马正式向全世界宣布与中华人民共和国建立外交关系。

2020 年开春，因为要调查有 180 多年历史的巴拿马华人社区的汉语方言，我来到了这个与中国距离遥远的南美洲国家，领略其风采。巴拿马的华人社区已经存在近 200 年历史，这可不是随口说的，在巴拿马城太平洋岸边的美洲大桥附近，一个面积不大的"中巴公园"里，就矗立着一座华人在 20 世纪 90 年代立的"华人抵达巴拿马 150 周年纪念碑"。

巴拿马的国土地势起伏，沟谷纵横，除南北沿海是平原以外，多为山地，只要出了巴拿马城，满目所见，大都是原生态未开发的丘陵。耕地不多，农产品主要为香蕉、菠萝、甘蔗、咖啡等热带经济作物。从 1907 年起，巴拿马就以美元作为流通货币，是世界上第一个在美国国土以外，使用美元作为法定货币的国家。其本国的货币叫"巴波亚"，有意思的是，巴波亚发行的只有 1 分、10 分、25 分、50 分等与美元等值的硬币，并与美元同时在境内使用。但是，因为很多物资都要靠进口，光是食品，巴拿马的费用就比美国高了30%。听华人说，当地一般工薪阶层的月收入也就1000美元左右，少的五六百美元，多的也不过两三千美元，可知工资普遍不高的普通民众生活之不易。

这个国家的人种以印欧混血、印第安人、黑人、白人为主。人们身材普遍高大，喜食煎炸的食品，如炸木薯、炸鸡、炸肉、炸禽畜的内脏——禽畜内脏倒是欧美等国不吃的。我们曾在华人的家里尝试过被巴拿马人称为"国汤"、有点类似罗宋汤的汤，味道还不错，但是汤里面放的木薯块却是罗宋汤所没有的。做法就是把木薯、土豆、胡萝卜、番茄、洋葱、牛肉等一股脑儿扔进锅里，加上香料放在一起熬。也尝试过一种当地特有的，用发酵玉米做的饮料，味道也不错，就是甜了点。但我觉得当地产的菠萝味道最好，尤其是烤过的菠萝。烤菠萝，国内好像没有这一吃法。

说起巴拿马个大、味甜、无渣的菠萝，就不能不说到中国台湾的移民。在20世纪七八十年代前，台湾地区移民这个国家的人不少，我接触过的华人都说，台湾移民最大的贡献就是在农业生产方面帮助了巴拿马，如水果、蔬菜的种植。美味的菠萝，还有在其他国家可能想都不敢想而我们在巴拿马却吃得到的韭菜、韭菜花、萝卜、冬瓜、菜花、菜心、苦瓜、通心菜、西洋菜，甚至茨菇等鲜美的中国人喜食的蔬菜，都与台湾移民的辛劳有关。

巴拿马运河名扬天下，到巴拿马，举世闻名的巴拿马运河肯定不能错过。这个国家被世界上的两大洋——太平洋和大西洋拥吻着，两大洋在巴拿马最窄处相距仅六七十千米。这就是为什么巴拿马人常自夸其国家的海鲜世界无敌，吃过了太平洋的再吃大西洋的，而这也为有"世界桥梁"之称、从北至南沟通大西洋和太平洋的巴拿马运河的开凿，提供了得天独厚、独一无二的地理条件。

在巴拿马城乘坐开通于1862年、如今只用于旅游观光的红皮老火车，可领略巴拿马运河区一带的风光，包括沿途那些高大茂密的原始森林。其实，运河区一带原本就都是些大小不一、深浅不同的湖泊，湖泊中还可见树木腐朽倒塌后留下的大大小小的树桩。运河就是以原有的湖泊为基础开挖的。运河全长约80千米，在巴拿马地峡的美洲最狭窄点将大西洋和太平洋连接了起来。跨洋大通道与复杂的船闸系统配合，每座船闸都是双向的，船舶像乘坐"水梯"一样上升驶进加通湖，在海拔高于一侧海平面27米处穿越中央山脉，然后再下降到地峡另一边的海平面高度，驶出运河。

当年,挖掘运河就有华工的身影。如今,世界各国的船舶每在运河通过一次,需要交付少则 40 多万、多则八九十万美元的费用。为了维护这条为其国家带来了巨大经济收入,可以说是顶梁柱似的运河,满足日益增长的世界贸易的需要,巴拿马政府也是下足了本钱,不仅关注运河区的环境维护,在 2007—2016 年期间,还进行了运河的扩建,在太平洋和大西洋之间建造了两个更大的新船闸。

从小就从课本上知道世界上有一条巴拿马运河,但是直到现在,才有幸一睹其芳容。这样,算上埃及的苏伊士运河,世界上的大运河,我们就都领略了。

除了运河,巴拿马的首都巴拿马城值得书写的东西还真不多。这个城市最初为印第安人的小渔村,现在有点类似广东省的湛江市,有新建的风光旖旎的海滨大道。不同于湛江的是,这里还有破烂的贫民窟。不论城乡,到处都有低矮的、高度两米左右、以锌板做顶的小房子,而贫民窟最多、破烂房子最多的则是建于 1953 年,与中国香港齐名的世界两大自由贸易港之一的科隆城。科隆的破烂程度超乎想象。

贫民窟多,枪支拥有自由,巴拿马的治安很不好,科隆尤其严重。华人夜晚大多不轻易外出。在巴拿马经营小本生意的华人通常只能在加建了铁护栏的店铺门上开一扇小窗,有人来买东西,只打开窗口传递钱物。听说,那些锌板屋顶的房子也给盗贼提供了方便,直接掀开屋顶就能入屋行窃。

总之,这是个虽有问题,但有发展前途的国家。

2020 年 2 月 17 日星期一,严重倒换时差中

记于广州华景新城寓所

抗疫说"宅"

　　"抗疫""宅",自 1 月下旬以来,这恐怕是在所有媒体中曝光度最高的两个词了。

　　"宅",既是名词,指住宅;也可以是动词,指待在家里不出门。早先,若被人说是"宅男""宅女",那多少带了点不好的意味,但为抗疫而"宅",却是每个公民应尽的职责。作为普通人,我们未能像医护人员那样去冲锋陷阵,但做好我们自己,响应政府的号召,宅在家里不添乱,就是支持了抗疫工作。不过,我还认为,作为一个负责任的公民,宅在家里,我们也应该做好自己的事,完成自己应该完成的任务,那才是真正的抗疫。

　　新冠病毒肆虐,全球几无净土。每日新闻里不是报道某处的疫情又发生了什么变化,有多少人确诊,有多少人不幸离世,就是某处的医疗物资奇缺,甚至有医护人员倒下了……所幸,听到的也不仅这些,更多的则是人们团结一心,挺起脊梁共同抗疫。

　　先是国内的抗疫,为了战胜病毒,全国按下暂停键,为了支援疫情的震中武汉,全国上下一条心,医护人员、志愿者、各种抗疫物资从四面八方涌入武汉,全国上下都在为武汉加油!国内的疫情终于被遏制住了,可未及喘口气,国外的烽烟又起,于是国人的心再次揪紧,不仅要继续严防国内的疫情反复,还要向世界不同的危难之处伸出我们的援手。

　　疫情发生至今,我一直在努力地宅。

　　早在去年年中,我今年寒假的调查计划就已经定了:1 月底农历大年初四赴南美洲的巴拿马、哥斯达黎加开展华人社区的汉语方言调查,2 月中旬回国。但 1 月下旬,新冠疫情气势汹汹地来袭。一时间,周围的人都有点慌神,不光是亲戚朋友,就连学生也都在劝我取消行程,有计划外出马来西亚调查的两位研一的学生亦都取消行程，退掉了的机票。而我却坚持着，不光是为了飞机票，更重要的是隐隐地觉得机不可失，错过了，很可能就补不回来了。重大项目不到两年就要结项，目前我是一边写书，一边做补充调查。疫情不知将如何发展，调查计划如不抓紧完成，项目的内容就会留下无法补偿的遗憾。再说，海外调查离不开华人的帮助，好不容易联系好当地的华人，错失了机会更是可惜。

这样，在国内疫情开始严重、国外疫情还未大规模爆发时，我和外子——感谢他一如既往地陪伴我——飞到了巴拿马。我已在《疫情之下的征战》一文中描绘过我们在巴拿马和回程路上的经历。

这篇小文，就再写写回来之后的抗疫吧。

其实，2月14日我们刚回到家那会儿，国内的疫情应该拐点还未到来，广州整座城市的寂静让人人的心都绷紧着。人们每天都关心着手机上、电视里的新闻，日常生活主要就是靠网购。每天关心着疫情的一点一滴变化，但是觉得自己也应该做点什么，觉得应该把本职的工作做好。每个公民都做好自己的事，国家就不会没有希望。于是每天按时坐在电脑前，争分夺秒地赶我的项目。

其实，面对项目而宅，不安的心也才能得到一种安宁。

除了做项目，指导名下的学生也是一个重要的任务，尤其是在疫情期间，学生们都分散在省内外，在家里回不了学校，有学习、心理等各种问题。我为自己定下的规矩是，每星期至少要与宅在家中的他们各联系一次，有需要的学生多次。除了谈心、督促学业、提醒他们好好宅，也真还有其他各种问题。我的一位博士生许婉虹前一段时间还在马来西亚孔子学院支教（3月20日回来了），特别是硕士生任士友和尤慧君今年要毕业，虽然看来今年毕业的时间多少会有所延迟，但他们的毕业论文是不能再延迟了。这段时间我与他们每个人的讨论就都有N次。还得感谢如今网络的发达、线上工作的方便。要是在以前，这么多事情，还真不知道该怎样操作呢。

宅，好像就是我们这些做研究的人本来的特性。是否有坐功，是否坐得住，可以说是研究能否成功的重要因素。对于汉语方言研究来说，深入田间的作业、实地的方言调查是做研究的前提，而在获取了调查资料后，能否宅得住，能否坐下来潜心钻研，则是成功的关键。这几个月的宅，对一般人来说是一种意志的考验；而对我们这些做研究的人来说，假如没有严峻的疫情，假如不是非常时期，能够专心致志，能够不受干扰地宅，却是一种幸福。

宅，为了抗疫。为了抗疫而宅，是共和国公民的义务，宅在家里为阻断病毒的传播而努力。

宅，为了研究。为了研究而宅，是科研工作者的本分，宅在家里为科研项目的完成而努力。

国内的疫情已得到缓解，国外的疫情却愈演愈烈，全球中招的国家已经有 200 来个，染病人数也逼近 100 万！作为普通人，我们能做什么？

继续宅在家里，做好本职工作。

2020 年 4 月 1 日

记于广州华景新城寓所

荣升 "70 后"

又到了白兰花飘香的季节，我的节日来了，今天荣升 "70 后"！

早就憧憬着这一天。

去年我的计划是想着到这天，把这本《方言那些事儿》出版了，以为自贺。但是一些突发情况打乱了计划，年初的海外田野调查被迫舍弃了在哥斯达黎加的调查，回家后一直自觉地宅在家里做项目。可是也不知怎的，家人说可能是因为我每天从早到晚吃完饭就在电脑前窝着，不幸 4 月下旬急性阑尾炎穿孔，连痛了两日，引发肠粘连，不得不做了手术。虽说住院前后才一个星期，但不知道是否体质不如年轻时了，此后的一个月，人一直打不起精神，工作也无法像以往那样从早到傍晚，只能做一会儿，歇一会儿。

很是沮丧。

这几天终于感觉好多了，这恐怕有荣升 "70 后" 的激励吧。

人的一生说长不长，说短不短，每天从天亮到天黑的重复让人觉得日子过得好像很慢，蓦然回首又好像就在一瞬间。在前辈面前，在老师面前，我断不敢言老，我内心里也并不觉得自己有多老，因为我要做的海外汉语方言研究才开了个头，国家社科基金重大项目还未结项呢。只是目前来看，海外汉语方言的田野调查恐怕在一段时间内都无法进行了。

在读的两位研一的学生，今年年初错过了去马来西亚调查的好机会，如今都跟我说后悔不已。研一的暑假是做毕业论文材料调查再也不能错过的时间，综合目前的形势，我给她们出了个主意：去做华侨农场的调查。在她们接受这个意见后，我联系了黄高飞（高飞当年就是在我的建议下去做了有关华侨农场的博士论文的）。高飞的提议是去做肇庆大旺华侨农场的调查，于是我又联系了范俊军老师早已毕业、如今在肇庆工作的学生，希望她们在挫折过后的努力能顺利吧。

疫情之下，学校的一切工作都发生了改变，工作的传达、各种会议的召开、学生的指导、研究生的预答辩、即将到来的答辩、研究生入学考试复试等，都在线上进行，很庆幸我这个"70后"还能不掉队，还能赶上趟，而我在做这些事情的同时，也学习了不少新东西。学校里一直是空荡荡的，直到上个星期才有一些博士生被允许返校。我的学生婉虹在经历了一年的马来西亚孔子学院支教，回国隔离又回家后也回来了。其他的学生，估计除了研三的毕业生最后能在6月回来十来天——士友、慧君他们的毕业可能无法像往年一样热闹了，而我们师生之间在毕业季聚会的传统也会被取消，其他同学都只能是下学期再见了。

真希望所有的一切都能赶快恢复，走上正轨。

在自然面前，人类确实是渺小的。世界每天都在变，很多变化我们都无法预测，我们只有紧紧地抓住每一个一闪而过的机会，努力去做我们要做的事。今天在微信上与以前的一位学生、现在也是我的重大项目的参与者——深圳大学的吴芳聊了聊。她在微信上看到我发的一张照片，觉得我消瘦了些。我告诉她这一段时间身体不怎么样，项目进展缓慢，但是进入"70后"以后，我想，会越来越好的。但愿她们这些"80后""90后"也加油！

今天一大早就收到了学生们通过快递送来的一大捧漂亮的鲜花——真难为他们虽不能回校，分别在不同的省份、不同的县市，却还记挂着我的节日。这几天我还收到了好友精致的编织作品；收到了家人为我挑选的新手提包、新椅子——希望我能坐得更舒适些，工作得更顺手些；收到了微信里众多亲朋好友递送的满满的祝福。大家都在为我的荣升加油，我都收下了。

今年出版《方言那些事儿》的美好愿望看来是泡汤了，但文章还是继续写下去吧，什么时候出版再看机缘就是了。晚上吹蜡烛切蛋糕，今年的愿望当然仍旧是家国平安、项目顺利如期完工啦！

2020年5月27日，龙舟水天阴下雨
记于广州华景新城寓所

迎新聚会有感

昨天和学生们度过了愉快的大半天。

先是在汉语方言研究中心和研一、研二、研三及博三的学生一起交流了这两个星期的工作和学习，然后就是在学校招待所的餐厅聚会。

今年入学的研究生，我名下的只有龙祉均——一位来自广州荔湾区、毕业于汕头大学的女孩子。我这几年招收的学生都没有母语是粤方言的，因此挺难得的。希望祉均能珍惜学习机会，不负韶华。自辉因个人原因，她名下的新生方舒雅暂时"寄存"在我这里。去年自辉也招收了半个学生——与别的老师一起合带，舒雅算是自辉独立招收的第一个学生。这样，祉均也就有个伴了，而且，祉均、舒雅还住同一个寝室呢。

按照我们的"规矩"，每年新生进校、毕业生离校时，都会各搞一次聚会。新生进校的聚会一般在我家，既让新来的学生认认门，互相熟悉、互相交流，也由我或先生，或共同掌勺，准备一桌好吃的，大家一起打打牙祭。毕业生离校的聚会，则由学生选择一个地点。不论进校还是离校的聚会，都欢迎已经毕业的学生参加，人越多越热闹、越高兴。今年由于特殊的原因，迎新聚会只是校内的学生小聚。真是怀念往年的那种大聚会。今年的聚会其实还有迎国庆、贺中秋的意味，双节马上就要到了，这不，这几天就已经陆续收到亲戚朋友、学生们的礼物和问候了。

和学生们热闹过后，我还是得做我自己的事。

因为10月下旬要到厦门集美大学开闽方言资源保护的会议，我前些日子写了一篇小文章，打算与博士生许婉虹一起赴会。11月，系里安排了我为今年入学的博士生讲两次课，故这两周要先把讲稿准备好。然后就是继续进行从去年年底就开始的国家社科基金重大项目粤方言子项目的结题写作。我已经在写最后一章了，只是这最后一章的写作需要学生的配合，要做一些调查表格的统计工作。此外，重大项目最后还有一个写总论的活儿，那当然是必须等各子项目的工作完成后才能进行。其实，我给博士生准备的一次课，也为写总论预先搭建了一个小框架。

重大项目要结项，不过问题还不少。除了做好自己负责的粤方言子项目的事，我最近没少为此事烦恼。海外吴方言的点最少，且工作也最难开展，而我们汉语方言研究中心的老师没有做吴方言研究的，都帮不上忙。真是难为吴方言子项目的负责人汤志祥老师了。不过，吴方言是第一个交稿的。目前，除了吴方言已经交了稿，官话方言也完成了一半，林涛老师交出了官话部分关于中亚东干语的高质量的稿子。可是，东南亚西南官话部分还没完成，闽语和客话的也都未完成，而且都未知是否可以在年底完成，心里实在是没法不着急！

10月去集美大学参会，一是受师妹陈曼君教授的邀请，另一个原因是听说张振兴、李如龙老师等前辈要去，我想顺道去向他们讨教讨教，重大项目的事还多着呢。而且原本准备11月去澳门参加粤方言学年会的，没想到又去不了了，这样时间也就空出来了。真心希望厦门之行能讨得真经回。

每年都送走毕业的学生，迎来入学的新生。愿新学年的新气象能带动新进展。

2020 年 9 月 29 日

草于广州华景新城寓所内

漫谈华人抵达异国他乡的创业首选[*]

中国的海外移民很多，华人遍布五洲四海。移民在国外，除了学有所成的人才能进入不同的专业领域，除了腰缠万贯的富人不存在就业的问题，你知道华人一般首选的创业是什么吗？

这个问题其实很难回答，千人千味，万人万品，而在不同的国家，不同年代也有不同年代的择业限制。

不过，不同国家不同年代择业的大趋势总是有的。比如，马来西亚东马砂拉越的泗里街盛产胡椒，当地因此有"胡椒埠"的别称，故早年到泗里街的华人，就有不少从事胡椒种植的。

再比如，从 19 世纪的 50 年代到 80 年代，即北美洲的淘金时代，被"卖猪仔"在海上颠簸了两三个月，九死一生抵达美国、加拿大的穷苦华工，最先从事的职业无非就是白人不愿意承担的脏活累活。他们只能去淘金，去修铁路，去垦殖，把自己的血汗滴落在那片广袤的土地上。慢慢地，他们中的一些人在积攒了一点资本以后，就开始开餐馆，开洗衣店，开杂货铺，做零售业等小买卖。

开餐馆一直是华人在异国他乡的一个很现实的选择。

历史的记载告诉我们，1849 年，第一家中餐馆在美国的旧金山开业。第二年，1850 年，旧金山的中国餐厅数量增加至 4 家。又一年过去，1851 年，旧金山就有了 7 家中餐馆。1946 年，美国有 1101 家中餐馆。到了 1971 年，就发展到了 9355 家。之后，华人的中餐馆越开越多，直至今天。仰仗于全体美国华人的努力，无论

* 本文的一些资料来自作者的两本著作：国家社科基金重点项目"美国华人社区汉语方言与文化研究"（14AYY005）最终成果《美国华人社区粤方言与文化研究》（未刊），国家社科基金重大项目"海外华人社区汉语方言与文化研究"（14ZDB107），粤方言子项目最终成果《海外华人社区的粤方言》（未刊）。

在美国的大城市还是小城镇，你都可以找到中餐馆。迄今，全美的中餐馆有四五万家，数量远远超过了美国本土的美式快餐——麦当劳的约 1.4 万家。而美国现存的历史最悠久的中餐馆至今也已经开了 100 多年了。在美国蒙大拿州（Montana）比尤特县（Montana Butte），就有一家已经存在了过百年的北京面馆——Pekin Noodle Parlor。2011 年，这家从 1911 年经营至今的面馆就庆祝了它的 100 岁生日。

不单在美国，欧洲的浪漫之城法国巴黎在 20 世纪 10 年代也有了两家中国餐馆，1920 年至 1940 年间有 40 多家，1960 年有 97 家，1970 年有 187 家，1977 年有 270 家。现在，你在巴黎任何一个区想吃中餐都不难。无论在哪个区，都会有两三家中国餐馆。且由于 20 世纪七八十年代东南亚华人的二次移民，餐馆更是增添了泰国、越南、柬埔寨、老挝等不同口味的东南亚风味菜肴。

而今，中餐馆已经成了遍布世界各地的华人从事的第一大职业。2008 年，在北京奥运会期间发布的《世界眼中的中国》调查报告里就提到，在受访者的眼中，最能代表中国的事物除了长城和功夫外，就是中餐。中华料理美名天下扬，海外华人功不可没！

早年，另一个不需要很多资本，只要有一双手、一个盆、一块搓衣板、一块熨衣板就可以开张的家庭式的行业——洗衣业，也常常是美国华人创业的选择。1851 年，旧金山史上第一位华人洗衣工挂起了"洗衣烫衣"① 的招牌，且说明帮人洗 15 件衬衫只收 5 美元。要知道，在淘金热的时代，美国东部的檀香山，洗 12 件衬衫收费 8 美元，非常贵。但比起当时许多加州人把脏衣服运到香港去洗，且不说一去一来往返需要 4 个月的时间，洗 12 件衬衫更是要价 12 美元，8 美元已经算是很便宜的了。

华人的统计显示，到 19 世纪 30 年代，美国仅纽约一地，华人开的洗衣馆已接近 4000 间，从业者有一万多人。那个年代，在街道上用竹竿一头挑着收来洗的脏衣服，一头挑着洗净熨好要送返的干净衣服的华人洗衣工，常自诩过的是"八磅生涯"，因为每天都要手握重达 8 磅的铁制熨斗不停地熨衣服。

而慢慢地，开杂货铺、修理铺的，从事其他行当的华人也多了起来，华人的聚居地也就逐渐变成了世界各地大小不一的充满了生气的唐人街。

---

① 粤方言中，"烫衣"意为熨衣。

春去秋来，世界在变化，如今初抵海外各个国家的华人，创业的选择又有了不同。

比如，在与中国距离最远的南美洲的阿根廷，得益于中国制造业的发达，华人主要经营的是小型超市，做中国商品的批发零售。据说，当地华人开的超市从无到有，现在已经超过一万家，成为该国中小规模零售业的主力军。

同样是在南美洲，初抵巴西的不少华人则会选择开一间小小的角仔店，主要出售一种巴掌大小、内包鸡肉或牛肉馅的油角，还有炒面、饮料等简易食品。角仔店通常是家庭式的，摆上三两张小桌子、几张椅子，夫妻两人进货、做菜、招呼客人、搞卫生就都全包了。

可是，在欧洲的西班牙，画风又不同了。记得两三年前到西班牙马德里做田野调查，甫到时，询问华人从事的职业，很多时候听到的回答都是：开糖果店。于是一时间很是诧异西班牙人怎么会逆当今世界的潮流而上，不怕肥胖，不怕糖尿病，那么喜欢吃甜甜的糖果。要不那么多人开糖果店怎么会有生意？

终于忍不住向相熟的华人询问缘故，又去实地察看了一番，这才明白，所谓"糖果店"，其实是无所不包的杂货铺，也有叫这种商铺为"百元店"的。这种铺子常开在街头巷尾，没有一般的超市大，但是在地上堆满货物、架子上摆满货物、天花板上也挂着一些货物的店子里，商品却包罗万象，应有尽有。无论你是装饰房子、修理家具器皿、换个灯泡、整个门把，还是需要买个针头线脑，缝缝补补什么的，通常在糖果店都可以得到圆满的解决，很是方便。至于为什么店铺要叫这个名字，询问了好些华人也解释不清。或许是因为店子就像有各式各样糖果的糖果店一样，各式货物都齐全，琳琅满目，五花八门吧。

2020 年 10 月 22 日

秋风乍起时，记于广州华景新城寓所

元旦感言

日历翻着翻着，工作忙着忙着，家务做着做着，一下子就又过去了一年，好像随着年龄的增长，时间真是会越来越不耐过。

不过，2020 这个鼠年在全世界都不讨人欢喜，过去就过去吧。

怎么也想不到我们都赶上了这场百年不遇的庚子之殇。从今往后，在我们的心里，"瘟疫"就不仅是史书中记载的雅典鼠疫、古罗马安东尼瘟疫、查士尼丁瘟疫、中世纪黑死病、米兰大瘟疫、伦敦大瘟疫、法国马赛大瘟疫等了，2020 年的每一个刻骨铭心的画面，都已深深烙在每一个人的脑海里。近日网上不是流传着一首遭受了新冠疫情一整年施虐的意大利人创作演唱的洗脑神曲《去你大爷的 2020》吗，它让我脑子里闪现出 2020 年年初，一则也是在网络上流传的视频，意大利某个城镇的女性们依循古老的习俗，期盼抗击新冠病毒，冒着凛冽的寒风，成群赤身裸体冲过街道的悲壮场景。

2020 年，全世界从年头到年尾，从亚洲、欧洲、美洲、大洋洲到南极洲，无处不在与新冠病毒抗争，我们看到了国内国外无数的悲伤离别，让人同流痛心之泪，看到了无数的奋不顾身，让人热血奔腾。如今，中国全国人民在党和政府的领导下，上下勠力同心，疫情已被控制得相当好，但国外很多国家和地区则仍处在疫情的严重笼罩之中，且新冠病毒又在英国、巴西有了新变异，在寒冷的季节，又再蠢蠢欲动，我们还是大意不得啊。

谁不盼望这个多灾多难的年头能赶快结束？但愿 2020 年过去了，晦气就过了，疫情也就随之结束了！

不说招人嫌的疫情了，眼下还是循着旧规，理理一年来的工作，做做新一年的打算吧。

受到种种限制，我从年初冒险的巴拿马之行（参见本书《疫情之下的征战》

一文）后，就未能再赴海外做田野调查，原来计划内的哥斯达黎加、新西兰的调查都泡了汤。好在之前已做了大量的调查，调查的一些材料也需要整理，我负责的重点项目、重大项目粤方言子项目的结项工作也得抓紧做，于是这一年的不少时间都是在面对电脑、在键盘的敲打声中度过的。最终，国家社科基金重点项目的书稿《美国华人社区粤方言与文化研究》通过了结项审核，国家重大项目"海外华人社区汉语方言与文化研究"的粤方言子项目100多万字的初稿，也在年底完成了。之后的时间，除了处理学校的各种日常事务，就基本用在了海外客家方言资料的整理上，因为以往在调查各国华人社区粤方言的同时，假如遇见客家方言的发音人，我都会顺手记音，但是前一段时间忙着做粤方言材料整理，这些客家方言材料就都只能先搁一边了。

尽管我自己负责的粤方言子项目已经写出了初稿，但是重大项目的进展还是让人的心悬着。吴方言的稿子是最早交来的。官话方言，林涛老师交出了海外西北官话高质量的稿件；因为肖自辉在休产假，海外西南官话暂时还是未知数。闽方言交来的初稿未能尽意，正在努力修改中。客家方言部分还未能上交。我原先预想今年年初举行项目组成员内部的一个小型讨论会，先自测一下，大家回去修改，我也趁机写好整个项目的总论，然后期望下半年能请专家来评议。这个计划目前仍不知能否实现。

真是心急如焚。

在经历了上学期未能返校、整整半年被困于家中之后，学生们在2020年的下半年似乎都更加珍惜学习的时光了。研一的学生正有条不紊地学习，研二的学生近日通过了论文开题，进入毕业倒计时的一个博士生和两个硕士生则忙于毕业论文的写作。我和学生们每周一次的碰面依旧定时举行，且每次的碰面，师生双方都能各自收获所得，收获喜悦。但是刚收到消息，全校学生分批离校，文学院的学生统一在20日离开，这又给大家带来了一些焦虑。

近日还在忙的另一件事是为研一的学生寻找合适的调查点，因为原先计划的暑假马来西亚东马山打根粤方言的调查，看来今年也是无法实现了。慎重考虑后，决定还是做华侨农场的调查。早已毕业的学生黄高飞通过他原来在恩平华侨农场的发音人的帮忙，找到了花都华侨农场的联系人，至此事情好像还挺顺利的。我会在这个学期末带上龙祉均和其他学生，到花都华侨农场碰碰运气。

窗外阳光灿烂，2021 年来了，而且是带着明媚的阳光来的。或许，今年的新气象就会随着这片金色的阳光而来。衷心地期待着……

2021 年元旦日初稿，1 月 10 日修改，这是一篇前后写了 10 天的小文章

阳光明媚，记于广州华景新城寓所

顺　畅

敲下这两个字的文章题目时，心里头确实有股顺畅之感。

本学期末寒假开始前的花都华侨农场的调查，就可以以这么两个字做总结。

又到了研一的学生龙祉均选择毕业论文调查点的时候。因为疫情，到海外做调查暂无可能，于是想到了做华侨农场归侨方言的调查。

汉语方言被华人带到海外不同的国家，经过与海外不同国家的主流、非主流语言过百年的相互碰撞，又再被回归的华人带回祖国，这是世界语言史上不多见的现象。早已毕业的博士生——岭南师范学院的黄高飞毕业论文就是做有关华侨农场方言的。询问高飞有什么建议，他提议到花都调查，并找了他原来在恩平华侨农场的一位发音人。那位发音人提供了他在花都的越南归侨亲戚的联系方式。做肇庆华侨农场归侨方言研究的吴婷也联系了她的发音人，对方也提供了一个联系人。由此了解到，华侨农场的归侨之间其实有着千丝万缕的关系。学生打电话去花都联系，对方马上给予了回应。于是，在学校放假前的 1 月 15 日，我和研一的祉均，还有研二的吴婷、黄晓婷一起到了花东镇。吴婷和晓婷做过田野调查，可以为祉均提供必要的帮助。

尽管出发前，我交代过学生，要做足接触不顺利、需要慢慢磨合的准备，因为很多时候，田野调查都是这样的。可是刚抵达那个在今日的广东与周围的一切相比都略显零落的华侨农场所在地，我们就仿佛是去与多年不见的老朋友相见，没有任何违和感。原来准备当日只是联络联络，做好前戏，再择日去开展工作。没承想第一次见面，华侨农场的郑书记，还有两位从未谋面的老归侨都非常热情，还为学生提供了他们祖籍地广西防城的调查联系人（原来他们与肇庆的越南归侨是同一祖籍地的。这样，祉均的归侨祖籍地方言比较也就与肇庆华侨农场的相同了，花都华侨农场归侨的方言研究还可以和肇庆华侨农场展开横向对比），而且他们都当即表示，可以马上开展工作。

真是喜出望外!

我和学生们都很兴奋,怎么也没想到可以如此顺畅地开展方言调查。好在之前交代了学生不做无准备之事,带齐了所需的调查书籍、笔记本、录音工具,于是铺开架势,工作!当天上午做了约莫两个小时调查,成绩可观。因为主要发音人下午没有时间,于是约定再联系。学生们决定趁热打铁,隔了 3 天,再次联系发音人,又去做了大半天的调查,并与对方说好,等她们到防城调查之后再做第三次调查。花都属于广州,从暨大到花东镇不过约 40 分钟的车程,很近,而且这回我才知道,祉均会开车,那天之后的第三次调查,就是祉均开车载着吴婷去的。时代不同了,现在的女孩子们真能干。

顺畅。

这一份惊喜,有可能源于华侨农场老归侨对母语的热爱,对被祖辈 100 多年前带到越南,40 多年前又随着他们的回归被带回花都花东农场,但如今却被汉语普通话、广东的强势汉语方言粤方言不断地冲击,日渐消亡的客家方言之不舍;也有可能源于这些年来,对在经济大潮的撞击下,相对周边的日益兴盛,有些落寂的华侨农场现状的不甘心。我们都能感受到他们想留住母语之真情。

接触到的华侨农场老归侨对他们的方言都倾注了热爱。而且,他们一直在纠正我们所言的"客家话""客家方言"的说法,说自己讲的是"倻话",不是客家话。其实,这种情结不仅花都华侨农场的客家方言使用者有,广东粤西一些使用客家方言的民众也宣称他们讲的是"倻话"而不是客家话。想起刘镇发在其著作《客家——误会的历史、历史的误会》(学术研究出版社 2001 年版)中提到的,很多使用这种方言的人直到晚近,才接受"客家""客家方言"的说法:

在广东客粤杂处的地区,只有两百多年;而在"纯客家"地区,则不到两百年;在其他省份和地区就更晚。例如台湾基本上是 1945 年以后,在四川更是 20 世纪 80 年代改革开放以后的事。就是在今天,好些地方的嘉应方言使用者,也不接受,甚至不知道以"客家"这个名词来代表自己的语言文化。就是说,"客家"不是一个自称,而是一个他称。

　　且先不评论这一段言语，但这确实是一个值得探讨的问题：坚持自己说的是"偎话"的方言使用者，他们觉得自己的方言与客家话有什么差异，自己与那些说客家话的人有什么不同？

　　这些年我的主要精力都放在了海外汉语方言调查研究上，我希望我的学生们今后也尽可能地从事这方面的相关研究，为这个起步不久却大有可为的事业拾柴添薪。因此，也有几位学生虽然没有到过海外，但是研究了国内之前同样少被关注的归侨、侨眷方言。例如，2015 年黄高飞的博士学位论文《广东华侨农场越南广宁归侨粤语语音研究》、2016 年徐雨娴的硕士学位论文《广西北海侨港镇吉婆岛粤方言词汇研究》、2017 年张敏怡的硕士学位论文《吉婆岛归侨群体粤方言使用状况与变异》。如今又加上研二吴婷的肇庆华侨农场、研一祉均的花都华侨农场方言研究。祝愿她们的调查研究好运连连，一直顺畅，海外华人社区的汉语方言研究，国内归侨、侨眷的汉语方言研究都能不断发展。

　　顺便告诉大家，在我的提议下，我们汉语方言研究中心近期内还准备在花都华侨农场挂牌，成立一个花都华侨农场方言实践基地呢。

　　　　　　　　　　　　　　　　　　2021 年元月
　　　　　　　　　　　　　　　　　　记于广州华景新城寓所

开年杂谈

今天是正月初七人日。窗外不断响起零零星星的鞭炮声，之所以响应不多，是因为放鞭炮违规，这几年都是这样。

寒假已快结束，今春的广州是又旱又暖，才 2 月，红艳艳的市花木棉盛放的已经很多，听说是比往年提早了一个月开放。受到在国外还是很猖獗的新冠病毒之累，无法到外面去做方言调查，当然也不能出去旅游。心里无时不惦记的重大项目，也因为还有 3 个子项目未交来结项初稿，无法写整个项目的总序，故寒假以来，我每天的工作主要就是检查校对准备交给出版社的两本书稿。先是把《美国华人社区粤方言与文化研究》校对好交了，现在是在处理自己的第二本散文集《方言那些事儿》。

另外，这些日子，冒出了一个写作一本海外汉语方言研究理论和方法之类的书的想法，想检讨一下自己这些年来的学习和工作，既进一步讨教于方家，同时也为有志于此事业的年轻人提供一点可以借鉴的经验、教训和体会。海外汉语方言事业要发展，需要后来者们的努力。心得、经验和教训都应该说与后来者。记得自己当年刚步入汉语方言学的殿堂时，学习前辈们写作的各类汉语方言调查研究的论著，就曾从中获益不少。不过，这几天尝试了一下，感觉并非易事，但还是希望能慢慢思考，用几年的时间，慢慢做出来。

"牛年扭转乾坤。"这几乎是被鼠年铺天盖地而来的疫情憋闷了一年的人们在牛年新春期间互贺时最喜用的祝福语。除了国泰民安、家庭幸福，我个人的新年愿望很简单，就是上半年各个子项目都能把成果交来，我们在项目组内先完成自测，下半年先争取写出总序，再提请专家组审核，重大项目顺利结项。没有什么比重大项目结项更重要的事情了，但是这难就难在不是我个人下力气去做就行的事，各子项目的老师们也都努力，迟交各有理由，但愿大家都能克服困难吧，只能给大家加油了。

大约是从去年 12 月开始吧，我的双腿特别是右腿就莫名地发软、别别扭扭的，不舒服，似扯非扯，膝盖似痛非痛，走路不舒服也不快，尤其是下楼梯。一直想不明白为什么会这样，自觉应该不是膝盖的问题，也不可能是什么其他损伤，家人担心责怪，说我太不爱护自己了。自己心里也很忐忑：腿脚不好了，以后还能去做田野调查吗？很不愿意过早地去就医——其实这种情况，医生最常见的处置方法就是让你去做一大堆各式各样的检查，先折腾一番，过后再给你开一点钙片什么的，最后还是说不清道不明，见过不少人此后就只能不断与自己的双腿较劲了。

为什么会出现这种状况？这一段老在想，是走路走多了吗？外出调查要走路，海外调查，在人生地不熟的地方走路走到鞋子报废的事曾经历过；回学校从家里到暨大文学院，单程大约 50 分钟，我也是一直坚持来回都走，还是……最终觉得还是与我需要常年端坐在电脑前有关。

一是每天坐着工作的时间太久——这点似乎暂时无法改变，但确实应该注意多起来活动活动，增加一点锻炼的时间了，别再面对电脑，一入神了就坐着半天不动。更重要的是，广州的夏天漫长，日日在电脑前汗流浃背，我的风扇先是放在电脑桌右边的书桌上，吹久了觉得颈椎和右手臂都受不了，于是改而放在右脚边吹，腿部长期（可能是有好些年都是这样）不断地吹凉风，这应该就是导致双腿，特别是右腿出问题的主要原因。看来，日后只能尽量减少电风扇的使用了。

确信找出了主要原因，热敷或热水泡脚好像常被人们说很有用，家人朋友都劝我泡脚，但我突发奇想，想起好像有人说过电吹风也拥有一些特殊的功效，那么，用电吹风来吹吹腿如何？干吹总比湿泡好些吧？尝试了一晚，看电视时边看边吹，第二天腿部就感觉有点不一样。很是高兴能有那么一点点效果，于是决定坚持下去。这些天每晚都是自我按摩加上吹电吹风。

但是电吹风的声响大，长期吹也不是个办法啊，终于想起我们多年前曾为海外的一个朋友治腿病购买过的频谱仪。于是和外子赶紧跑到北京路颇有名气的某个药房，一问，我看上的那款频谱仪需要差不多 2000 元。我刚想掏钱，却被外子制止了，原来他马上上网一查，发现同样的款式、同样出自该药房的频谱仪只要八九百元，价格几乎相差一倍！这不是坑老百姓，尤其是坑老年人吗？假如不是上网查，就上当了。

　　祈望购买的仪器、身体的自愈能力能起作用。明白这不可能是一两天就能奏效的事，不是说"病来如山倒，病去如抽丝"吗，但是我一定会坚持，但愿会有奇迹出现，腿一定要慢慢好起来，海外汉语方言调查研究还有很多事情要做呢。

　　重大项目要结项，写好的小书要出版，关于海外汉语方言调查研究的书要坚持思考，坚持写下去，腿脚要好，身体要强壮，牛年的愿望希望都能实现！①

2021 年大年初七人日

记于广州华景新城寓所

---

　　①　腿疾后来有所加重，4 月中旬为此住了一个星期医院，最终明白这与骨质疏松等有关。今后除了遵医嘱治疗，还应加强锻炼，争取能为海外汉语方言多工作些年。

著作后记及论文集前言

《马来西亚的三个汉语方言》后记[*]

本书的写作从开始调查至今，经历了漫长的时间，现在终于可以完稿，终于可以定下心来写作后记了。

写作本书的缘由，得从很远说起。

众所周知，华人的足迹遍布五洲四海，东南亚更是华人的聚居之地。中国东南沿海省份，多有移居海外者，广东省就是这样一个与海外，尤其是与东南亚有着千丝万缕关系的地方。在广东随便询问一个家庭，几乎都有在海外的亲友，我的外祖父、父亲也曾客居东南亚。海外，东南亚，那些有我们父兄的踪影、那些我们的父兄流过血汗的地方，有我们的牵挂……

1994 年，我参加了李如龙老师主持的"东南亚华人社区语言研究"项目，虽然当时我因为种种原因，未能有所成就，但心里一直希望能在研究被我们的千千万万父老乡亲带到海外、带到东南亚的海外汉语方言方面，做一点力所能及的贡献。海外华人开发、建设居住国的功绩不可没，随着他们漂洋过海的汉语和汉语方言也应该被世人所了解。于是这个项目在 1998 年又成了由我个人负责的学校 211 工程子项目。

要做某一种语言或方言的研究，就应该到该语言或方言的流行地去获取第一手资料，这是语言学界的共识。可是当时囿于经费等各种原因，我们根本无法到东南亚进行实地调查。如何才能完成这个任务？一时间，真好像是"山穷水尽"了。不过，天无绝人之路，暨大不是有不少来自世界各地的华人留学生吗？其时，在中文系就有好些来自马来西亚的学生。马来西亚是华人较多的国家，广东省所流行的粤、客、闽方言，在马来西亚也是使用人数较多的汉语方言，马来西亚华人操多语多方言的情况，

---

　　* 本文原载陈晓锦著《马来西亚的三个汉语方言》（中国社会科学出版社 2003 年版），个别文字有改动。

我也早有所闻，于是，我把研究方向放到了调查研究马来西亚的粤、客、闽（潮）方言上。理所当然地，我的学生们便成了首先接受我的调查的人。

在暨大完成了对留学生的第一轮调查之后，2000年的暑假，我自费到了马来西亚，实地走访了吉隆坡、巴生、新山、柔佛士乃、槟城等地，不仅接触了不少母语是各种汉语方言，现如今又操多语多方言的各阶层、各种年龄层次的华人，亲身感受了他们的语言和生活，还进一步实地调查了吉隆坡广东话、柔佛士乃客家话、新山潮州话，大大补充了在暨大调查的不足。确实，只有当双脚实实在在地踏在马来西亚华人生活的土地上，才能更深切、更清晰地感觉到马来西亚三个汉语方言有别于其祖居地方言的特殊之处。

满载而归以后，便是对资料的整理。要凸显马来西亚三个汉语方言在长时期脱离了其祖居地的母体方言后的变化和发展，将其与其祖居地的方言做比较是必不可少的。与吉隆坡广东话做比较的粤方言广州话、与新山潮州话做比较的闽方言潮州话，都已有不少研究成果，可是与柔佛士乃客话做比较的广东惠阳淡水客话却少见报道。为了研究的顺利开展，我们又到广东惠阳淡水进行了实地调查。这之后的写作虽然仍碰到过不少困难和干扰，所幸我还是尽我所能地把我的感受、我的研究心得奉献出来了。

本书得以完成，我的学生们和众多的发音人功不可没。在这几年的工作中，暨大的留学生许毅伦、萧丽燕、葛潍崧、吴翠美、陈素贞、傅爱慧，马来西亚华人何佩勷、黄炳贤、郑仿杰、蔡委芳、肖玉海等都先后担当过三个方言的发音人。特别是我的研究生萧丽燕同学，1997年我开始记录她的士乃客家话时，她还是暨大中文系的一名本科生。在调查的过程中，我发现她朴实勤奋，且能耐得住寂寞，而这些正是干我们这一行的人所必具的，于是，我启发她进入了方言学的殿堂。萧丽燕1998年成为我的研究生，2001年顺利拿到硕士学位。在硕士阶段的学习中，她进一步对士乃客话做了调查研究。有话说，"教学相长"，在指导她学习的过程中，我也得到了一些启发。

也有不少马来西亚的华人，在调查研究中，给了我其他方面的帮助。他们之中有的也曾在暨大留过学，有的并没有在暨大就读过。他们是黄玉婉、丘光耀、陈昌华、颜泉发、冼伟国、蔡健樑、刘依玲、吴慧珍、萧美凤、林佩琪、蓝志东、林月茵、张桂好、陈月娥、陈昌贵、陈玩全、陈俊权、肖东汉、郑仿杰、蔡委芳。我特别想感谢的是我的学生黄玉婉，马来西亚籍华人郑仿杰、蔡委芳夫妇和肖东汉先生。黄玉婉为我们在马来西亚的实地调查上下奔忙联系，我至今仍记得在新山期间其一家对我的接待。郑仿杰、蔡委芳夫妇不但是新山潮州话称职的发音人，而且还以东道主的身份热情地接待我们。肖东汉先生热心地为我们联系广东话的发音人，还为我们提供了在巴生的住处。马来西亚巴生广东会馆、新山潮州八邑会馆、江夏堂互相会、柔南黄氏公会也都曾为调查提供过协助。

我要多谢香港中文大学教授郑良树先生（马来西亚籍华人）为拙作题写贺词。我与郑先生并不相熟，但郑先生却为拙作、为海外汉语方言研究欣然提笔。我要多谢我的老师詹伯慧先生和李如龙先生在百忙之中为拙作写序，他们对学生的教育、鼓励和支持，我将永记于心。

中国社会科学院语言研究所研究员黄雪贞老师一直是我的良师益友，她为本书的出版多方奔波；本书的责任编辑张林女士为这本符号多、表格多的书付出了辛劳，本书的顺利出版凝聚了她们的一份心血。

本书的完成，还有我的学生刘新华（研究生）、蔡菡（本科生）、陈滔（研究生）的功劳，他们为书稿繁难的输入付出了大量辛勤的劳动。

所有这些老师、朋友和学生，都是我在本书即将杀青之际想感谢的，没有他们的相助，这个项目不可能完成。我会将他们的帮助化作继续努力的动力的。

对于英语在世界各地不同的变异，不断有人在做方方面面的研究，关于欧洲、美洲、亚洲、大洋洲等英语的特点，都已有不少报道。但遍布世界五大洲的海外汉语和汉语方言，却仍少被触及。其实，远离故土，在异国他乡繁衍发展的汉语和汉语方言，一定都已经演化出了有别于其祖居地语言和方言的特色，也一定仍保留着很多它们带自祖居地语言或方言的特点。海外汉语和汉语方言，是一座仍未开启的宝库。本书对马来西亚三个汉语方言的研究只是揭开了这座宝库的一个小角。即便是对马来西亚的三个汉语方言，本书的阐述亦难免有错漏之处，之所以敢于斗胆披露，仅是为了讨教于方家，以引起同道们对海外汉语方言研究的关注而已。

我期待着更多的批评。

我愿意为海外汉语方言的调查研究继续工作。

作　者

2002 年 5 月于广州华景新城

《广西玉林市客家方言调查研究》后记[*]

我会讲客家话。

听到我讲客家话，年轻时总会有人问我：你是不是客家妹？现在的提问则变成了：你是不是客家人？

我其实不是客家人，我的客家话是在下乡插队当知青时学会的。那时，我落户的地方正好是一个客家小山村，听听这个名字——"黄猄坑"，就可以想象在二十世纪的六七十年代，她是如何的山。那时，村里的青壮年真的是经常能打到黄猄、山猪等猎物的。黄猄坑在广东东莞的黄江镇，如今的黄猄坑早已旧貌换新颜，而我却怎么也没有想到，当年为了日常生活的交际，为了更容易接近当地的农民群众而学会的客家话，日后竟然会在我的"方言生涯"中派上大用场。她使我能够比较方便地研究客家方言。

我第一次研究的汉语方言是东莞方言，包括东莞的粤语和客话。这之后也研究过其他地方的粤、客、闽方言，而研究广西的客话，则可以说原是完全始于"无心"的。

广东和广西虽然常被相提并论，但毕竟还有一段距离，就说从广州到玉林吧，坐直达大巴也得七八个小时。一九九八年，一个机会让我接触了与广州话有很大差别的玉林白话，这让我萌发了调查研究广西粤方言，了解广西粤方言这个还不大为人们所了解的、粤方言在广东之外的另外"半边脸"，最后做两广粤方言比较研究的念头。

也就是在我开始调查玉林片的粤方言时，我了解到在这片土地上除了粤方言，

---

* 本文原载陈晓锦著《广西玉林客家方言调查研究》（中国社会科学出版社 2004 年版），个别文字有改动。

还有客家话和闽语，而且玉林还是广西使用客家方言的人数较多、客家方言势力较大的地方。于是我想，我既然已经翻山过水地去到了广西，我既然已经在做广西的粤方言调查了，何不就也"顺便"撩起迄今仍未为世人所了解的广西客家话、广西闽语的面纱？流行在非客话中心区域和非闽语中心区域的客家方言、闽方言一直没有被很好地研究过，现在，是到了该有人在这方面做些努力的时候了。

于是，这些年每年的寒暑假，只要可能，我都会往广西跑，有时是我自己一个人，有时是带着学生。几年下来，已经完成了三十几个点的工作，其中，也包括十几个客家方言点。本书的完成，使得玉林客家话在我们所调查的广西粤、客、闽方言中，在单篇论文之外，率先有了成本的著作。此刻，面对这个项目的第一本著作成果，几年来田野调查的艰辛，资料整理、研究的繁难，经费的短缺等诸多烦恼都好像烟消云散了，我只是在心里默默地为自己加油，给自己打气。广西粤、客、闽方言调查研究要做的工作还很多很多，我深知能力有限，但我相信水滴石穿，只要每个方言工作者都坚持不懈，广西的汉语方言调查研究就一定会越做越好。

玉林市不算太大，但玉林客家方言的一些表现，陆川、博白客家话的强盛与容县等客家话的衰落，却在这块并不算太大的土地上精彩地、轰轰烈烈地上演，形成了强烈的、令人觉得有点不可思议的对比。强盛与衰落并存，这或许可以说是当今客家方言真实的两面：我们既看到了广东梅州等地客家话的强劲，也看到了不少客家话衰落的报告。玉林客家方言的表现，其实正是这种现象的一个缩影。我知道，尽管我做了种种努力，希望能够尽可能忠实地反映玉林客话的面貌，但是，本书的阐述仍难免有不尽如人意的错漏之处，相信专家学者的批评一定会有助于我继续做好广西的粤、客、闽方言调查研究。

我衷心感谢中国社会科学院语言研究所的黄雪贞先生。黄老师一直给予我关心和帮助，还拨冗赐序，她在客家方言研究方面是我学习的榜样。我衷心感谢支持、协助过我的调查工作的玉林市政府地方志办公室的有关同志，福绵管理区，容县、博白、陆川县政府的有关同志，北流市政府的有关同志，玉林军分区、容县武装部的有关同志；衷心感谢我的每一位发音人。没有这些人对方言调查研究的理解和热情帮助，田野工作不可能顺利进行。我要感谢我的同事伍巍先生给我们提供了词汇调查的参考条目；感谢我的研究生林俐、翁泽文，本科生刘旦妮、高为慧，他们为书稿各种表格的录入付出了辛劳；我要感谢本书的责任编辑张林女士，她的劳动使得本书得以尽快面世。本书也记录了他们的帮助。

玉林的博白是语言学大师王力先生的故乡。20 世纪二三十年代，王力先生在法国巴黎完成的博士学位论文《博白方音实验录》使得博白地佬话（粤语）及地佬话的十个声调世界闻名。今日的广西粤、客、闽方言调查研究，是王力先生等语言学前辈早已开始的事业的传承。万事开头难，迈出了并不轻松的第一步，一步一个脚印，我会摸索着走下去的。

作　者

二〇〇四年五一长假于广州华景新城

《广西北海市粤方言调查研究》后记[*]

　　八桂大地，位于中国西南边陲的广西壮族自治区，是个语言的宝库，就是从自古以来，在广西的老百姓中流传着的"官平壮白客"之说，我们也可以感受到广西的少数民族语言和汉语方言的纷繁。且不论流行在这块土地上的壮语等少数民族语言，光是汉语方言，广西就有粤方言、客家方言、闽方言、西南官话、湘方言五种，汉语方言之复杂，在全国的省、自治区、直辖市中首屈一指。遗憾的是，广西丰富的汉语方言资源一直没有被很好地开采，而我们现在所做的努力，就是希望能为开挖这座宝库做一些力所能及的贡献。

　　身为地道的广东人、广东的语言学工作者，恐怕有人会为我对广西汉语方言研究的执迷感到不解；也有人因为看到我近年来发表的有关广西汉语方言的文章，在相遇时疑惑地询问我是否调到广西工作了。而我只是想提请大家正视这个现实：广东、广西是紧邻，历史上曾是一个行政区，合称"广南"（分"广南东路"和"广南西路"，后简称"广东""广西"），广西的北海、钦州、防城地区更是曾经长期归广东省管辖。直到今天，"两广"仍然经常被相提并论。在广东流行的粤、客、闽方言，也同样在广西流行，尤其是粤方言，在偌大个中国，独为两广及港澳地区所有。无庸置疑，广西的粤、客、闽方言研究，将直接影响到广东的方言研究。应该说，相比之下，广东的粤、客、闽方言已经被研究得比较多了，可如若广西粤、客、闽方言的研究进展艰难，特别是覆盖了广西的东南半壁、在广西的汉语方言中位居第一、在广西的使用人口达一千二百多万的粤语之研究停滞不前的话，那么，整个粤语的面貌就始终不能清楚地展现。这样，就算我们对广东的粤语研究得很有

---

　　[*] 本文原载陈晓锦、陈滔著《广西北海市粤方言调查研究》（线装书局、中国社会科学出版社2005年版），个别文字有改动。

心得，我们也只能说是了解了粤方言的"半边脸"！

有感于此，一九九八年，我开始了对广西粤、客、闽方言的调查研究，寄希望于在最终了解广西的粤、客、闽方言，掌握第一手资料之后，能够在两广粤、客、闽方言比较研究，尤其是两广粤语的比较研究方面有所作为。

对广西汉语方言的调查研究是从玉林市的实地调查开始的，各点调查的内容除了尽可能详细地了解当地的语言和汉语方言情况，记录中国社会科学院语言所编的三千多字的《方言调查字表》以外，我们还记录了共有两千多个条目（包括词汇和简单的语法例句）的《方言词汇调查表》，以及各点的简单语料。从玉林市到北海市、贵港市，再到防城港市，一处一处地走，一个点一个点地做。几年来，我们已经利用寒暑假完成了这四个市合共十五个县（市、区）的十九个粤方言点，十三个客家方言点和六个闽方言点的田野调查，发表了数篇有关的文章，其中有的文章还在《中国语文》《方言》等杂志上发表。

按原计划，本书是我们关于广西粤、客、闽方言调查研究的第一本专著，但北海粤语的写作却被一些原因拖慢了。此前，中国社会科学出版社刚出版了拙著《广西玉林市客家方言调查研究》，所以，本书就成了我们这个项目的第二本专著。不过，尽管本书只是涉及了广西一个市的五个粤方言，我们还是感到振奋。此时此刻，科研经费短缺带来的烦恼、田野作业过程中的种种艰辛、资料整理的枯燥、日夜端坐书桌前的辛劳，这一切的一切都好像随着书稿的完成而消散了。此刻，我只想鼓励自己，相信只要下定决心，坚持不懈，就还会有新的发现、新的突破，就还会有下一个成果……

我的学生陈滔在攻读硕士学位期间，于 2000 年两次随我一起参加了北海市粤方言的调查，并在我的指导下把北海粤语语音的研究作为她的硕士论文。本书的材料是我们共同调查收集的，全书写作的分工如下：第二章主要由陈滔执笔，第一、三、四、五章由陈晓锦执笔，全书的总设计和最后统阅全稿由陈晓锦负责。

我衷心感谢我的老师詹伯慧先生为本书赐序，老师在粤方言研究方面所做的工作将永远鞭策我努力前行。我衷心感谢在田野工作方面支持、帮助过我们的北海市委办公室、北海市委宣传部、合浦县委县政府和合浦县教育局的有关领导和同志，衷心感谢各位尽职尽力的发音人，感谢为我们提供了词汇调查参考条目的同事伍巍先生，感谢我的几位为书稿的录入付出过劳动的学生蔡菡、翁泽文、林芝雅、林俐，也感谢本书的责任编辑张林女士。本书的顺利出版，离不开他们的劳动和帮助，我们一定会把感激之心化为前进的动力的。

我深知这样一本粗糙的书很难做到对北海市粤方言的阐述没有遗漏和错误，我们期待着行家的批评指正，批评和鼓励将会使广西的汉语方言调查研究越做越好。

陈晓锦

2004 年 7 月 1 日记于广州华景新城

《泰国的三个汉语方言》后记*

2004 年寒假，春节刚过，我就匆匆收拾行囊，独自一人登上了开往泰国曼谷的国际航班。

这是我第一次奔赴这个与中国、与广东、与潮州有着千丝万缕关系的东南亚邻邦。

国内，广州，春寒料峭；东南亚，泰国，禽流感肆虐。飞机抵达曼谷国际机场，机场候机厅的大屏幕上正在不停地播放时任泰国总理的他信鼓励人们吃鸡、亲自品尝鸡肉的画面。

泰国是东南亚华人众多的国家之一，据民间估计，在这个人口六千万左右的国家中，华人的人数当在一千万上下。泰国华人主要来自广东、广西、云南、福建、浙江、江苏、台湾等地。其中，以来自广东，尤其是来自广东潮汕平原的人数最多。因此，在广东省流行的粤方言、潮汕方言、客家方言也在泰国华人中流行，潮州话更是成了泰国华人社区中的通用交际用语，以至于人们都说，在泰国，只要你会说潮州话，出门交际就没有问题。

我一直希望能尽自己的微薄之力，把以前未被太关注的海外汉语方言调查研究之热扇起来，希望能把这一在汉语研究和汉语方言研究中大有可为的事业做大。有愿望，就必须先"从我做起"。此行，就是为了调查研究泰国华人的潮州话、广府话、客家话。这是我继马来西亚的三个汉语方言调查研究之后，着手做的第二个海外汉语方言项目。

我的工作得到了很多友人的帮助。时任全国侨联副主席的泰国归侨王善荣先生热心地帮助我，给我联系了可以为我的工作提供帮助的朋友，安排我到他的老同学开的旅店住宿，并请他的朋友到机场接我。可是忙中有乱，友人竟记错了接机的时间，没

---

* 本文原载陈晓锦著《泰国的三个汉语方言》（暨南大学出版社 2010 年版），个别文字有改动。

有按时到来。下了飞机办完入境手续，面对曼谷国际机场扑入眼帘的泰文，面对四周的陌生面孔，我不免有点惶恐。幸得泰国懂英语的人还不少，素不相识的泰国人友好地用手机为我拨打了几个电话，友人赶来，我才得以顺利地到达预订的住宿地。

有"微笑的国土"之称的泰王国，似曾相识的泰王国，用她的微笑迎接了我。

在接下来的差不多一个月里，我不是忙于走访有关单位和人，寻求合适的发音人，就是紧张地记录语言、整理资料，几乎每天都是清早出门，直到傍晚才一个人疲惫地回到那间仅能摆下一张床铺和一张小桌子的小房间休息。说来见笑，泰国风景名扬海内外，国内近年来泰国游火爆，可我在这个旅游大国待了将近一个月的时间，却都是在进行紧张的田野工作，直到调查完成，即将回国的前一天，才在友人的引领下，参观了曼谷的玉佛寺等处。

不在此行，不经此事，此中的辛劳一语难尽。但是，重要的是，我是满载而归的。计划中泰国曼谷潮州话、广府话、半山客话的语音、词汇、语法、语料等的调查都基本做完了。回到广州后，我马上以"泰国潮、粤、客方言比较研究"为题立项，申请广东省社科"十五"规划项目。结果，项目顺利通过审批。我随即又在暨大华文学院的泰国留学生中做了一些有关的补充调查。2004年9月，当我接受教育部的委派，远赴埃及艾因夏姆斯大学语言学院中文系任客座教授时，我的行李箱中装着整个项目的研究资料。

两年来，除了日常的教学，我在开罗的业余时间大半都是面对电脑、在键盘的敲击声度过的。整理研究材料，写作单篇论文和全书，其间发现的一些问题，如与曼谷半山客话比较的祖籍地方言揭西客话材料不足，三个方言的泰语借词等，趁2005年暑假回国度假之机，我又做了补救，记录了揭西客话的语音、词汇、语法，并几次找广东外语外贸大学的泰语老师、暨大华文学院的泰国留学生探讨借词问题。

如今，在即将完成埃及艾因夏姆斯大学的任职，回国述职之际，我既为《泰国的三个汉语方言》一书即将杀青而感到欣慰，也为陆续完成的一些有关海外汉语方言、泰国三个汉语方言的文章而欢喜。《泰国曼谷半山客话语音》已为《语言研究》采用；《泰国曼谷广府话语音特点》已被《方言》杂志接受；《论海外汉语方言的调查研究》已在《语文研究》发表；特别是《泰国曼谷半山客话上声读如去声析》一文，亦已为《中国语文》杂志录用刊登。

我为付出的劳动获得应有的回报感到欣慰。我更想大声地对所有支持、帮助过我的友人们说一声"谢谢"！全国侨联副主席王善荣先生，本书的第一章所列的各位发音人，泰国泰矿源有限公司、泰中有色金属国际有限公司董事总经理，罗宗正博士及太太周丽云女士，泰华通讯记者协会副主席兼财政陈哥逸先生，泰华通讯记者联谊会常务理事兼秘书罗斌先生，泰华通讯记者联谊会的黄华强先生，泰国《新中原报》原总编辑兼督印人何韵女士，我歇息的旅店的店主苏少明女士，泰国中华中学校友会，泰国广肇会馆……当然，还有广东外语外贸大学的廖宇夫老师，谢谢了。你们的帮助将激励着我在海外汉语方言调查研究的田野上继续耕耘。

在拙著《马来西亚的三个汉语方言》的后记中，曾提到我的外祖父和父亲都在南洋客居过。其实，确切地说，他们是都曾客居泰国。外祖父离世时，我只有几岁。当年，他是如何随着广东潮汕平原贫苦的民众坐着红头船漂洋过海的，我已不得而知。但是从小，我就在外祖母的叙说中知道，在他的"过番"生涯中，他从未捎带过一个铜板回家。外祖母生养了五个孩子，只存活了我母亲一人。母亲年轻时即投奔革命，中华人民共和国成立初年，还是母亲出资买票，外祖父才得以回到阔别多年的故土。外祖父不过是千千万万穷苦侨工中的一员。

父亲是在抗日战争时期，借第二次国共合作之光，在坐了五年班房、被国民党从监狱里放出来之后，接受中共中央南方局的派遣到泰国办报的。20 世纪 50 年代初才被泰国政府查封的《全民报》当年在泰国、在曼谷，曾经是一份非常有影响力的中文报纸。至今，有些上了年岁的泰国华人仍记得它。父亲一直在那儿工作到中华人民共和国成立前夕，才坚决要求回国打游击迎接新中国到来的曙光。

作为广东潮州人，作为外祖父的外孙女、父亲的女儿，我不否认我有泰国情结，这种情结是流淌在血液中的。

或许，这就是我选择泰国的三个汉语方言作为自己的第二个海外汉语方言研究项目的一个原因。

但愿这本难避粗陋、难免有错的书，能弥补汉语方言研究的一个小空白，能告慰万万千千曾在、正在海外与居住国人民同甘苦的同胞。

海外汉语方言调查研究，我还会努力的。

作　者

2006 年 6 月

记于埃及首都开罗阿巴西耶大街寓所

《首届海外汉语方言国际研讨会论文集》
前言（代序）[*]

世界上凡是有炊烟的地方，就有华人的足迹。

华人自古以来就有出洋进行海外贸易、海外移民的传统，南方沿海地区更是如此，仅广东一省，目前常住人口为 9449 万，而生活在世界各地的广东籍人士就有 2000 多万（《广东年鉴》，2008）。华人移民，早年多有聚族而居的习俗，南方的汉语方言因而也就随着华人遍布五大洲。当然，海外华人社区也不仅流行粤、闽、客方言，百年前流入中亚的东干语、近几十年在东南亚的中南半岛使用人数不断增长的西南官话，都是明证。汉语和汉语方言无疑是世界上使用人口最多的语言，也是全世界华人共有共享的非物质文化财富，海外汉语方言是财富的组成部分，因此海外汉语方言调查研究是语言研究、汉语方言研究不能忽略的领域。

但是，长期以来，在世界范围内流播的汉语方言之研究却得不到足够的重视。其实，远离祖籍地母体方言过百年甚至数百年，生存在不同国度，与各国不同的主流、非主流语言不断碰撞、接触，海外汉语方言业已发生了种种与本土母体方言不同的变化，由于使用人数及所在国语言政策等因素的影响，更有相当一部分已经是不折不扣的濒危方言。海外汉语方言调查研究不仅是语言研究、方言研究的需要，也是近年来炙手可热的华人、华侨、华商研究等不可不深入触及的方面。可以说，研究已是刻不容缓、时不我待。

2008 年 7 月，在我们的发起之下，经过长时间的准备，我们联系了海内外有志于此的学人，想方设法克服了经费不足等困难，由暨南大学汉语方言研究中心和香

---

* 本文原载陈晓锦、张双庆主编《首届海外汉语方言国际研讨会论文集》（暨南大学出版社 2009 年版），个别文字有改动。

港中文大学吴多泰中国语文研究中心共同携手，在广州暨南大学举办了首届海外汉语方言国际学术研讨会。参加会议的海内外专家学者共 50 多人，提交论文 30 多篇。在 3 天的会期里，代表们就海外汉语方言研究之重要性和紧迫性、海外汉语方言及研究之状况、各海外汉语方言之特点等问题畅所欲言。讨论的汉语方言近达东南亚，远至美洲。这是一次难忘的、鼓舞人心的盛会。

本书的编辑遵循言论自由、文责自负的原则，文章大致以综论，东南亚和美洲粤、客、闽方言，东南亚和中亚官话，港澳台地区的粤、客、闽方言为顺序编排。虽然我们做得还很不够，虽然我们的论述不免有错漏，但我们已经迈出了可喜的一步。编辑此书，既是为了纪念会议的召开，也是为了激励有志于海外汉语方言研究的海内外同道百尺竿头再向前，更是为了让更多的人关注、参与，为了下一次、再下一次的盛会。相信有大家的努力，我们的队伍一定会越来越强大，我们的工作一定会越做越好。

衷心感谢各位与会专家学者，感谢暨南大学、暨南大学中文系、暨南大学汉语方言研究中心、香港中文大学吴多泰中国语文研究中心、广东达普投资管理有限公司的支持，感谢为大会的召开和本书的出版付出了辛勤劳动的会务组的老师和同学们，特别要感谢他们之中的宋华老师和吴芳、施俊、高洵同学。同时，本书的编辑也为此付出了诸多心血，特此致谢。

陈晓锦　张双庆

2009 年春

在首届海外汉语方言国际学术
研讨会闭幕式上的致辞

各位代表：

大家下午好！

我想在会议即将结束的时候讲几句话。

萌生开一个这样的会的想法已经有很长时间了，海外汉语方言之前被关心得不多，但海外华人有几千万，这实在是方言研究不应该被忽略的一个大领域，而我觉得，要唤起人们的关注、促进海外汉语方言的调查研究，发表研究成果是一个办法，开研讨会更是一个能引发较大规模反响的好办法。2007 年 1 月，在香港中文大学开客家方言研讨会的时候，我与张双庆先生谈起这个想法，张先生也很有兴趣，很支持，于是这件事正式进入议题。

大会筹办的正式启动应该是从去年年底开始的。这半年多来，我真正体会到主办会议之不易，担心没有人响应，对外广泛宣传会议要召开，联系各位与会代表，面谈、电邮、电话，碰上奥运会，要协助海外的代表办各种手续，采用各种手段；担心经费不够（其实现在还是不够），四处筹措；担心会议不获批准，按规定打各种报告，一次次地找各级领导；落实包括会场、住宿、餐饮、参观（解释地点改变）等各种杂事；安排会议日程……心里一直很紧张，也一直很忐忑，因为这是首次，这一炮不能打砸了！

在这个过程中，就在筹备工作最紧张 6 月中旬，还有我至今没对多少人讲过的一个小插曲。不知是否上天嫌我还不够忙，要再给我加点事。一天，突然被校医室叫了去（5 月下旬学校体检），多了一件不得不管的事。体检发现，我的一个与肝癌有关的指标——甲胎蛋白呈阳性。

校医室的医生小心翼翼地在电话里对我说。我当时的回答是，生死有命，富贵在天。头脑里第一个反应就是：A. 搞错了；B. 要死也得等会议结束了再说。话是这么说，但检查还得做，不然家里人也不同意。结果是在忙得要命时又再加上一忙。最终折腾的结果是，不同医院几番检查没有再发现大问题，但被告诫要过几个月再去检查。

好在会议终于如时召开了；好在到现在为止，会议也将圆满结束；也好在这几天大家都觉得这是一个应该开也还开得不错的会议。现在，我心里真的很感慨，在座的既有我的老师，我的同事，我的老朋友、新朋友，也有我的学生，我只能对大家的支持和帮助表示深深的感谢！请大家接受一个筹办者的鞠躬！

谢谢大家对海外汉语方言研究的理解和支持，请大家继续支持这个事业。谢谢会务组的宋华老师、刘新中老师、吴芳同学、高洵同学、施俊同学、郑蕾同学，请你们站出来接受大家的掌声！谢谢王建设教授接过了下一棒！希望我们在第二届泉州华侨大学的会议上相会时，能够拿出更多更有力度和深度的成果，衷心祝愿海外汉语方言研究蓬勃发展！

谢谢大家！

2008 年 7 月

《粤语西翼考察——广西贵港市
粤语之个案研究》后记[*]

本书稿在完成三四年后，终于得到广东省文科重点研究基地——暨大汉语方言研究中心的资助，作为中心的项目成果，得以面世。

这是继《广西玉林市客家方言调查研究》和《广西北海市粤方言调查研究》（与陈滔合作）之后，我们的广西粤、客、闽方言比较研究项目的第三本专著。此刻，对着这本即将面世的手稿，我一时间竟不知道说些什么才好。

心里很是高兴，因为这是沉甸甸的劳动收获。

心里有点徨徨，因为方言调查研究实在是太难了：田野工作难，资料整理研究难，发表文章出书更难。

心里非常清楚，因为别无选择，打从 20 世纪 80 年代初师从詹伯慧先生起，这辈子和方言就分不开了。还得继续做下去，继续做粤、客、闽方言的研究，包括海外的，包括广东的，当然，也包括广西的。

听来好贪心：不止一种方言，不止一个省一个地方，还包括海外。但这其实很自然，学术研究无疆界，广东、广西和海外华人社区都广泛流行粤、客、闽方言，暨大中文系一直是粤、客、闽方言研究的重镇，我们一直在做这些方面的工作，已经开了头的事，无论如何都应该继续下去，有头无尾或者虎头蛇尾都不足取。

有时候，为自己打打气很自然，也很有必要。

贵港粤方言调查的前期田野工作，我的学生陈滔、林芝雅、翁泽文、林俐都曾先后随我参加过。其中，陈滔和我下去调查的时间最多，而翁泽文则在我的指导下

---

[*] 本文原载陈晓锦、翁泽文著《粤语西翼考察——广西粤语之个案研究》（暨南大学出版社 2010 年版），个别文字有改动。

把贵港粤语语音的研究作为他的硕士论文题目。本书的材料是大家共同调查收集的，调查中得到了广西贵港日报社、广西平南县武装部和平南县宣传部等有关领导的支持和帮助，谨此衷心感谢！同样衷心感谢五个方言点的每一位发音人，他们的辛勤劳动，点点滴滴都铭记在我们的心上！

本书写作的分工如下：第一、三、四、五章由陈晓锦执笔，第二章在陈晓锦的指导下主要由翁泽文执笔，全书的总设计和最后统阅全稿由陈晓锦负责。

这是第一本较详细地反映贵港粤方言的著作，虽然凝聚了我们的心血，但也难免会有这样那样的遗漏和错误。不过，有一本可供批评的书总比没有好吧。

总觉得广西的粤方言研究还不够"火"，因为粤语西翼的研究若不全面深入展开，粤方言的全貌也就难以一览无遗。总希望能有更多的同道学者关注广西粤方言，关注两广粤方言，关注粤、客、闽方言的调查研究，本书的出版若能抛砖引玉，由此引来方家的批评指正，那将是本书，是粤方言研究，是方言研究，是我们的大幸。

陈晓锦

2010 年春记于广州华景新城信华花园

谈《长安方言谈》

  翻开李平康先生图文并茂的书稿《长安方言谈》，一股浓浓的乡土气息扑面而来。书稿的内容浅显易懂，说的都是东莞长安镇的老百姓男女老少挂在嘴上的话语土谈，这些方言俚语涉及了生活中的方方面面，诸如与人物称谓有关的"阿大""夫娘""二乄"、与农业生产有关的"火焙""办田""牛凸""蔗凸"、与日常生活有关的"镬撇""茶罂""饭盂""袱巾""胶抽""瓯仔"、与居住有关的"地柣""厅厦""创首"、与风俗习惯有关的"丧榜""洗腺""啊补归"、与气候有关的"三月水"和"七月炉"……这些词语，有的还在为长安人民服务，有的则已经随着时代浪潮的冲刷，随着被指代事物的慢慢消失，逐渐淡出了生活，淡出了人们的视线。

  从书稿的讲述中，可以了解以前长安人喂养孩子"饲饭仔"的"饭仔"是用何种方法煮成的，喂猪的猪食是如何以特殊的"㩧猪饭"方式做出来的，长安话的"伪词""多伪""狂死"是什么意思，甚至能够知道早在 20 世纪中期就销声匿迹的"烟屎得"是什么。长安话属于粤方言，书中的方言土语很多是长安一地独有、如假包换的"土特产"，部分词语如"春碓""地豆""投墟"等则是其他一些南方方言也使用，不过，书中对这些词语的解释却有其独到之处。比如，搞过南方闽、粤、客方言词汇调查的人，很多时候会记录到"喊惊"这个词。初接触时，经过询问，都可以知道它指的是为得了病，或者受了惊吓的孩子招魂。至于招魂的过程如何，要是发音人能够讲出其中的一两个招式就不简单了，可是本书对"喊惊"过程的描述不但是完整的，作者甚至从刘志文的《广东民俗大观》中找出了"喊惊"所使用的整篇咒语，把它完完整整地收录了进来。

  本书是写作者本职工作之余的额外收获，作者本身并非专业的方言工作者，系统的语言学训练不如科班出身的，不到之处自然难免。但作者是地道的东莞长安镇人，除了离家当兵，从小至今都浸润在长安方言之中，不仅是长安方言的使用者、了解者，而且是长安方言研究的有心者，本书丰富的资料、浅白的阐述就是对此最好的说明。更重要的是，有了这破茧的第一次，相信其之后的研究会更加得心应手。

我们知道，语言和方言是需要使用它的人们的善待和培育的，没有一个合适的环境，没有一块滋润的土壤，语言和方言不会茁壮地生长。汉语共同语需要我们大家的维护培育，汉语方言也需要使用它的人们的精心护理。从理论上来说，语言和方言的发展也不能超然于生死之外，虽然这是一个谁也难以预测的过程。经常听到关于方言萎缩的惊叹，听到保卫方言的呼喊，不过，窃以为除了专业语言学工作者的努力以外，假如像李平康先生这样的有心人多一些，倘若似《长安方言谈》这样的"给一般人看"的、服务于大众的探讨一地富有特色的方言之论述多一些，那将是东莞方言研究、汉语方言研究的一大幸事，汉语方言的生气也许就会更盛一些。

我与东莞结缘于 1968 年。我在那片土地上当过知青、做过工人，也教过书。东莞有我的农友工友、老上级老同事。那里的人们善待过我，那里的山水养育过我。我的方言事业之始与东莞不无关联，今日在我的方言生涯中发挥了作用的客家话是在东莞学会的；我的第一篇发表在《中国语文》上的文章，也是我生平发表的第一篇学术论文，是有关东莞方言的《广东莞城话"变入"初析》；我的第一部学术著作也是关于东莞方言的《东莞方言说略》。关于东莞的粤、客方言，我早年曾陆陆续续地做过不少调查，也曾陆陆续续地完成了《珠江三角洲方言调查报告》中有关东莞的部分，完成了《东莞市志·方言志》、《东莞方言词典》（与詹伯慧合作）等一些东西。我也曾经跑过东莞的所有区镇，遗憾的是对东莞粤方言莞城话、客家方言清溪客话之外的其他镇的方言，至今都无暇细细顾及。毫不掩饰地说，我是以欣喜的心情读完《长安方言谈》的。

有关东莞的事，力所能及的，我断不敢推托。李平康先生请我当《长安方言谈》的第一个读者，并嘱作序，只能勉力为之，将我的读书心得与大家分享。

是为序。

陈晓锦

2012 年 10 月记于广州华景新城

《东南亚华人社区汉语方言概要》后记[*]

终于修订完最后一页书稿，马上要将稿子交付给出版社，这本以"优秀"等级通过全国哲学社会科学规划办公室鉴定的书很快就要面世了。

面对一百五十多万字的书稿，尤对"结果不重要，重要的是过程"一说感触良深。

海外汉语方言调查研究是我这些年来一直致力的事业，早在国家社科基金项目"东南亚华人社区汉语方言比较研究"（07BYY017）2007 年立项之前，我就已经发表了一些相关的文章，出版了《马来西亚的三个汉语方言》（2003）。之后在项目进行过程中，又陆续发表文章，出版了《泰国的三个汉语方言》（2010）。但是这本《东南亚华人社区汉语方言概要》阐述的却是海外华人最多的地方，东南亚十国华人社区流行的二十九个闽、粤、客方言。这是一个首次大面积地调查研究海外华人社区汉语方言的成果，著作的论说建立在丰富的材料基础之上，而翔实的第一手资料则全部为东南亚实地调查所得。

东南亚华人社区汉语方言的调查研究，于我来说既是一次劳作与锤炼，亦是一次学习与思考。磨砺与研究引发了我的进一步探索，引发了我对"海洋方言"这一崭新的学术理念的认知和构建。一篇短短的后记，实在难以详说这些年来究竟是如何捏着当年国家社科基金项目的九万块钱经费，一个人走过的那些国家那些调查点，一个人埋首不停地发问记录，一个人在键盘上不停地敲打，一个人……

仍然记得在老挝和越南接界的那个小关卡，莫名其妙地被越南海关扣押几个小

---

* 本文原载陈晓锦著《东南亚华人社区汉语方言概要》（世界图书出版广东有限公司 2014 年版），个别文字有改动。

时；记得在柬埔寨金边的小客栈遇到的凶杀案，所有行李被当地警方封存；记得在缅甸过关时，被海关无故罚款；记得在不同国度陌生的大街小巷上迷路，惶惶然地问路寻路；记得为了寻找发音人，背着背包，顶着东南亚的烈日，汗流浃背地一次次"扫街"；记得在调查时容忍过的白眼，遭受过的拒绝和驱赶；记得乘坐过的跨国长途汽车，各国街头的载客摩托；记得各国不同的廉价小旅店；记得为了节省经费打地铺；记得在街道旁就餐的那些简陋、不洁的小摊档；记得那些穿坏的鞋、用掉的笔、劳损的颈椎和肌腱都在叙说的事情。

只是有点吃惊，怎么就会一下子写出这么多？意犹未尽啊！

其实，亦并非我自己一个人承受了所有的一切。虽然限于篇幅，无法一一具列，但在我心底里永远铭记那些为了中华文化的传承，为了海外汉语方言的流播，协助我的各国华人社团组织；铭记那些心系祖籍地，为调查无私地付出辛苦的海外同胞兄弟姐妹、发音人；铭记那些倾尽心力帮助过我的海内外学生，特别是我的东南亚学生和他们的亲朋好友；铭记一向支持海外汉语方言事业开展的暨南大学文学院、汉语方言研究中心；铭记各位同道师友的理解和支持。当然，也绝不会忘记无论什么时候、什么情况下都给我以方方面面鼓励、关怀的家人！

汉语和汉语方言是全世界华人共同拥有的非物质文化财富。海外汉语方言是海外华人的根，承载了海外华人社区的文化，是维系海外华人和祖籍国最直接的纽带，也是联系中国和世界各国的一道桥梁。本书完成，东南亚华人社区汉语方言的调查研究可以算是有了一个比较完整的良好开端，但这仅仅是一个开端。

汉语的海洋方言内涵丰富，囊括了北方、吴、闽、粤、客等大方言，且有一个完整的扩散体系。其中，沿海汉语方言，特别是汉语的东南方言是海洋方言的根基；沿海岸线散布的海岛汉语方言系联着海内外的汉语方言；而位于汉语海洋方言第三层次的海外汉语方言则呈点状分散分布在全球五大洲。心里很清楚此书的完成只不过是"万里长征第一步"，更多亟待进行的海外汉语方言调查研究还在翘首企盼，已有的研究亟待进一步深入，濒危的海外汉语方言更是亟待抢救。著作出版了，就成为过去，新的研究、新的挑战还在前头。

最后，还要感谢承接本书出版的世界图书出版广东有限公司，感谢责任编辑魏志华女士的认真负责。

期待对本书的批评。

谨以本书献给所有关注汉语海洋方言、汉语海外方言研究，所有帮助过我的人！

陈晓锦

2013 年金秋十月于广州华景新城

《汉语方言在海外的播迁与变异
——第四届海外汉语方言国际
研讨会论文集》前言*

　　由深圳大学文学院主办，暨南大学汉语方言研究中心、梅州嘉应大学协办的第四届海外汉语方言国际学术研讨会，2014 年 11 月 14—18 日在深圳青青世界胜利召开至今，半年多过去了，依照惯例，会议的论文集也在会议召开将近一年后，顺利出版。我们又迎来了海外汉语方言研究的一大乐事。

　　汉语是世界上使用人口最多的语言，也是一种充满活力和创造力的语言。随着华人的足迹散布在五大洲四大洋的海外汉语方言，是汉语海洋方言的终极发挥。20 世纪 90 年代以来，原来寂寂无闻的海外汉语方言研究逐渐引起了境内外语言学者的关注，投身海洋方言事业的学者一年年增多。可以预见，随着每两年一次的海外汉语方言国际学术研讨会的召开，随着国家社科基金重点项目"美国华人社区汉语方言与文化研究"（14AYY005）和重大项目"海外华人社区汉语方言与文化研究"（14ZDB107）的相继立项、顺利开展，海外汉语方言研究将会吸引更多的学者，尤其是年轻学人的参与，我们将迎来汉语海洋方言事业的新辉煌！

　　这本薄薄的论文集，汇集了参加第四届会议的海内外学者们的新研究成果。论文集里的文章，涉及的海外汉语方言既有东南亚、中亚的，也有远至美国的，不仅有闽、粤、客方言，还有官话。论文集文章的排列大致上以综论、语音、词汇、语法、汉语教育的次序分。诚挚地希望这种排列能为读者的阅读和检索提供方便，希望论文集文章的精彩、疏漏与不足能引发更多的共鸣与批评。

---

　　* 本文原载陈晓锦主编《汉语方言在海外的播迁与变异——第四届海外汉语方言国际研讨会论文集》（世界图书出版广东有限公司 2016 年版），个别文字有改动。

其实，早在 2012 年宁夏民族大学主办的第三届海外汉语方言国际研讨会上，就确定了第四届会议的主办方。深圳大学文学院一直热忱地进行会议的筹办，后来他们提出要将第六届世界汉语教育国际研讨会与本次海外汉语方言国际学术研讨会合并召开。考虑到海外方言会本身的规模不大，且有一个共同的大议题"汉语"，提议就被采纳了，这也就是本论文集里会有几篇汉语教育类文章的原因。我们以这种方式，表达对付出了辛劳的深圳大学文学院参与会议筹办的老师们的感谢。

因为等待出版资金，论文集拖至近日才得以交付出版社。感谢为本论文集的出版提供了经费的暨南大学汉语方言研究中心，感谢为论文集的出版付出了辛劳的我的两个研究生徐雨娴、张敏怡，还有中国出版集团世界图书出版公司的责任编辑。

暨南大学汉语方言研究中心

陈晓锦

2015 年 5 月

《泰国的西南官话》序*

　　读完自辉交给我的一大沓书稿《泰国的西南官话》，心里有一种不吐不快的感想：海外汉语方言是汉语方言大板块中不可或缺的一个重要的部分，经过致力于海外汉语方言研究的学者们一年又一年的努力，始于 20 世纪 90 年代，海外汉语方言从不为人知，到引人注目，海外汉语方言研究从少为人关注，到占有了汉语方言研究重要的一席之地，研究成果越来越丰富，本书的出版又为海外汉语方言研究添了一份新光彩。

　　除了人们略知一二，流行于海外的粤方言、闽方言、客家方言，海外华人社区其实还存在人们大都不甚知晓的吴方言和官话方言。海外官话方言主要流行在亚洲，有已为北方民族大学林涛教授等学者研究得比较多的中亚东干语（属于西北官话），还有东亚的东北官话和东南亚的西南官话，后两者之前都未被触及。海外西南官话主要流行在东南亚的缅甸、泰国、老挝、越南等国。这本几十万字的书，较详细地披露了在世人的眼光中不乏些许神秘色彩、流通于有"金三角"之称的泰国北部山区的云南籍华人社区中的多个西南官话方言——麻栗坝话、澜沧话、龙陵话、腾冲话等，包含了对这几个方言语音、词汇、语法的详细描写，还有关于泰国西南官话与周边的语言方言，以及与泰国主流语言泰语接触的论述。泰国华人社区孤岛型西南官话的面貌，第一次浮出了水面，进入世人的视野。

　　自辉是我的学生，几年前她跟随我攻读博士学位，结合她的方言背景等具体情况，我建议她去做海外西南官话的研究，自辉由此在读博期间踏入了泰国。

　　记得她第一次去泰国时，因为不放心她一个女孩子出国调查，我还叫上了自辉的师弟李建青与她同行（建青的硕士学位论文写的是泰国南部也拉府勿洞的广西白

---

*　本文原载肖自辉著《泰国的西南官话》（广东人民出版社 2016 年版），个别文字有改动。

话）。之后，为了解决海外调查的时间、经费及其他问题，自辉聪明地应聘了泰国佛统皇家大学的工作，一边教汉语，一边做调查、做研究。其间，为了获得第一手材料，她勇敢地三进三出泰北山区，完成了调查，完成了博士论文，2014年顺利地拿到博士学位。自辉在泰国的那段时间，我和其他学生也去过泰国做方言调查，为了节省不多的科研经费，也曾挤住在泰国佛统皇家大学给她安排的那间小宿舍里，用自辉仅有的一个小电饭锅做饭吃。现在想起来，仍历历在目。本书是自辉在博士论文的基础上修改而成的，尽管囿于调查条件等，还有不尽如人意之处，但无论如何，书的出版，是海外官话方言研究值得庆贺的事，也是对自辉付出的肯定。

海外汉语方言研究不仅仅是语言、方言研究本身的需要，国家要建设海洋强国，要建设新海上丝绸之路，海洋方言、海外汉语方言研究可助一臂之力。世界那么大，海外华人那么多，伴随着华人的汉语方言遍布全球，海外汉语方言还有很多未开垦的土地等待我们的耕耘，就是海外西南官话也不仅仅存在于泰国。随着国家社科基金重大项目"海外华人社区汉语方言与文化研究"（14ZDB107）的顺利立项，我们将全面开启在海外华人社区流行的海外粤方言、闽方言、客家方言、吴方言、官话方言的调查研究，海外汉语方言研究将迎来一个历史性的新发展。

在此，愿与自辉，愿与项目组的所有成员共勉：让我们再接再厉，百尺竿头再向前！

陈晓锦
2015年五一国际劳动节
记于广州华景新城寓所

《漂洋万里觅乡音——第五届海外汉语方言国际研讨会论文集》前言[*]

时间一天天地飞逝，似乎就在眨眼间，海外汉语方言国际学术研讨会已经开过五届了。

特别不一般的是，与前四届不同，第五届会议不是在国内开的，而是在中国之外，在超级大国美国，在美国风景宜人的东海岸三藩市召开的。这是海外汉语方言国际学术研讨会在国内举办了四届以后，第一次在海外召开。从某种意义上说，第五届海外汉语方言国际学术研讨会是一届地地道道的海外汉语方言会议，不但圆了我们在海外召开一次海外汉语方言研讨会的梦，而且，这也是国家社科基金重大项目"海外华人社区汉语方言与文化研究"（14ZDB107）和国家社科基金重点项目"美国华人社区汉语方言与文化研究"（14AYY005）的一次海外科研盛会。

没有亲自经历，很难想象召开一次国际会议，尤其是在海外召开一次国际会议的艰难。不说联系承办方、筹措资金、邀请参会人员、中美主办两方的沟通联络，光是协助不少从未到过美国，甚至从未出过国的代表办理出国参会的各种杂事，为大家提供各种咨询，就能忙得人头晕眼花。

好在我们很幸运，暨南大学汉语方言研究中心对会议倾力支持，汉语方言中心的合作单位——三藩市旧金山大学现代与古典语言学系，与暨南大学汉语方言研究中心携手，共同承办了这届会议。旧金山大学现代与古典语言学系的系主任李智强

---

* 本文原载陈晓锦主编《漂洋万里觅乡音——第五届海外汉语方言国际研讨会论文集》（世界图书出版广东有限公司 2018 年版），个别文字有改动。

博士，还有与李博士一样，同是国家社科基金重点项目"美国华人社区汉语方言与文化研究"参与者，暨大的校友林柏松教授，在美国做了大量工作；暨南大学美国三藩市校友会，尤其是校友会的会长周云汉先生为参会的代表提供了包括住房在内的各种无偿服务；暨南大学汉语方言研究中心的各位同人、汉语方言研究中心的多位研究生，则为会议的成功召开做了很多看似琐碎的重要工作，付出了很多努力。这所有人的努力相加，就化成了一股无可阻挡的力量，终于促成了会议在 2016 年 7 月 15—18 日如期召开，成功举办！

尽管会议已经过去一年了，可回忆起来依然令人激动。按照惯例，每届会议之后，我们都会编辑出版一本会议论文集，希望本届会议的论文集除了学术的探讨，也能为大家记录下在大洋彼岸共聚一堂、互学互辩、共同度过的美好时光。

本书包含了对东南亚、中亚一些国家，以及美国等一些国家和地区华人汉语方言的探讨。文章涉及的问题有大有小，探讨既有综述式的，也有关于语音和词汇的，涵盖了海外华人社区流传的五大汉语方言——粤方言、闽方言、客家方言、官话方言、吴方言中的前四类。论文的排列顺序大致是综述、语音、词汇。一些原定要参加会议，最后因各种原因未能赴会的学者也寄来了书面发言（这类文章题目右上角打了"＊"号）。会议促进了国家社科基金重大、重点项目"海外华人社区汉语方言与文化研究""美国华人社区汉语方言与文化研究"的进展；会议的文章无论长短，议题无论大小，都为中国海洋方言的研究添了砖瓦。只是有些遗憾，没有涉及海外吴方言，没有涉及语法的文章。或许这又从一个方面提醒我们海外汉语方言研究之不易：哪怕是一个小小的突破，都需要付出更多的努力，更需要海外各国本土的研究者的参与。

这就是我们无比珍视每一次相关的会议、每一篇相关的文章的原因。

随着国家"一带一路"政策的推行，中国的海洋方言也得到了越来越多的关注，投身海外汉语方言研究事业的有志者慢慢多了，我们正一步一步朝着掌握中国海洋方言话语权的道路前行——无论前面是否荆棘重重。这本薄薄的论文集也许除了能唤起回忆，能为我们留住那个值得纪念的时刻以外，还能引发海内外更多同道的批评讨论，引发海内外更多同行的关注和参与，海外汉语方言研究的广阔空间，期待更多人的加入。

感谢暨南大学文学院为论文集的出版提供了高水平大学建设经费。感谢我的几位为会议、为论文集付出了辛劳的学生肖自辉（现在也是我的同事）、林秀雯、黄裕君、谢静婵、张天怡。感谢中国出版集团世界图书出版广东有限公司负责任的编辑。所有的支持都将化作激励我们继续前进的动力！

暨南大学汉语方言研究中心

陈晓锦

2017 年 5 月白兰花开时节

《泰国华人社区的汉语方言》后记*

　　本书是广东省哲学社会科学"十二五"规划项目"泰国华人社区的汉语方言"（GD13CZW11）的成果，也是国家社科基金重大项目"海外华人社区汉语方言与文化研究"（14ZDB107）的阶段性成果之一。说起来，这已经是我们关于泰国华人社区汉语方言的第三本著作了。

　　相关的第一本书是 2010 年陈晓锦在暨南大学出版社出版的《泰国的三个汉语方言》，当时，涉及的方言点仅有曼谷潮州话、广府话和半山客话 3 个。第二本是肖自辉 2016 年在广东人民出版社出版的《泰国的西南官话》。时间翻到 2017 年，再提泰国话题，我们有了些什么进步？

　　首先，本书包括泰国华人社区的 9 个汉语方言，不但调查点多了，调查点的地域分布广了，汉语方言的种类也增加了，基本包括了在泰国华人社区流通的主要汉语方言。从地理上来看，既有泰国中部华人主要聚居区首都曼谷的，也有分布于南部的合艾、也拉府勿洞，北部的清迈、清莱，泰中、泰南、泰北都有了。从方言种类来看，闽方言有在泰国华人社区中最流行的潮州话；粤方言除了有在海外华人社区广泛流行的广府话以外，还有迄今为止我们发现的唯一一个在海外华人社区通行的广西白话；客家方言既有半山客话（来自祖籍地广东揭西一带），也有深客话（来自祖籍地广东梅州、惠阳等地）；此外，存在于泰北边境金三角地区，带着些许神秘色彩的清迈、清莱西南官话的收录，使得泰国华人社区汉语方言的阐述更加全面。

　　9 个方言点具体是：

　　闽方言曼谷潮州话、清迈潮州话、合艾潮州话。3 个潮州话点依次分布在泰国

---

　　* 本文原载陈晓锦、肖自辉著《泰国华人社区的汉语方言》（世界图书出版广东有限公司 2019 年版），个别文字有改动。

首都、泰国北部和泰国南部。

粤方言曼谷广府话、也拉府勿洞广西白话。前一个点在泰国首都,后一个在泰国南部。

客家方言曼谷半山客话、曼谷深客话。两个点都在泰国首都。

北方方言清迈麻栗坝话、清莱澜沧话。两个点都在泰国北部。

书中闽方言潮州话、粤方言广府话和广西白话、客家方言半山客话和深客话的调查和写作由陈晓锦负责,官话方言的调查和写作由肖自辉负责,全书的策划统筹由陈晓锦负责。我的一位现在任职于岭南师范学院的博士生黄高飞参与了调查点的田野工作,我的硕士生张天怡、谢静婵也为书的出版付出了辛劳;泰国的华人,尤其是我们的各位发音人无私地帮助了我们,支持了刚刚起步的海外汉语方言事业;世界图书出版广东有限公司的责任编辑魏志华女士认真负责。我们大家的努力相加,最终成就了这本书。

此前,艰难起步的海外汉语方言调查研究只能是选取某一国家的某一地点进行,在海外的一个国家内开展较大面积的汉语方言调查,好像是一种奢望,也一直是我们的一个梦想。在泰国做的这第一次尝试,前前后后、断断续续,田野调查和写作经历了几年,成功与否,留待评述。我们期待着海内外的批评,我们也希望有更多海外方言研究成果面世。

这第一次尝试的经验和教训将会是我们继续探索的动力。

感谢所有帮助、支持海外汉语方言研究事业的朋友!

陈晓锦

2017 年 9 月

广州华景新城寓所

给《记忆里的老歌声》点赞

这是一本小书，书名是《记忆里的老歌声》。

说它是一本小册子，是因为书薄薄的，字数不多，书里讲述的也不是什么高深的哲理，但是打开它，却会让人情不自禁地一口气从头读到尾：小册子里收集的马来西亚砂拉越泗里街粤方言新会话的老歌谣，实在是太精彩、太难得了！

泗里街的新会籍华人移居马来西亚已过百年，本书共收集了 60 首华人带自广东祖籍地的歌谣。歌谣的形式包括童谣（儿童吟唱的歌谣）、仪式歌（哭嫁歌与贺词）、情歌（诉说爱情）、苦歌（诉苦歌谣）、洗口角（诙谐或占人便宜的歌谣）等各类形式。语言是文化的基础，这些歌谣在泗里街流传的根基，就是在华人社区流传的新会话。过百年来，新会话在华人社区的流行，是华人社区方言文化得以在社区内传播延续的基础。要维护华人社区的方言文化，就应该维护社区内的汉语方言。

本书收集的歌谣，为我们打开了了解泗里街华人生活的一扇窗户。读到童谣《点趾包包》的题目时，我先是疑惑是否应该是《点指包包》。因为在广东广府粤语中就有一首我们很多人从小就耳熟能详、游戏时唱的《点指兵兵》："点指兵兵，点着谁人做大兵。点指贼贼，点着谁人做大贼。"而看了作者的注释，才明白《点趾包包》这个歌谣与《点指兵兵》游戏时伸出手不一样，游戏的参加者必须伸出双脚，大家一起唱，每唱一句，就有一人用手指点一下一个人的脚面，煞是有趣。书中收集的歌谣，有的出现了不止一次，如有 3 个发音人都提供的《十个哥哥养个妹》，虽然主题一致、题目相同，但每一首都有自己的特色。这让我想起了我在海外不同国家华人社区记录到的版本不一、内容大同小异的广府童谣《月光光》。

做汉语方言研究的学人都明白，方言俗语民歌民谣的收集对汉语方言研究、对发扬汉语方言文化的重要性。歌谣重要，歌谣好听，但是要采集到却非易事。且相对于中国国内的汉语方言调查研究，海外华人社区的汉语方言调查研究更加不易，在海外汉语方言中流传的民歌民谣的收集也更加困难，若没有长时间的沉浸，不厌其烦、认真地寻找发音人，一点一点地收集记录，不可能有所成就。本书的 5 位发音人，在我作序时就有 3 位已经仙逝。无疑，收集记录这些歌谣，就是一次重要的汉语方言文化抢救。无论是中国国内的汉语方言和方言文化，还是海外华人社区的汉语方言和方言文化，要调查研究都应该抓紧时间。这本书的编著者为抢救海外华人社区濒危汉语方言文化做了值得赞扬的工作。

诚然，这本小书也有它的不足之处。比如，方言歌谣以方言写成，为了方便读者，对一些方言词语的解释就非常必要，本书在这方面做得还不够；书中一些记录歌谣的字，尤其是方言字的使用也值得商榷；并且，假如书中这些那么珍贵难得的歌谣能有国际音标注音，那对歌谣的传播和研究来说，就会更加完美。

海外汉语方言调查研究，除了国内学者的工作，海外各国本土学者的努力更是不可或缺，我们期望有越来越多海外学人的加入。马来西亚师范学院拉让校区的汤嵋厢老师是泗里街的土生华人。我们与嵋厢因海外汉语方言调查研究而相识。前年，我带学生到东马砂拉越泗里街调查华人社区的汉语方言，嵋厢接待过我们，协助过我们的调查；去年，我们组织召开的第七届海外汉语方言国际学术研讨会，嵋厢也应邀请到广东湛江参会。嵋厢发来了她编著的这本小书《记忆里的老歌声》，希望我能为小书添点文字。于情于理，我都无法拒绝，依嘱草就了这么些字，是为序。

中国广州暨南大学文学院汉语方言研究中心

博士、教授、博士研究生导师

陈晓锦

2020 年 7 月于广州

《美国华人社区粤方言与文化研究》后记

国家社科基金重点项目"美国华人社区汉语方言与文化研究"（14AYY005）的最终成果《美国华人社区粤方言与文化研究》即将交付出版社出版，此刻，面对这部约一百万字的著作，心里既很欣喜，亦很忐忑。

欣喜是因为海外汉语方言研究终于冲出了亚洲，涉及了世界头号超级大国美国的华人社区——尽管这只是一次不够完美的涉及。但是无论如何，有着几可媲美美国建国史、在美国华人社区流行了几近两百年的社区通用语，粤方言台山话和广府话，终于在世人面前露出了一些真颜。而且，这次不只是单点的调查研究，而且涉及了美国的 5 个州、7 个城市的 6 个粤方言台山话点和 6 个粤方言广府话点，是关于 6 个台山话、6 个广府话，总共 12 个点的调查研究。

还有，更加幸运的是，我最终赶在了 2019 年年底，在不可预知的新冠肺炎病毒全球爆发，全球各国间的交通瘫痪，多国、特别是美国禁入前完成了项目的调查和写作，通过了项目的结项。

确实值得为此擦一把汗。

本书的完成，与国家社科基金重点项目"美国华人社区汉语方言与文化研究"的合作者——时任美国旧金山大学现代与古典语言学系主任李智强博士的支持，与我的暨大硕士同门——在美多年的林柏松教授的帮助，与美国各地原先相识的老同学、老朋友，和众多新近为了项目的调查才结识的华人的热心帮助分不开。众人拾柴火焰高。没有他们的力量，我不可能多次飞到远隔重洋的北美洲，在与国内汉语方言调查研究环境，甚至与我曾经做过的东南亚华人社区调查研究的环境，都完全不一样的美国做田野调查。美国华人社区的调查研究，令我获得了在这之后进行的，国家社科基金重大项目"海外华人社区汉语方言与文化研究"（14ZDB107）工作的不可多得的可贵经验。

特别感谢旧金山大学李智强教授的帮助。最初，在美国和中国之间还没有实施10年旅游签证之前，因为旧金山大学现代与古典语言学系与暨南大学文学院汉语方言研究中心签订的合作协议，我得以用旧金山大学发出的短期访问学者邀请申请签证赴美。虽然那次进入三藩市差点被美国海关拦住（原因最后搞清楚了，是因为该校发出的邀请文件以平信送达给我，超时了），结果是美国的田野调查搞了个有惊无险的开头，但还是非常感谢智强博士，特别是2016年暑假，他还与我们暨大汉语方言研究中心合作，在旧金山大学一起成功地举办了第五届海外汉语方言国际学术研讨会。

林柏松教授是我的硕士同学，更是美国华人社区汉语方言调查研究的热心支持者和执行者，本项目的申请和进行，还有我在美国三藩市的调查，都得到了他和他太太、家人的鼎力、热心的帮助。柏松还为我提供了本书第五章的一些有关美国华文教育的材料、项目的完成，还有在旧金山大学成功召开的第五届海外汉语方言国际研讨会，也都有他的功劳。

美国各个调查点的华人无私地帮助我们，他们也是本项目完成的幕后功臣。我和外子在洛杉矶、芝加哥、纽约、俄勒冈州波特兰、得州圣安东尼奥、休斯敦少年时代的老同学、老朋友、学生，暨南大学三藩市的校友会，还有很多原先素不相识，但是热心中华文化传播的华人，他们或者努力的帮我寻找发音人，或者费神费时地充当各地点华人社区的发音人，甚或为我们提供住处。虽然难以在一篇小小的后记中一一详列他们的大名，但是他们的情谊已经深深地印在我的脑海中，他们都是本项目得以顺利完成的有功者。

我的学生们更是一直在给我各种大事琐事的帮助，特别是李颖慧、陈嘉乐，以及他们和师兄师姐师妹许婉虹、任士友、尤慧君、吴婷、黄晓婷、龙祉均、方舒雅等人付出的努力。本书全书的编辑、第五章关于"华人的语言方言取向"表格的整理，都有他们的劳动。本书的责任编辑，现在中山大学出版社任职的高洵，也是我毕业多年的学生，我也想对她为这本专业书付出的劳动表示感谢。多年来，我与学生们教学相长，共同在田野调查现场摸爬滚打，共同摸索讨论学术疑难，共同分享生活中的点点滴滴，我与在读和毕业了的学生们都情同家人。借这篇小文，我谨向每一位学生表达我从心底里发出的感激。

感谢我的家人。外子几年来不但承担了很多繁重的家务，而且在我利用寒暑假飞赴各地田野作业时，还常常不辞劳累地陪伴我。我做出的每一点成绩，都有他付出的辛劳。

该如何报答那么多给了我帮助的好人？

或许，只有更加努力地工作，将发掘、挽救、维护海外华人社区汉语方言进行到底，才是对他们最好的回报。

忐忑的还有，书是写出来了，但是我深知浅薄，之所以敢于让小书面世，也是期望能引来批评，能引来海内外更多华人的关注，能引来更多的汉语方言工作者的深入研究。美国很大，美国华人已达 500 万之多，华人社区的汉语方言调查研究要进行得更全面、更深入，必须要有更多华人和学人的共同努力。

祈望在全球肆虐的新冠疫情早日得到彻底控制，人类彻底消灭病毒，四海升平，海外华人社区汉语方言调查研究在疫情过后，更加蓬勃开展！

作　者

2020 年 10 月 22 日

写于广州华景新城寓所

《尼罗河的馈赠》后记[*]

埃及是尼罗河的馈赠。

这是埃及人的名言。

生活在埃及，你才能实实在在地领会这句话的沉甸甸、这句话的深刻内涵。

这绝不是一句轻描淡写的虚言，更不是溜须拍马、阿谀奉承。在终年少雨无雨、四季充满火辣辣阳光的撒哈拉大沙漠上，四千多公里长的世界第二大河尼罗河日复一日，年复一年，以其甘甜的乳汁，辛勤地染绿了狭长的尼罗河三角洲，哺育了百分之九十六国土面积都是沙漠的埃及。千百年来，人类的文明史一直在这块土地上伴随着尼罗河缓缓地流淌，静静地演变。尼罗河是埃及之母，是人类文明之母。谁能不承认，没有尼罗河就没有埃及?! 谁能不承认，没有尼罗河就没有埃及七千多年的文明史?!

尼罗河的伟大辉煌美丽早已为千万人咏叹，还会再继续被万千人评说，在散文集《尼罗德馈赠》的最后一篇小文章里，我只是想说，本书，也是尼罗河的馈赠。

这其实是一句两年来常常萦绕在心头的话。

作为老报人的后代，从小，我就被浓郁的文学氛围熏染。小学一年级起，语文就是我的最爱，上初中时，作文被老师作为范文贴在课堂上，被同学戏称"作家"，更是刺激了我的文学情怀。那时的我，既沉迷于各种文学作品，亦沉迷于当大作家大记者的幻想。"文革"来了，一切全被打乱。上山下乡，招工当工人，现实毫不留情地击碎了一切。待重新回到知识殿堂，面对繁难的语言学专业，在过了而立之年后拼命追赶，使我不能也不敢常有"非分之想"。虽然，手依然是那么痒痒。

---

[*] 在我的第二本散文集《方言那些事儿》出版时，重新发表这篇 2007 年 12 月我在作家出版社出版的第一本散文集《尼罗河的馈赠》一书的后记，是为了纪念那第一次，也是为了再激励自己。（2021 年元月）

2004年，当我接到教育部汉办外派埃及艾因夏姆斯大学语言学院中文系任教的任务时，写作的欲望又再次从心中发芽：要在工作之余专业之余写散文，要争取出一本散文集。我再三地对自己说，不能让这个机会轻易溜掉。为了给自己施压，"破釜沉舟"，我还提前将这一计划公之于众。于是，我的家人、我的朋友、我的同事、我的学生，全都知道了我的这个"宏伟规划"。

没有任何偷懒的借口，几乎是从到达开罗起，我就开始实施我的计划。

两年来，除了2005年暑假回国休假的两个多月，除了日常的教学，除了做专业科研，我利用空余独处的时间，面对电脑，在键盘上不断敲打，记下了所听闻、所看到、所经历的一切。我时时留心地关注着周围，夜晚不能安寝时便在心里打腹稿，斟词酌句。每篇文章后面标识的日期都不过是稿子初成的日期，其实每一篇后来都不知道经过了多少次修改。成果最少的一个月只有一篇，最多的一个月一口气写了九篇。文章都不长，只是短短地倾诉了心声。承蒙《南方日报》副刊编辑的厚爱，文章也有一些见了报。非洲和埃及对我来说一直带着那么几分神秘，相信对未踏足过这块土地的国人来说，也会有同感。我希望我的记载我的描述多少能够撩开一点这层缥缈的面纱。

如今，在埃及任职即将届满回国之时，真的很庆幸可以在圆满地完成教学任务的同时，在我的又一本专业著作《泰国的三个汉语方言》即将杀青之际，也能一起交出这本薄薄的散文集。

不算零星发表的，这是我的第一本结集成书的散文集。

"第一"是一个神圣的数字。好比少妇的第一次分娩，在独著和合著了多本语言学专业书之后，这本小书带给我的另一种欢愉是不言而喻的。尼罗河给了我灵感，给了我激情，尼罗河帮我圆了我的文学梦。"第一"也是一个不成熟的数字。它表示粗糙和尝试，它代表勇气和开始。但是假如没有"第一"，也就不会有第二、第三，恰如婴儿的第一次迈步，开始了，就不应该也不会停止。相信会有对本书的批评，我也期待着那第一次的出现。

衷心感谢尼罗河的馈赠。感谢两年来帮助了我的驻埃及中国大使馆教育处的老师。特别感谢在方方面面帮助过我，尤其是为本书的写作和修改提供了宝贵信息、宝贵意见，带我见识了埃及社会方方面面的中国在埃及的自费留学生。感谢帮助过我的埃及同事、埃及学生。

　　我不知道该如何表达对吴南生叔叔的感激和敬意,当我心怀忐忑、小心翼翼地询问叔叔能否为我的小书题写书名时,已八十多岁高龄的老人毫无二话,爽快地应承,并很快就送来了那飘逸精美的书名。我不知道该如何感激我的良师益友饶芃子先生,老师早在我还未完成集子时,就表示一定要为小书作序,其后果然在百忙中抽空认真地审阅全书,写出了令人感动的序言。我也不知道该如何感谢知名诗人、作家,《诗刊》原副主编,中国散文诗学会副会长刘湛秋先生,湛秋先生是外子和我的好朋友,当我率直地请先生赐序时,先生不顾大病初愈,当即应允,不久即在澳大利亚发来了精彩的序言。他们的劳作给拙作增添了光彩,他们的关心和支持将永存我心。

　　当然,我也要感谢总是默默地注视着我、多年来一直全力支持着我的家人。

　　本书是对所有好人的回报。

　　本书是对尼罗河的回赠。

　　埃及人还有另一句名言:喝过尼罗河水的人一定会重返埃及。是的,尼罗河的深沉让人不断地产生神奇的遐想,尼罗河畔的故事有如尼罗河水源远流长,饮用过尼罗河水,谁能不梦回埃及?

作　者

2006 年 6 月

附

录

与方言调查相关的照片

南非约翰内斯堡老华人马江家里饭厅正对饭桌的墙上，贴着只读过3年书的老人手写的提醒家人时刻不忘祖籍国、不忘家乡、不忘宗的红色条幅。

在约翰内斯堡记录时年已80多岁的老华人马江先生的叙述。

南非特有的，世界上个头最小的、萌萌的企鹅。

南非华人苏志伟先生在南非这个食用大米却不产稻的国家首开水稻种植。笔者与苏先生背后是长势良好已扬花灌浆的水稻田。

留尼汪早已被联合国列入世界自然文化遗产名录。笔者身后是这座火山岛上著名的福尔奈斯活火山。它最近的一次喷发是在 2016 年 9 月。

　　笔者在留尼汪圣丹尼的街头随访华人。图中前排左一为给了笔者很多帮助的、时任留尼汪孔子学院教师的詹俏依，后排左一为俏依的先生小谢。

　　非洲特有的面包树和面包果。遗憾的是，笔者去留尼汪的时候，面包果还未成熟，未得一尝。

留尼汪的土著克里奥人的家常菜。

欧洲西班牙马德里城的城标。

　　在西班牙马德里与华人座谈，介绍海外华人社区汉语方言调查研究。图中左一和左三两位女士分别是西班牙西华联中文学校的校长黄英、马德里育才现代汉语学校的校长李静。她们不仅是华语的热心推广者，也热心帮助作者进行海外汉语方言调查。中间穿白衣的女青年为马德里广府话得力的发音人王静岚。

　　在法国巴黎记录中法混血后代杨丽斯小姐（左一）的广府话。丽斯旁边的女士是她来自中国广东的母亲杨巧梅。

法国巴黎，夏日的塞纳河。

法国巴黎凡尔赛宫皇家公园一角。

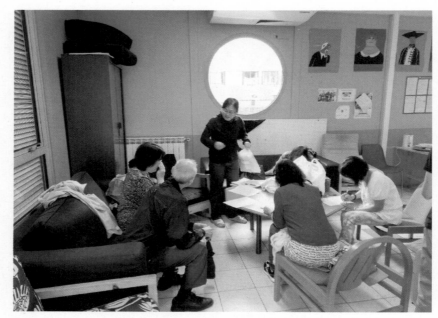

笔者在法国巴黎收集华人的语言方言取向调查问卷。图中左二和左一分别为广府话发音人林宛仪小姐和她的父亲林彦伯先生,林先生父女俩给了笔者很多帮助,惜本书发稿时,林先生已病逝。

因徐志摩的《再别康桥》闻名天下的英国剑桥大学内的康桥。

英国伦敦的泰晤士河。阴沉的天气是伦敦夏日的标配。

在英国伦敦的华助中心得到了热情的帮助。图中右一为时任华助中心经理的黄香君女士，左一的女士为伦敦的一位发音人。

与给笔者提供帮助的、时任英国曼彻斯特华人社团联合会会长的任洁仪女士及其先生在一起。

在荷兰阿姆斯特丹记录华人的广府话。

荷兰制作木鞋的作坊。地上、墙上、天花板上到处堆满、挂满了木鞋。

在荷兰给了笔者很大帮助的侨领梁会长（左一）和黄会长（左二）。

　　在巴西圣保罗一家与国内没有什么差别的火锅店，同给了笔者很大帮助的
巴西广州企业家协会的宋会长（左一）等华人聚会。

　　与巴西圣保罗江门五邑青年联合会的华人座谈海外华人社区汉语方言调查
研究。图中右上角着灰色西装戴领带者为给了我们很大帮助的陈会长。

　　在巴西里约热内卢街头的路灯下与发音人一起夜战，记录当地华人的台山话。

　　笔者与巴西圣保罗中国总领事馆门前身材高大的保安合影。

在巴西圣保罗，笔者在角仔店（专门做一种手巴掌大、内包鸡肉、牛肉馅的油角，以及炒面等食物的小店）品尝角仔。角仔并非三角形的，而是长方形的。开一间小角仔店，通常是华人到巴西后的创业首选。

华人抵达巴拿马迄今已近 200 年。图为屹立于太平洋岸边、建于 20 世纪 90 年代的华人抵达巴拿马 150 周年纪念碑。

　　笔者在巴拿马的巴拿马城做田野调查。图中右一为年轻的发音人，右二为巴拿马工商总会现任会长罗炳年先生，右三为巴拿马工商总会前任会长张德泉先生，左二为从广州到巴拿马、给了笔者很多帮助的华人阿青。

　　笔者在阿根廷的布宜诺斯艾利斯与热心海外华文教育和汉语方言调查研究的阿根廷华人、人称"校长"的刘芳勇先生合影。

阿根廷布宜诺斯艾利斯市一个旅游区的街景。

一份驰名天下的阿根廷烤肉。

阿根廷雷诺大冰川一角。

阿根廷伊瓜苏大瀑布一角。

　　古巴哈瓦那的中华会馆已有 100 多年历史，现在老馆址已成古巴的
重要文物保护单位。

　　古巴哈瓦那大学门口。遗憾的是，不得入内参观。看见笔者身后拉起的那条若
隐若现的绳子了吗？

　　作者与古巴华人唐仲喜（前排右）、唐仲喜的儿子胡海平（后排左），以及父亲为华人、母亲为西班牙裔古巴人的段伟民先生（后排右）座谈。

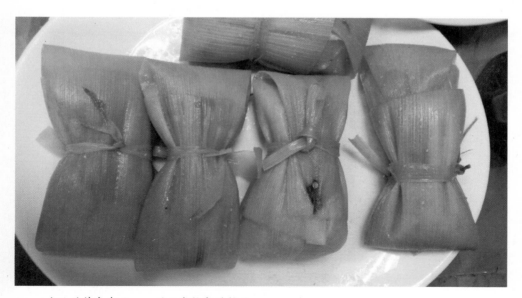

　　古巴的特色食品——用玉米粉包的粽子。

在古巴华人陈细九开办的农场，需要 3 位壮汉合力才能拔起来的木薯。

带领学生到马来西亚东马砂拉越调查。小分队的成员从左至右为任士友、吴芳、陈晓锦、许婉虹、吴忠伟、尤慧君。

　　支持华校教育，将我们带去的书籍赠送给马来西亚东马砂拉越民立中学。前排右三为民立中学的校长、暨大中文系校友吴翠美。

　　在马来西亚砂拉越泗里街调查期间，我们在砂拉越泗里街民立中学学生宿舍借宿，自己动手与在学校住宿的学生共餐。

在马来西亚东马砂拉越泗里街的街头做田野调查。

与砂拉越泗里街的华人欢聚。右二为民立中学校长吴翠美，右三为马来西亚师范学院拉让校区的教师汤嵋厢博士和她的同事（左一），后立者为泗里街广惠肇会馆的工作人员。

　　完成东马砂拉越泗里街的调查任务，登机回国前，在机场的休息区接受马来西亚《星洲日报》的一位采访主任和一位新闻编辑的专访。《星洲日报》2018 年 3 月 20 日为专访做了整个版面的报道。

笔者在澳大利亚悉尼街头调查华人的广府话。

澳大利亚街头阳光明媚，悉尼海港旁成群的海鸥在草地上觅食。

在美国三藩市旧金山大学美国项目的合作者——三藩市旧金山
大学现代与古典语言学系系主任李智强博士（右一）的办公室。

　　2016 年暑假，在美国三藩市旧金山大学召开的第五届海外汉语方言国际学术研讨会主持会议的开幕式。

　　在美国三藩市旧金山大学参加第五届海外汉语方言国际学术研讨会期间，与导师詹伯慧先生（左二）及同门林柏松教授（左三）、甘于恩教授（左四）合影。我们 3 人，还有彭小川教授，都是先生开门招收的第一批弟子。

听时任美国历史最悠久的华文学校、开办已过百年的美国三藩市美洲中华中学校李校长介绍该校的校史。

与暨南大学校友会美国三藩市的老校友们合影。校友会的老师们给了笔者很大帮助，特别是时任会长的周云汉老先生（前排左一）与其太太（后排左三），对笔者在三藩市的调查，以及在三藩市旧金山大学召开的第五届海外汉语方言国际学术研讨会提供了很多支持和帮助。

　　在美国三藩市和同门林柏松夫妇拜访暨南大学中文系的老教师饶秉才先生（右二）和师母（右三）。

　　外子的中学同学吴月芳（左二）与儿子（左一），他们对笔者在美国三藩市的广府话调查给予了很大的帮助。

记录美国洛杉矶的台山话。发音人为第五代美籍华人梅元宇先生（右中）；图中右白衣者为给了我们很大帮助的陈灿培先生；右一为陈灿培先生的妻子，洛杉矶广府话的发音人李碧清女士；左二为在洛杉矶的调查中给了我们很多帮助的老同学黄小梁。

在风景宜人的美国洛杉矶长滩。

　　在美国纽约田野调查时，和香港的林文芳博士一起借住在笔者的一位初中同学梁任大的大哥家里。大嫂（中间者）给了我们很多贴心的帮助。

　　与香港的林文芳博士一起在美国纽约调查汉语方言。至孝笃亲公所的陈建平先生（右一）给了我们很大帮助。图中的小姑娘英语、华语、广府话都非常棒。

夏日的美国芝加哥景色宜人，周末傍晚免费的露天音乐会。

美国芝加哥的唐人街已有过百年的历史，身旁的石狮子底座上刻着“芝加哥唐人街建埠百年志庆，1912—2012”字样。

　　在美国芝加哥调查台山话。图中右一为发音人邝振明先生；左一为在芝加哥的调查中给了我们很大帮助的、外子的中学同学梅怡冬女士。

　　在美国俄勒冈州波特兰的华人聚会时，随机调查台山话。

美国俄勒冈州波特兰的两位可爱的年轻女孩——广府话流利的发音人甄凤洁（右二）和詹佩仪（右一）。詹佩仪的母亲来自香港，父亲则是美籍印度人。

在美国德州的圣安东尼奥调查台山话，中学同学刘纪元（右一）一家给了笔者很大帮助，而左一年届91岁的发音人竟然是曾在20世纪20、30年代治粤多年的陈济棠之女。

在美国德州休斯敦与暨南大学校友商粤生会长的合影，商会长大力支持了休斯敦广府话的调查。

在美国德州休斯敦接受美南国际电视公司的采访，用粤语做了一期介绍海外汉语方言和海外汉语方言研究的电视节目。

笔者在美国休斯敦美南国际电视公司接受采访，录制《粤语天地》电视节目的截图。

笔者在加拿大多伦多调查华人社区的广府话。

在加拿大温哥华与给了我们很多帮助的华人翠翠（右一）一起在华人家中调查。

在加拿大维多利亚参加国际潮学学术研讨会。图中左三、左二为台湾的张屏生教授和她的助手吕铭芬，右二是暨大毕业生徐宇航（现为澳门大学教师）。

加拿大维多利亚岛鸟语花香、如诗如画的公园。

2014 年 12 月，在深圳大学举办的第四届海外汉语方言国际学术研讨会上，与好友新疆大学的海峰教授（左一）、南京师范大学的刘俐李教授（右二）、北方民族大学的林涛教授（右一）合影。